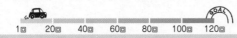

学習日〔　　月　　日〕

標準レベル 1 分数のかけ算とわり算 (1)

算数①

時間	得点
20分	
合格 40点	50点

1 次の計算をしなさい。(3点×6)

(1) $\frac{7}{12}\times4$　　(2) $\frac{2}{15}\times\frac{105}{128}$　　(3) $\frac{13}{20}\times\frac{28}{169}$

(4) $\frac{7}{10}\div21$　　(5) $\frac{35}{58}\div3\frac{3}{4}$　　(6) $\frac{28}{15}\div1\frac{2}{5}$

2 次の計算をしなさい。(3点×6)

(1) $\frac{12}{35}\div4\times7$　　(2) $\frac{11}{18}\div\frac{4}{15}\times1\frac{3}{5}$

(3) $\frac{14}{15}\times\frac{13}{42}\div\frac{26}{51}$　　(4) $\frac{88}{57}\div\frac{121}{19}\div\frac{12}{7}$

(5) $\frac{32}{17}\times\frac{51}{4}\times\frac{7}{12}$　　(6) $4\frac{2}{9}\div1\frac{1}{3}\div3\frac{1}{2}$

3 $\frac{49}{4}$ にかけても $\frac{175}{18}$ にかけても答えが整数となる分数のうち、最も小さいものを求めなさい。(4点)

(　　　　　)

4 重さが $11\frac{1}{6}$kg の、さとうの入っている箱があります。このさとうを12個のふくろに同じ重さずつ分けました。箱の重さが $\frac{2}{3}$kg のとき、1つのふくろに入っているさとうの重さは何kgですか。(5点)

(　　　　　)

5 Aさんはある本を読むのに、1日にその本の $\frac{1}{6}$ にあたるページ数よりも10ページだけ多く読んだところ、ちょうど4日で読み終えることができました。この本のページ数を求めなさい。(5点)

(　　　　　)

算数

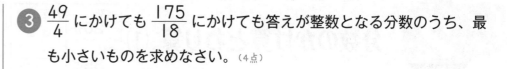

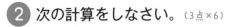

学習日〔　　月　　日〕

時間	得点
20分	
合格 35点	50点

上級レベル 2 分数のかけ算とわり算 (1)

算数②

1 次の計算をしなさい。(3点×6)

(1) $7\frac{1}{3}\times2\frac{5}{9}\times1\frac{7}{11}$

(2) $2\frac{3}{4}\div2\frac{2}{5}\div1\frac{5}{6}$

(3) $\frac{28}{45}\times15\div49$

(4) $7\frac{7}{9}\div3\frac{3}{4}\times1\frac{1}{8}$

(5) $9\frac{6}{25}\div8\frac{1}{4}\times8\frac{3}{14}$

(6) $6\frac{3}{7}\times5\frac{1}{4}\div3\frac{1}{3}$

2 次の計算をしなさい。(3点×4)

(1) $2\frac{2}{5}\times\left(\frac{7}{2}+\frac{5}{3}\right)\div\frac{16}{5}$

(2) $\left(\frac{5}{21}-\frac{3}{14}\right)\times\frac{7}{2}\div1\frac{3}{4}$

(3) $3\frac{1}{3}\div\left(\frac{11}{21}-\frac{1}{6}\right)\times\frac{8}{7}$

(4) $3\frac{7}{9}\div\left\{\left(\frac{5}{6}+\frac{7}{9}\right)\times\frac{3}{7}\right\}\times\frac{3}{17}$

3 Aさんは1週間で体重が$36\frac{5}{6}$kgから$34\frac{7}{8}$kgになりました。Bさんは2週間で体重が$42\frac{1}{6}$kgから$40\frac{1}{3}$kgになりました。**2人とも毎日同じずつ体重が減《へ》ったとすると、1日に減った体重はどちらが何kg多いですか。**(6点)

(　　　　　　　　)

4 **1辺の長さが$3\frac{19}{20}$cmの正方形の面積と、上底が$3\frac{4}{5}$cm、下底が$2\frac{5}{7}$cm、高さが$4\frac{2}{3}$cmの台形の面積ではどちらがどれだけ広いですか。**(7点)

(　　　　　　　　)

5 太郎さんは目標金額の$\frac{7}{8}$まで貯金しました。今日、お母さんの誕《たん》生《じょう》日《び》プレゼントを買うために、貯金の$\frac{2}{3}$を使ったので、貯金の残金は630円になりました。**太郎さんの貯金の目標金額はいくらですか。**(7点)

(　　　　　　　　)

学習日〔　　月　　日〕

標準レベル 3 分数のかけ算とわり算 (2)

算数③

時間 20分	得点
合格 40点	50点

1 次の計算をしなさい。(3点×6)

(1) $\frac{3}{5}\times\frac{8}{9}\times\frac{1}{4}$

(2) $\frac{5}{8}\div\frac{7}{8}\times\frac{2}{5}$

(3) $\frac{4}{11}\div\frac{3}{22}\div\frac{3}{8}$

(4) $\frac{2}{15}\div\frac{3}{7}\times\frac{9}{35}$

(5) $\frac{13}{24}\div6\times\frac{3}{26}$

(6) $\frac{19}{20}\div\frac{4}{5}\times\frac{16}{19}$

2 次の□にあてはまる数を書きなさい。(3点×4)

(1) $\square\times\frac{8}{9}=\frac{5}{24}$

(2) $\frac{3}{5}\times\square=\frac{12}{17}$

(3) $\square\div\frac{2}{5}=\frac{3}{4}$

(4) $\frac{9}{10}\div\square=\frac{3}{8}$

3 ある数を $\frac{4}{9}$ でわるのをまちがって $\frac{4}{9}$ をかけたため、答えが $\frac{5}{18}$ になりました。ある数と正しい計算をしたときの答えを求めなさい。(4点)

(ある数　　　　　、正しい答え　　　　　)

4 $\frac{1}{6}$ より大きく $\frac{1}{2}$ より小さい分数で、分子が3となる分数の個数を求めなさい。(4点)

(　　　　　)

5 1日に $3\frac{4}{5}$ 分おくれる時計があります。次の問いに答えなさい。(4点×2)

(1) この時計は3日で何分おくれますか。

(　　　　　)

(2) この時計は1時間で何分おくれますか。

(　　　　　)

6 次の計算をしなさい。(4点)

$$\frac{1}{2\times3}+\frac{1}{3\times4}+\frac{1}{4\times5}+\frac{1}{5\times6}+\frac{1}{6\times7}+\frac{1}{7\times8}$$

学習日〔　　月　　日〕

時間 20分	得点
合格 35点	50点

上級レベル 4 分数のかけ算とわり算 (2)

算数④

1 次の計算をしなさい。(3点×9)

(1) $\frac{5}{17}\div3\times\frac{17}{2}\div\frac{8}{3}$

(2) $\left(\frac{12}{7}-\frac{3}{14}\right)\times\left(\frac{1}{2}+\frac{1}{3}-\frac{1}{7}\right)$

(3) $\frac{5}{28}\times\frac{7}{6}\div\frac{1}{9}\times40$

(4) $\frac{32}{3}\times\frac{8}{13}\div\frac{24}{13}$

(5) $\frac{11}{3}\times\frac{21}{121}\times\frac{1}{2}\div\frac{7}{22}$

(6) $\frac{22}{49}\times\frac{8}{3}\times\frac{10}{3}\div\frac{100}{21}\times\frac{125}{12}$

(7) $\frac{13}{17}\times\frac{8}{21}+\frac{13}{17}\times\frac{3}{7}$

(8) $\frac{25}{34}\div\frac{6}{19}-\frac{11}{34}\div\frac{6}{19}$

(9) $\frac{7}{15}\div\frac{19}{45}-\frac{2}{5}\div\frac{19}{45}$

2 ある数に $\frac{3}{8}$ をたしてから $\frac{4}{7}$ をかけるのを、まちがって $\frac{4}{7}$ をかけてから $\frac{3}{8}$ をたしたため、答えが $\frac{151}{168}$ になりました。ある数と正しい計算をしたときの答えを求めなさい。(5点)

(ある数　　　　　、正しい答え　　　　　)

3 分子と分母の和が 143 で、約分すると $\frac{5}{6}$ になる分数の分母を求めなさい。(5点)

(　　　　　)

4 異《こと》なる 3 つの整数A、B、Cがあります。$\frac{A}{B}=\frac{4}{5}$、$\frac{C}{A}=\frac{1}{4}$、A+B=36 であるとき、$\frac{A+B+C}{A\times B\times C}$ を求めなさい。(5点)

(　　　　　)

5 次の□にあてはまる数を書きなさい。(4点×2)

(1) $\frac{5+6+7}{5\times6\times7}=\frac{1}{42}+\frac{1}{35}+\frac{1}{\square}$

(2) $\frac{1}{6\times\square}-\frac{1}{25\times\square}=\frac{1}{150}$

(□には同じ数がはいります)

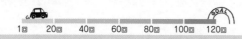

標準レベル 5 小数と分数の混合計算

算数⑤

時間	得点
20分	
合格 40点	50点

1 次の小数を分数になおしなさい。（2点×4）

(1) 1.03　(2) 0.74　(3) 2.25　(4) 4.96

（　　）（　　）（　　）（　　）

2 次の分数を小数になおしなさい。（2点×4）

(1) $\frac{3}{8}$　(2) $2\frac{3}{4}$　(3) $1\frac{6}{25}$　(4) $\frac{5}{16}$

（　　）（　　）（　　）（　　）

3 次の計算を、小数を分数になおしてからしなさい。（3点×6）

(1) $\frac{4}{5}+0.375$

(2) $2.15-1\frac{5}{12}$

(3) $0.8-\frac{2}{3}+1.75$

(4) $1\frac{1}{6}\times0.4\div0.15$

(5) $\frac{1}{2}\times0.25\times1\frac{2}{3}$

(6) $1\frac{1}{18}\div0.5\div0.12$

4 縦《たて》の長さが 3.45 m、横の長さが $2\frac{2}{5}$ m の長方形の花だんがあります。これについて、次の問いに答えなさい。（4点×2）

(1) この花だんのまわりの長さを小数と分数の両方で表しなさい。

（小数　　　、分数　　　）

(2) この花だんの面積を小数と分数の両方で表しなさい。

（小数　　　、分数　　　）

5 次の問いに答えなさい。（4点×2）

(1) $\frac{2}{5}$ L のガソリンで 6 km 走ることのできる自動車があります。この自動車が 1.45 L のガソリンで走れる道のりを小数と分数の両方で表しなさい。

（小数　　　、分数　　　）

(2) 明《あきら》さんの体重は 48.3 kg です。正《ただし》さんの体重は明さんの体重の $1\frac{1}{7}$ 倍よりも 1.3 kg 軽いそうです。正さんの体重を小数で求めなさい。

（　　　）

算数

上級レベル 6 小数と分数の混合計算

算数⑥

時間 20分	得点
合格 35点	50点

1 次の計算を、小数を分数になおしてからしなさい。（3点×12）

(1) $1\frac{1}{9}\times3.2\times4.5$

(2) $1\frac{1}{3}\times1.25\times2.4$

(3) $2\frac{2}{3}\times1.5\times1.25$

(4) $0.75\times\frac{6}{7}\times2\frac{1}{3}$

(5) $3\frac{1}{3}\times0.8\times2.25$

(6) $1.8\times1\frac{7}{9}\times1.25$

(7) $0.8\div1\frac{1}{9}\div\frac{3}{5}$

(8) $\frac{5}{6}\div2.25\div1\frac{1}{9}$

(9) $3.75\div\frac{5}{8}\div1.2$

(10) $\frac{3}{8}\div0.75\div\frac{2}{3}$

(11) $\frac{3}{8}\div0.4\div1\frac{1}{4}$

(12) $1.5\div\frac{7}{10}\div3$

2 次の数を、小さいものから順に並《なら》べなさい。（4点）

$\frac{6}{13}$、0.45、$\frac{4}{9}$、0.46、$\frac{5}{11}$、0.44

（　　　　　　　　　　　　）

3 次のような計算をする３つの装置《そうち》があります。それぞれの装置のはたらきは次のとおりです。これについて、次の問いに答えなさい。（5点×2）

> 装置Ａ：入力された数を 2.43 倍して、$\frac{3}{4}$ をひいて出力する。
>
> 装置Ｂ：入力された数を 0.23 でわり、商を小数第２位まで求め、そのあまりだけを出力する。
>
> 装置Ｃ：入力された数に 1.8 をたし、$\frac{3}{4}$ 倍して出力する。

(1) 4.28 を装置Ａに入力し、出力された値を装置Ｂに入力しました。出力される答えを求めなさい。

（　　　　　）

(2) ある数を装置Ａに入力するのをまちがって装置Ｃに入力してしまい、4.2 という答えが出力されました。ある数を正しく装置Ａに入力したときの答えを求めなさい。

（　　　　　）

学習日［　　月　　日］

標準レベル 7 算数⑦

比

時間	得点
20分	
合格 40点	50点

1 次の比を求めなさい。（2点×3）

(1) 17人と20人の人数の比

（　　　　）

(2) 3 m と 23 cm の長さの比

（　　　　）

(3) 3.1 kg と 231 g の重さの比

（　　　　）

2 次の比を簡単《かんたん》にしなさい。（2点×6）

(1) 3：12

（　　　　）

(2) 4：0.2

（　　　　）

(3) $\frac{2}{3}$：$\frac{1}{2}$

（　　　　）

(4) $\frac{3}{4}$：0.15

（　　　　）

(5) 50 cm：1.2 m

（　　　　）

(6) 2時間：35分

（　　　　）

3 次の□にあてはまる数を書きなさい。（2点×4）

(1) 1：9＝4：□

(2) 4：7＝□：42

(3) □：24＝8：48

(4) 3：□＝15：40

4 次の問いに答えなさい。（4点×6）

(1) 太郎《たろう》さんと弟の持っているお金の比は4：3で、太郎さんは1000円持っています。弟の持っている金額を求めなさい。

（　　　　）

(2) 縦《たて》と横の長さの比が3：5で、縦が6 cmの長方形の面積を求めなさい。

（　　　　）

(3) 次郎さんのクラスの人数は38人で、男子と女子の人数の比は10：9です。女子の人数を求めなさい。

（　　　　）

(4) 花子さんと妹はおばあさんからおこづかいを4000円もらいました。これを金額の比が9：7になるように2人で分けました。2人がもらった金額の差を求めなさい。

（　　　　）

(5) 兄は600円、弟は360円持っています。兄と弟の持っているお金の比が9：7になるようにするには、兄から弟に何円あげればよいか求めなさい。

（　　　　）

(6) 姉は700円、妹はいくらかのお金を持っています。姉が50円、妹が80円使うと姉と妹の残りのお金の金額の比が13：12になります。妹がはじめに持っていた金額を求めなさい。

（　　　　）

算数

学習日［　月　日］

時間	得点
20分	
合格 35点	50点

上級レベル 8 算数⑧

比

1 次の比を簡単《かんたん》にしなさい。（3点×4）

(1) $3\frac{3}{5}:0.75$　　(2) $2.25:4\frac{3}{4}$

（　　　　）　（　　　　）

(3) 0.25 時間：25 分　　(4) $840\text{cm}^2:\frac{7}{20}\text{m}^2$

（　　　　）　（　　　　）

2 次の□にあてはまる数を書きなさい。（3点×4）

(1) $6:\frac{3}{5}=\square:\frac{4}{5}$　　(2) $1\frac{1}{9}:2\frac{2}{3}=5:\square$

(3) $3:\square=2:\frac{8}{15}$　　(4) $\square:0.4=3\frac{1}{3}:1\frac{7}{9}$

3 $a:b=\frac{3}{5}:\frac{1}{3}$、$b:c=3:\frac{10}{7}$ のとき、$a:b:c$ を最も簡単な整数の比で表しなさい。（4点）

（　　　　）

4 まわりの長さが 266 m で、縦《たて》と横の長さの比が 12：7 の長方形の土地があります。**この土地の面積を求めなさい。**（5点）

（　　　　）

5 A さんは 1400 円、B さんはいくらかの金額を貯金しています。B さんがあと 50 円貯金すると A さんと B さんの貯金の金額の比が 5：6 になります。**いま、B さんが貯金している金額を求めなさい。**（5点）

（　　　　）

6 A さんと B さんは 2 人合わせて 8000 円持っています。2 人の所持金の差の $\frac{1}{3}$ にあたる金額を A さんから B さんにわたすと 2 人の所持金の金額の比は 9：7 になるそうです。**最初の 2 人の所持金はそれぞれいくらだったか求めなさい。**（6点）

（A さん　　　　、B さん　　　　）

7 500 円玉と 100 円玉と 50 円玉があわせて 75 枚《まい》あります。それぞれの合計金額の比は 10：5：4 です。**このとき、100 円玉の枚数を求めなさい。**（6点）

（　　　　）

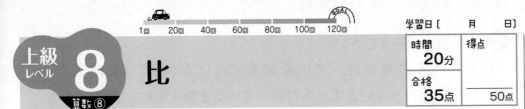

学習日〔　　月　　日〕

時間 20分	得点
合格 40点	50点

標準レベル 9 比例と反比例

算数⑨

1 次の□にあてはまる数を書きなさい。(5点×3)

(1) x と y が比例していて $x=6$ のとき、$y=9$ です。$x=8$ のとき、$y=$□です。

(2) x と y が反比例していて $x=3$ のとき、$y=15$ です。$x=5$ のとき、$y=$□です。

(3) x と y が反比例しているとき、x が60％増えると、y は□％減ります。

2 次の問いに答えなさい。(5点×3)

(1) 4mで500円のひもを7m買ったときの代金を求めなさい。

（　　　　）

(2) 20個で48gの重さになるボタンの30個の重さを求めなさい。

（　　　　）

(3) 1本の重さが20gのくぎがあります。このくぎを50本買うと代金は350円です。このくぎ500gの代金を求めなさい。

（　　　　）

3 1時間に6秒おくれる時計があります。1月1日の午前7時にこの時計を正確な時刻《じこく》にあわせました。**この時計が5分おくれるのは何月何日の何時か求めなさい。**(5点)

（　　　　）

4 つるしたおもりの重さに比例してのびるバネがあります。このバネに15gのおもりをつるしたときのバネの長さは9cmで、25gのおもりをつるしたときのバネの長さは10cmでした。**何もおもりをつるしていないときの、このバネの長さを求めなさい。**(7点)

（　　　　）

5 右の図のように、2つの歯車がかみ合って回転しています。歯車Aの歯数は48で、歯車Bの歯数は32です。**歯車Aが30回転するとき、歯車Bは何回転するか求めなさい。**(8点)

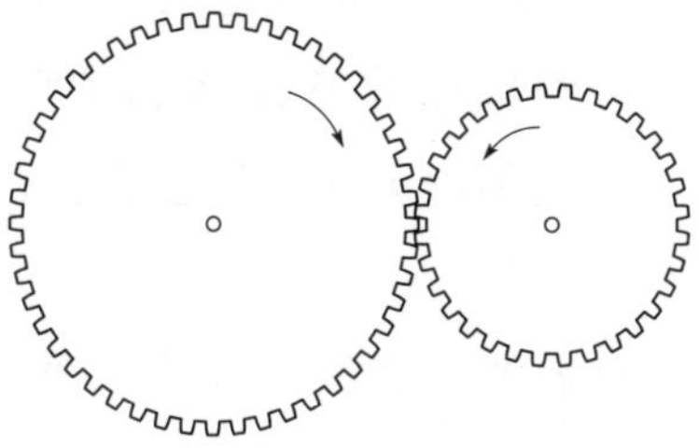

歯車A　　歯車B

（　　　　）

算数

学習日〔　　月　　日〕

時間 20分	得点
合格 35点	50点

上級レベル 10 比例と反比例

算数⑩

1 右の図のように3つの歯車A、B、Cがかみ合って回転しています。歯車Aが2回転すると歯車Bは5回転し、歯車Bが4回転すると歯車Cは3回転します。**歯車Aの歯数が60のとき、歯車B、歯車Cの歯数を求めなさい。**（5点×2）

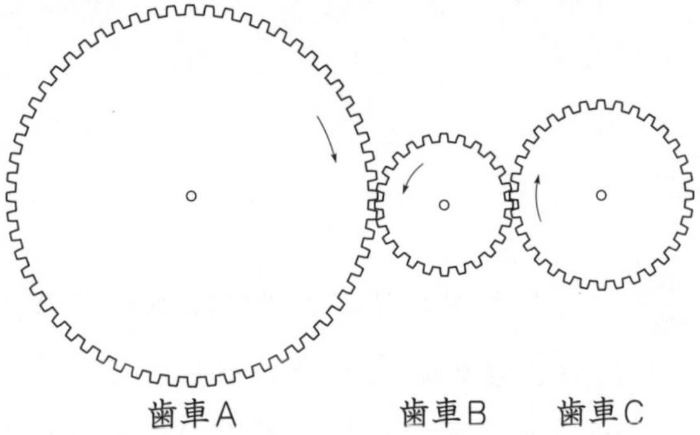

歯車B（　　　　　）　歯車C（　　　　　）

2 右の図の長方形ABCDで点Pは頂《ちょう》点《てん》Bを出発して辺BC上を毎秒2cmの速さで頂点Cまで動きます。**点Pが頂点Bを出発してから x 秒後の三角形ABPの面積を y cm^2 とするとき、次の問いに答えなさい。**（6点×2）

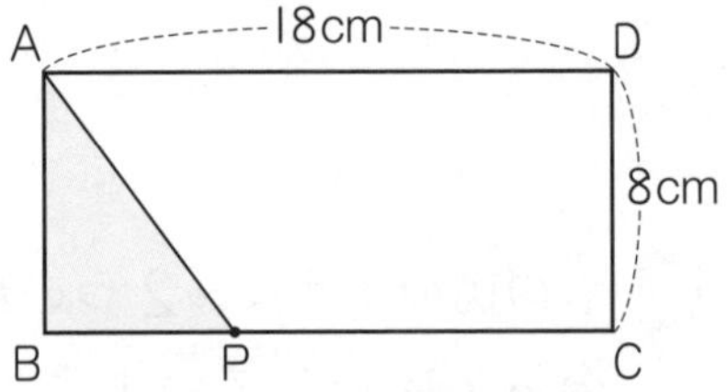

(1) x と y の関係を式に表しなさい。

（　　　　　）

(2) 三角形ABPの面積が長方形ABCDの面積の $\frac{1}{3}$ になるのは点Pが頂点Bを出発してから何秒後か求めなさい。

（　　　　　）

3 右のグラフはA、Bの2本のろうそくに同時に火をつけてから燃えつきるまでの時間と、ろうそくの長さの関係を表したものです。ただし、ろうそくAは火をつけた2分後に一度消えたので、4分後にふたたび火をつけました。**次の問いに答えなさい。**（6点×3）

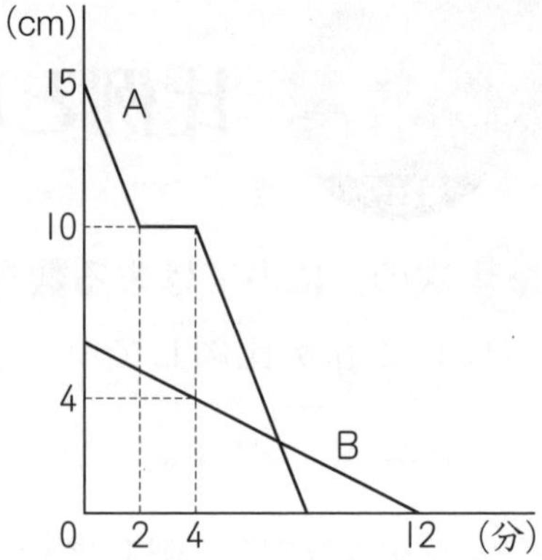

(1) 火をつける前のろうそくBの長さを求めなさい。

（　　　　　）

(2) ろうそくAが燃えつきるのは、はじめに火をつけてから何分後か求めなさい。

（　　　　　）

(3) 2本のろうそくの長さが等しくなるのは、はじめに火をつけてから何分後か求めなさい。

（　　　　　）

4 Aさんは氷のかたまりが屋外でとけるのにかかる時間をはかる実験をおこない、その結果「氷がとけるのにかかる時間は体積に比例し、表面積に反比例する」ということがわかりました。
1辺が10cmの立方体の形をした氷がとけるのに121分かかるとき、縦《たて》10cm、横20cm、高さ8cmの直方体の形をした氷がとけるのにかかる時間を求めなさい。ただし、屋外の気象条件などは同じであるとします。（10点）

（　　　　　）

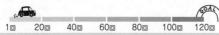

標準レベル 11 算数⑪

円とおうぎ形

時間 20分	得点
合格 40点	50点

1 次の図形の面積とまわりの長さを求めなさい。ただし、円周率は3.14とします。(2点×14)

(1) 半径が8cmの円

面積(　　　　　　) まわりの長さ(　　　　　　)

(2) 直径が10cmの円

面積(　　　　　　) まわりの長さ(　　　　　　)

(3) 半径が6cmの半円

面積(　　　　　　) まわりの長さ(　　　　　　)

(4) 直径が20cmの半円

面積(　　　　　　) まわりの長さ(　　　　　　)

(5) 半径が15cm、中心角が30°のおうぎ形

面積(　　　　　　) まわりの長さ(　　　　　　)

(6) 半径が18cm、中心角が300°のおうぎ形

面積(　　　　　　) まわりの長さ(　　　　　　)

(7) 直径が18cm、中心角が240°のおうぎ形

面積(　　　　　　) まわりの長さ(　　　　　　)

2 次の図の色のついた部分の面積とまわりの長さを求めなさい。ただし、円周率は3.14とします。((1)2点×2、(2)〜(4)3点×6)

(1)

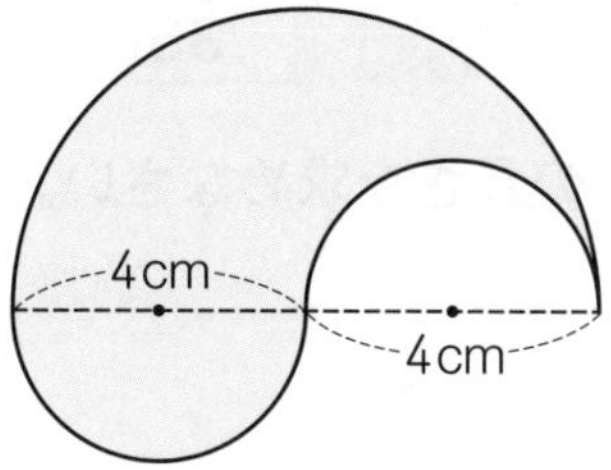

面積(　　　　　　)

まわりの長さ(　　　　　　)

(2)

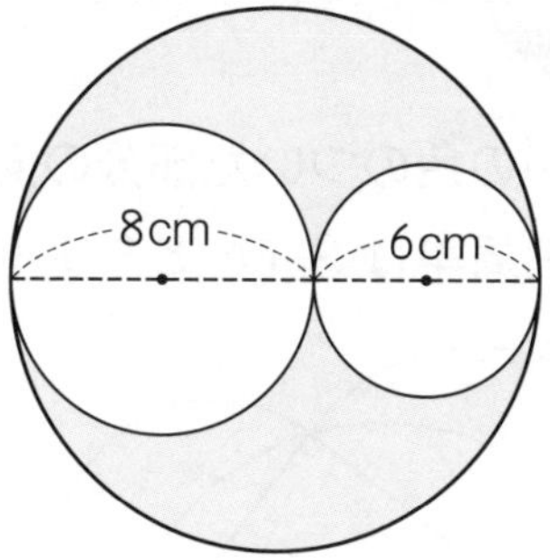

面積(　　　　　　)

まわりの長さ(　　　　　　)

(3)

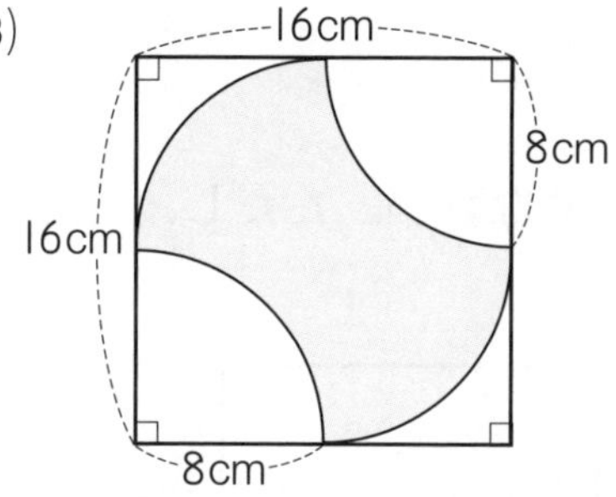

面積(　　　　　　)

まわりの長さ(　　　　　　)

(4)

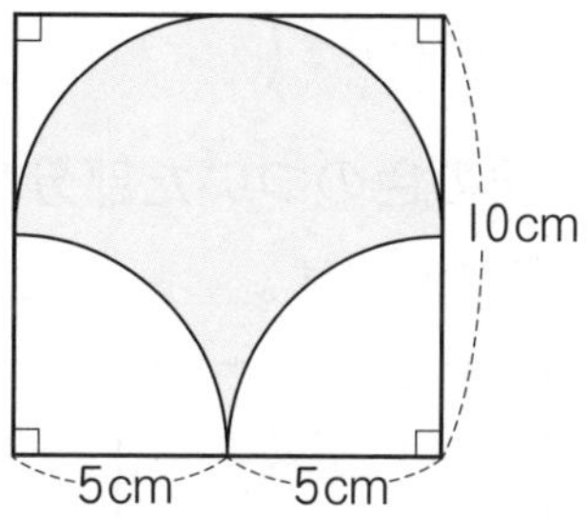

面積(　　　　　　)

まわりの長さ(　　　　　　)

算数

上級レベル 12 円とおうぎ形

時間 20分	得点
合格 35点	50点

1 次の図の色のついた部分の面積とまわりの長さを求めなさい。ただし、円周率は3.14とします。（5点×4）

(1)

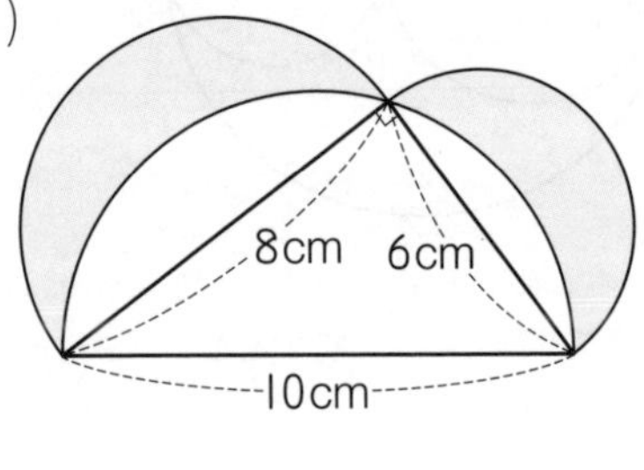

(2)

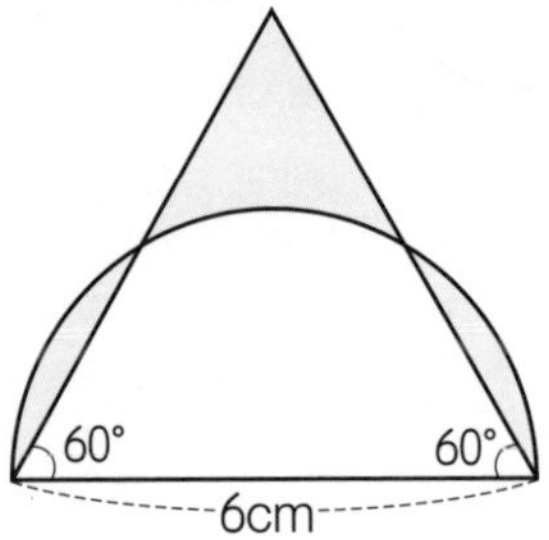

面積（　　　　）　面積（　　　　）

まわりの長さ（　　　　）　まわりの長さ（　　　　）

2 次の図の色のついた部分の面積を求めなさい。ただし、円周率は3.14とします。（5点×2）

(1)

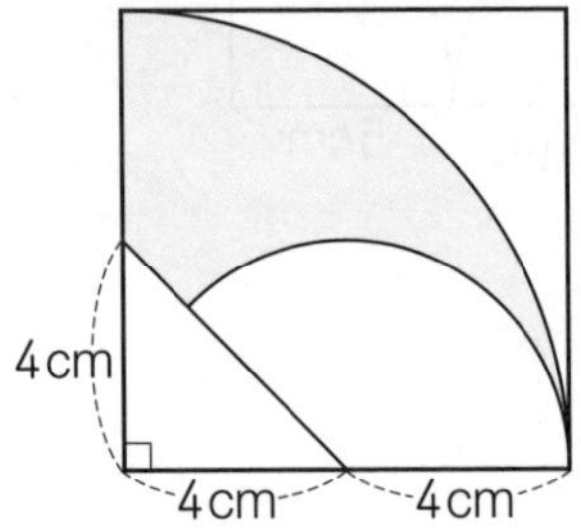

(2)

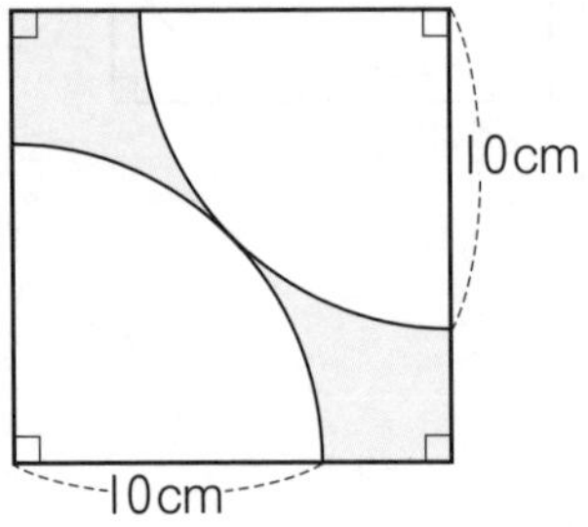

（　　　　）　（　　　　）

3 右の図は、1辺6cmの正方形と正方形の1つの頂点《ちょうてん》を中心とするおうぎ形を組み合わせたものです。正方形の対角線BDとおうぎ形の曲線部分が交わる点Eを通り、辺ABに平行な直線EFをひきました。**色のついた部分の面積とまわりの長さを求めなさい。**ただし、円周率は3.14とします。（5点×2）

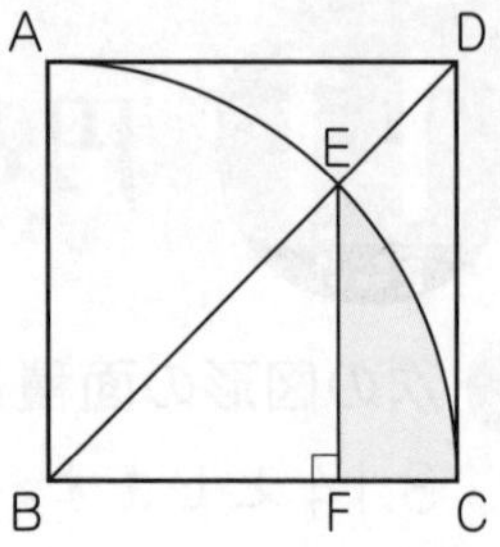

面積（　　　　）　まわりの長さ（　　　　）

4 右の図の円はいずれも半径が6cmの円でそれぞれの円の中心は他の円の円周上にあります。**色のついた部分の面積を求めなさい。**ただし、円周率は3.14とします。（5点）

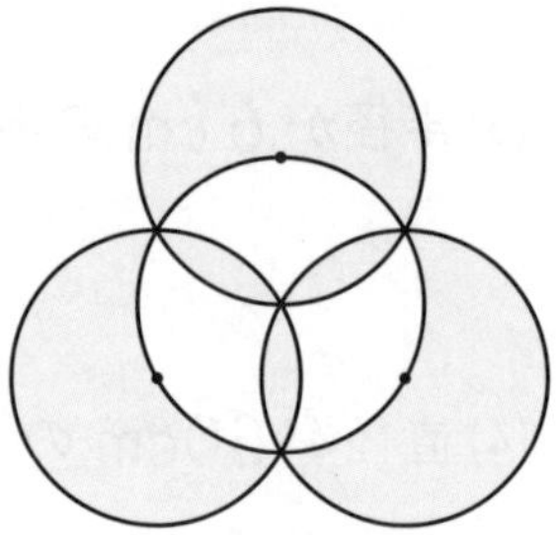

（　　　　）

5 右の図は長方形と円の$\frac{1}{4}$のおうぎ形を組み合わせたものです。**アの部分とイの部分の面積の差を求めなさい。**ただし、円周率は3.14とします。（5点）

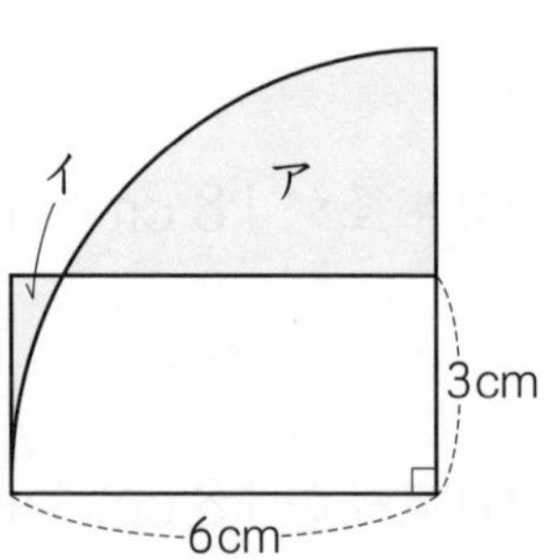

（　　　　）

複合図形の面積

学習日〔　　月　　日〕

時間	得点
20分	
合格 40点	50点

1 次の図の色のついた部分の面積を求めなさい。ただし、円周率は3.14とします。（4点×6）

(1)

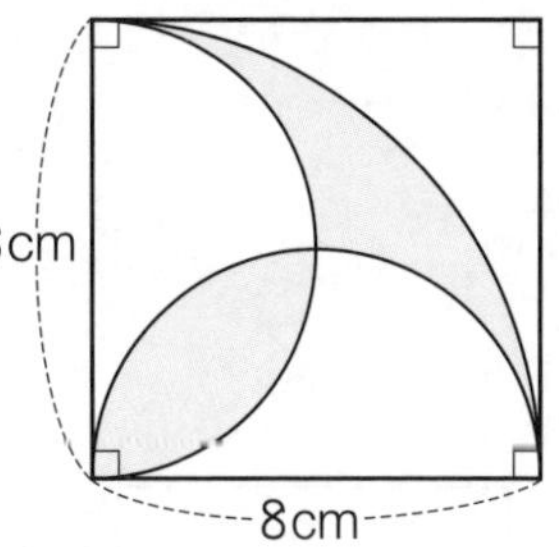

(　　　　　　)

(2)

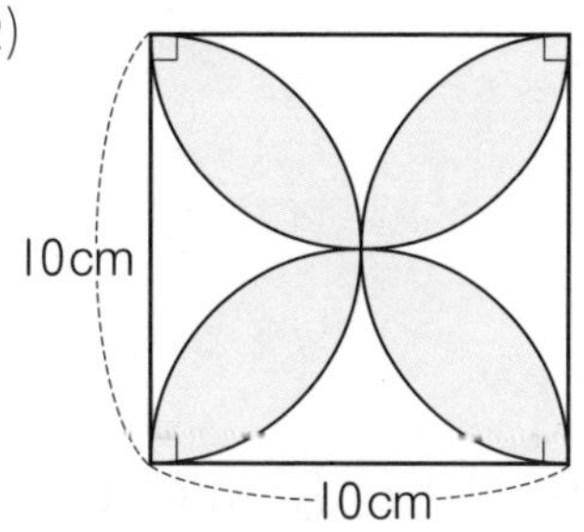

(　　　　　　)

(3)

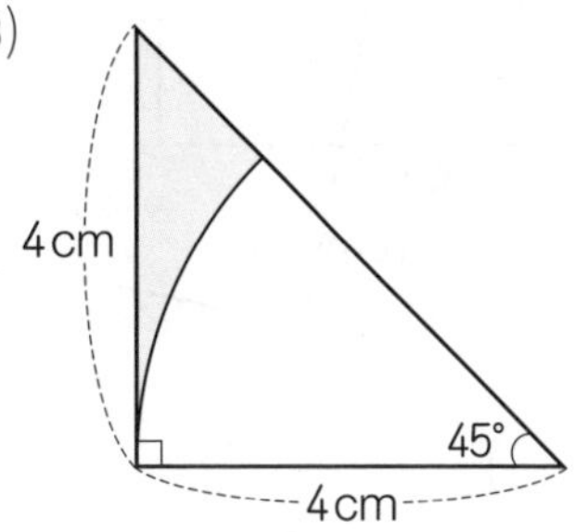

(　　　　　　)

(4)

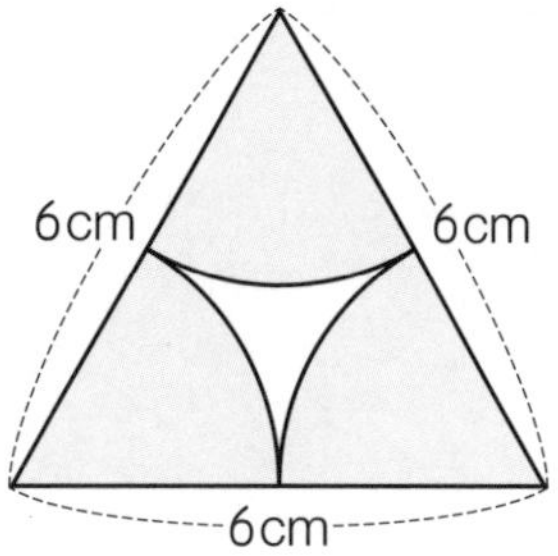

(　　　　　　)

(5)

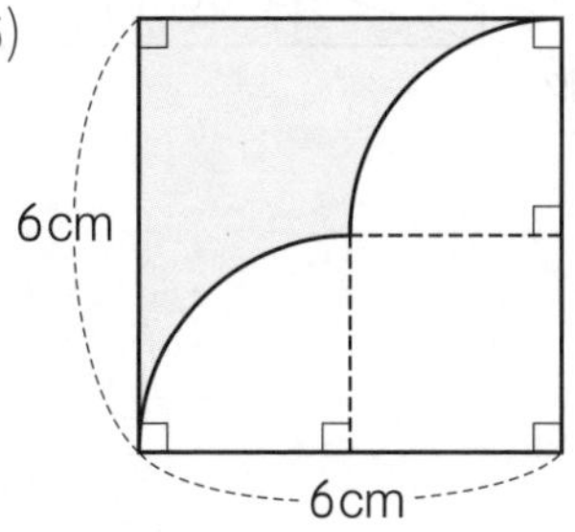

(　　　　　　)

(6)

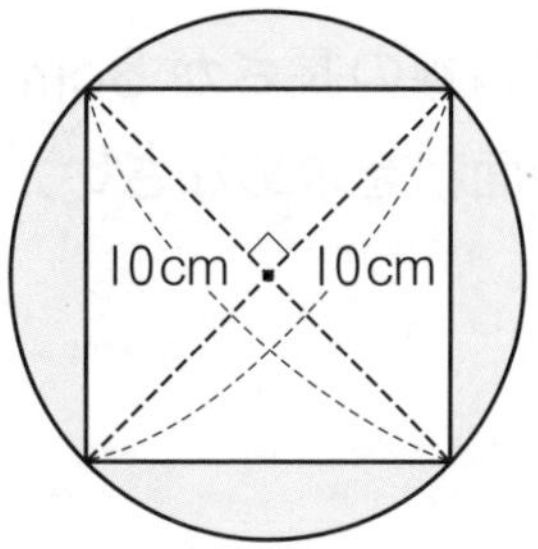

(　　　　　　)

2 右の図は半径10cmの円と、その半径を1辺とする正方形を重ねたものです。**この図形の面積を求めなさい。**ただし、円周率は3.14とします。（6点）

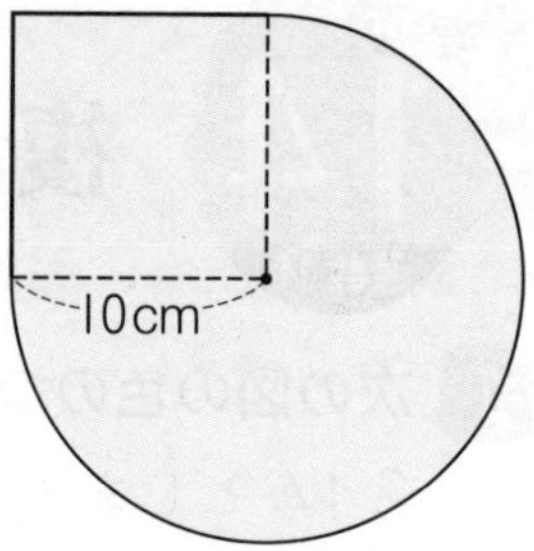

(　　　　　　)

3 次の図形の面積を求めなさい。（5点×4）

(1)

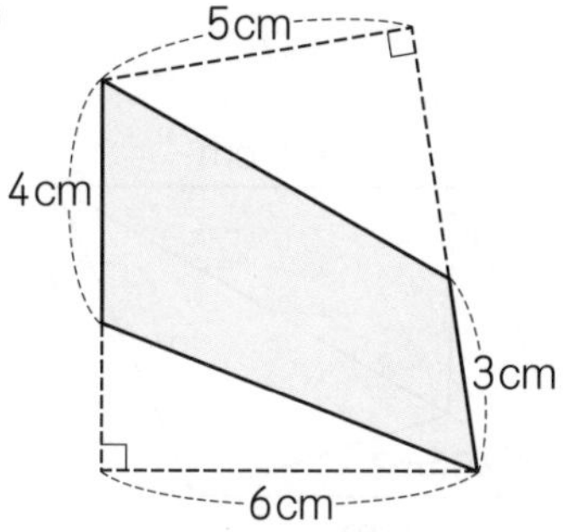

(　　　　　　)

(2)

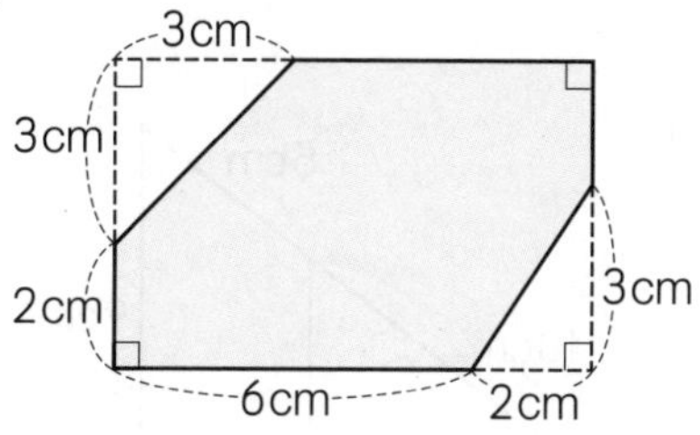

(　　　　　　)

(3)

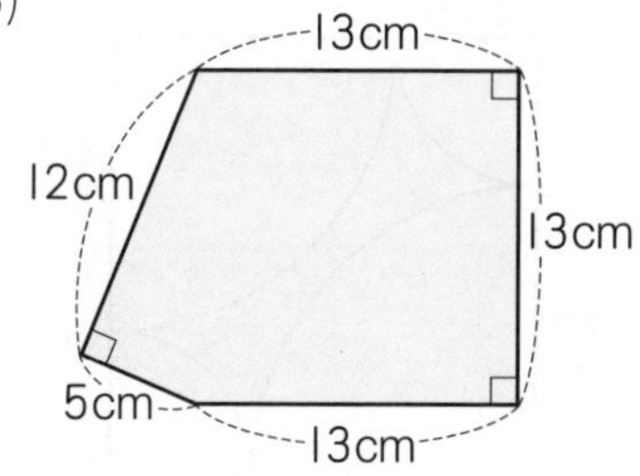

(　　　　　　)

(4)

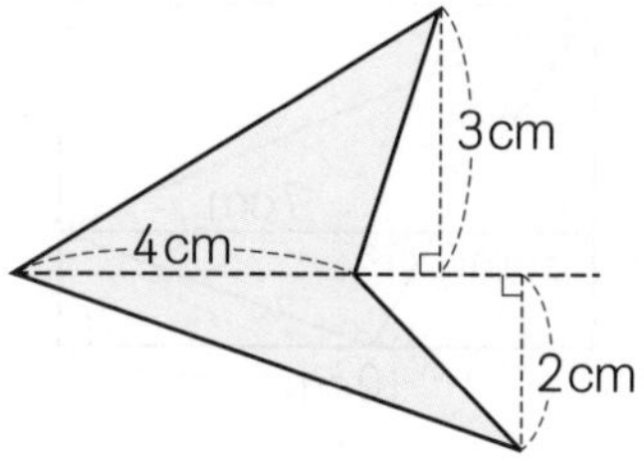

(　　　　　　)

学習日〔　　月　　日〕

時間 20分	得点
合格 35点	50点

上級レベル 14 複合図形の面積

算数⑭

1 次の図の色のついた部分の面積を求めなさい。ただし、円周率は3.14とします。（5点×8）

(1)

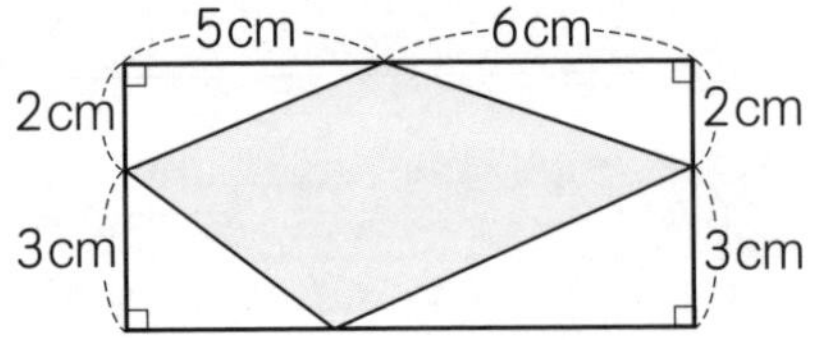

(　　　　)

(2)

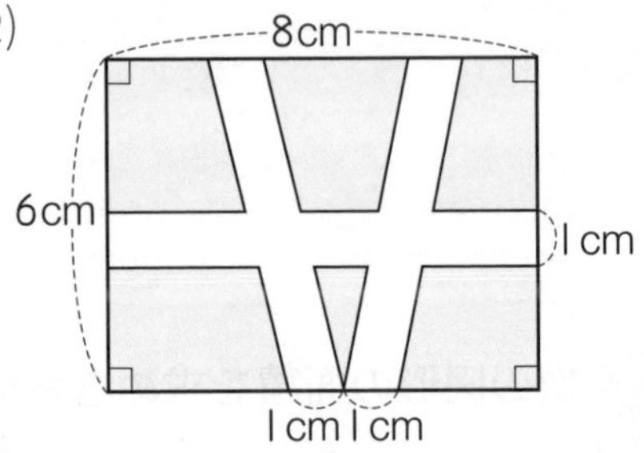

(　　　　)

(3)

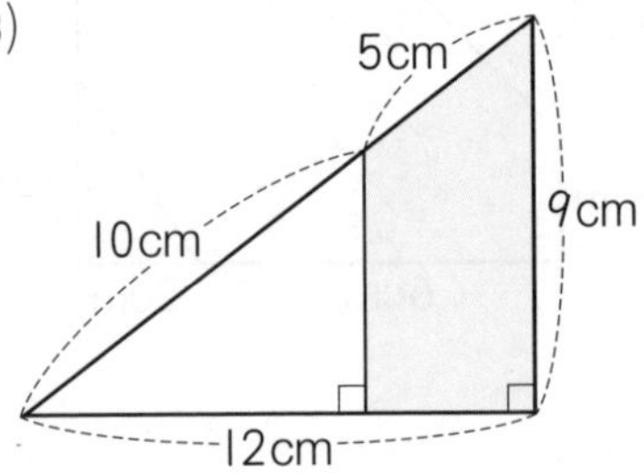

(　　　　)

(4)

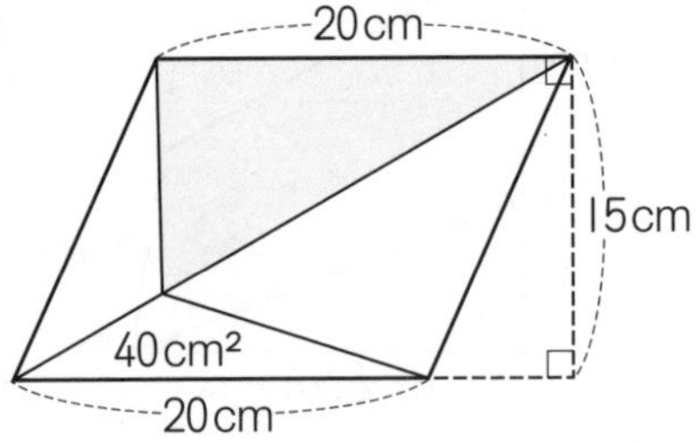

(　　　　)

(5)

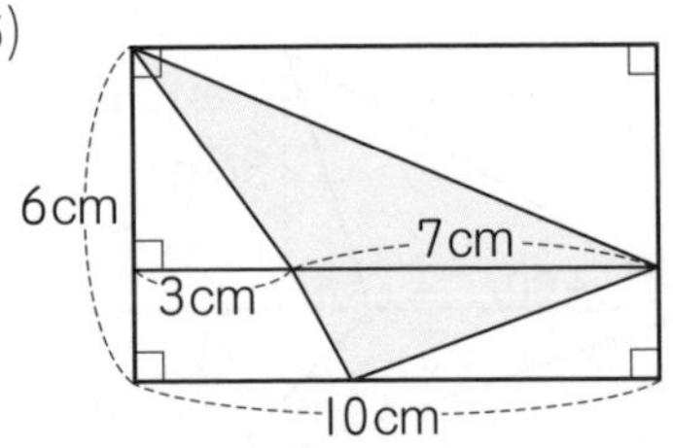

(　　　　)

(6)

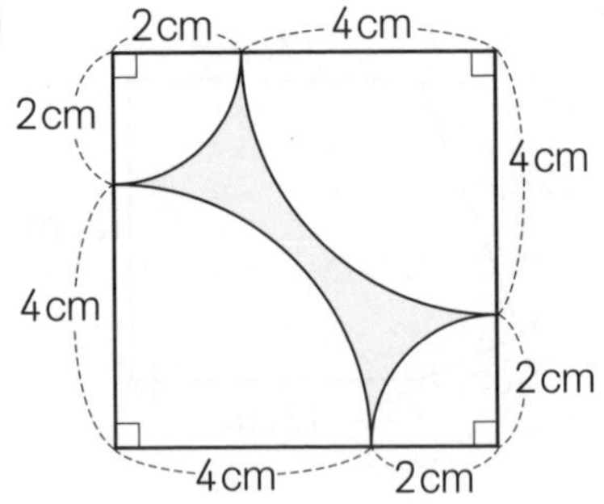

(　　　　)

(7)

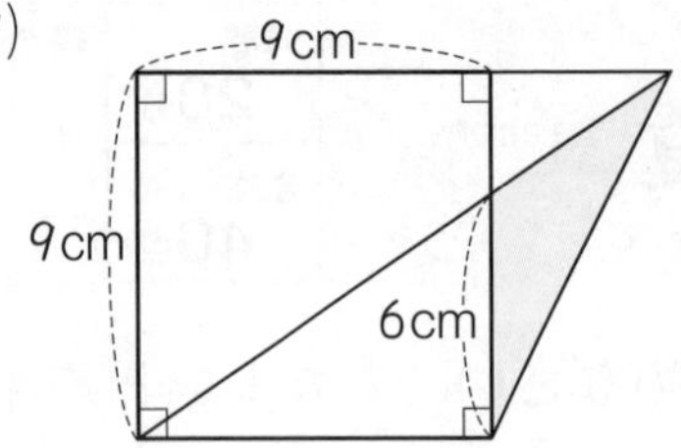

(　　　　)

(8)

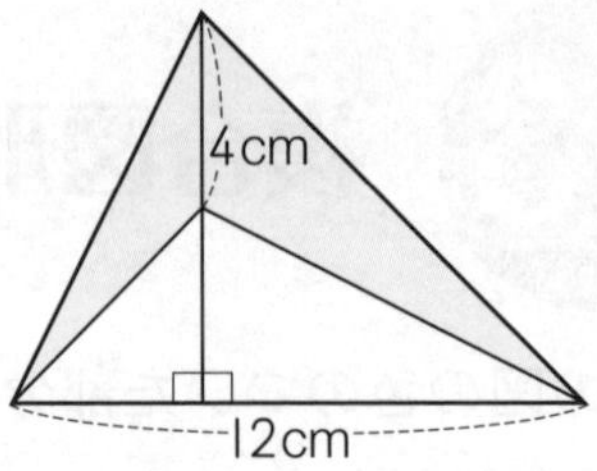

(　　　　)

2 右の図は1辺8cmの正方形を重ねた図形です。**色のついた部分の面積を求めなさい。**（5点）

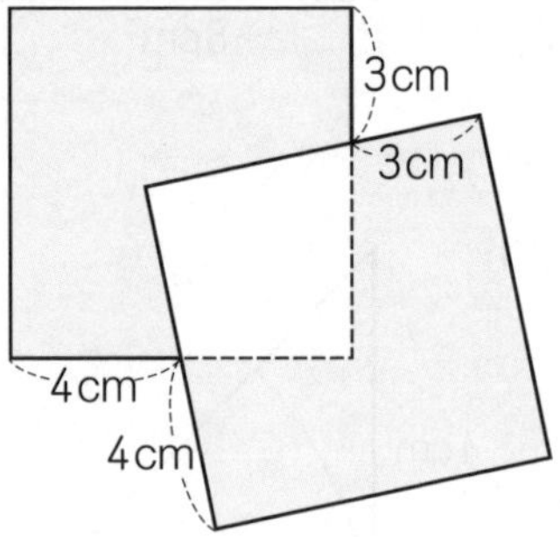

(　　　　)

3 右の図のように、同じ大きさの正方形を3つつなげて長方形をつくります。**この長方形の対角線の長さが8cmのとき、正方形1つの面積を求めなさい。**（5点）

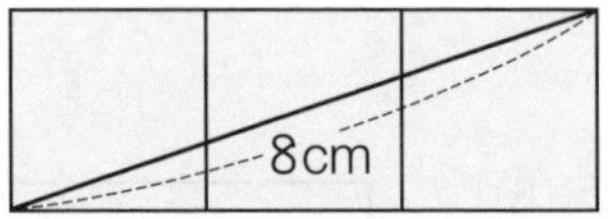

(　　　　)

標準レベル **15** 算数⑮

対称な図形

時間 20分	得点
合格 40点	50点

1 次の中から点対称《てんたいしょう》な図形をすべて選び、記号で答えなさい。(5点)

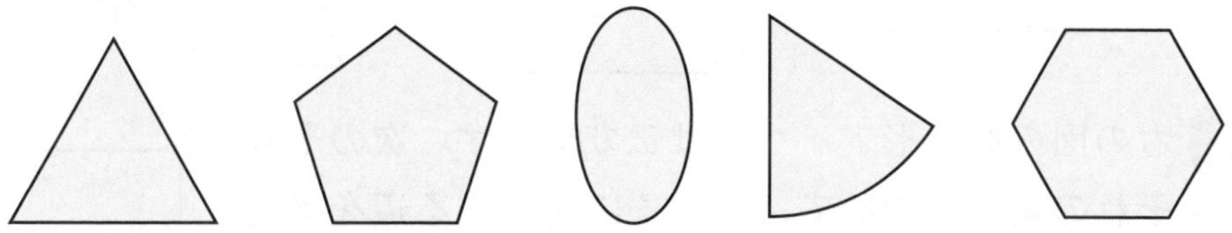

ア 正三角形　イ 正五角形　ウ だ円　エ おうぎ形　オ 正六角形

(　　　　　)

2 右の図は線対称な図形で、直線 ℓ は対称の軸《じく》です。次の問いに答えなさい。(5点×2)

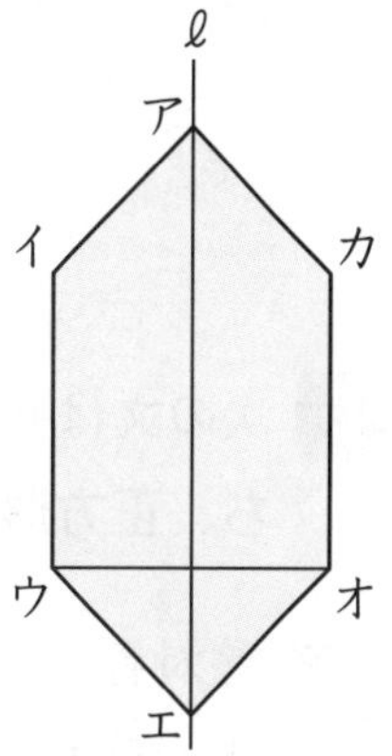

(1) 辺イウと長さが等しい辺を答えなさい。

(　　　　　)

(2) 直線ウオと対称の軸 ℓ が交わってできる角の大きさを答えなさい。

(　　　　　)

3 右の図の平行四辺形アイウエは点対称な図形です。次の問いに答えなさい。(5点×3)

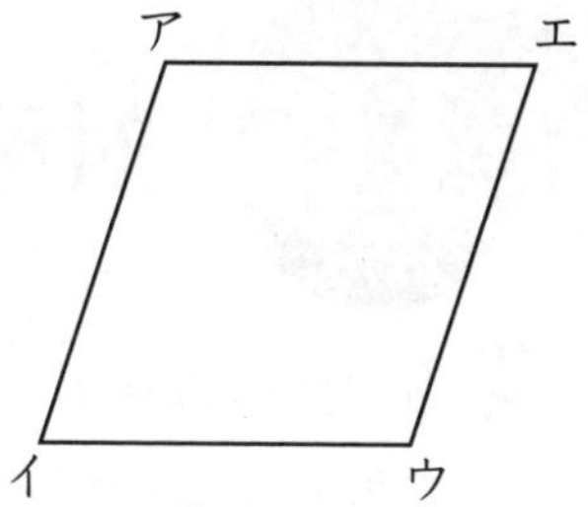

(1) 点イに対応する点を答えなさい。

(　　　　　)

(2) 辺アエに対応する辺を答えなさい。

(　　　　　)

(3) 右上の図に対称の中心Oをかき入れなさい。

4 直線アイが対称の軸になるように、線対称な図形を完成させなさい。また、点Pに対応する点Qをかき入れなさい。(5点×2)

(1)

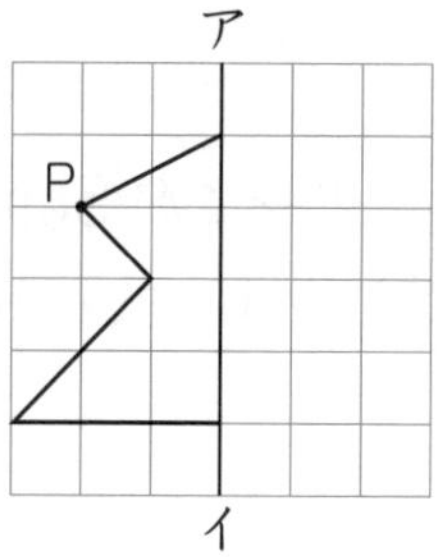

(2)

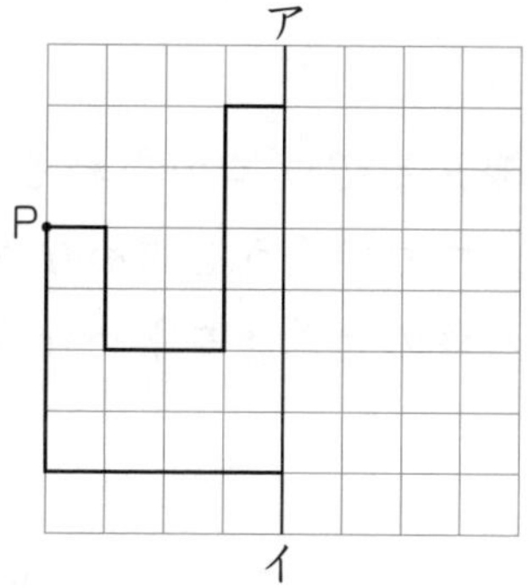

5 点Oが対称の中心となるように、点対称な図形を完成させなさい。また、点Pに対応する点Qをかき入れなさい。(5点×2)

(1)

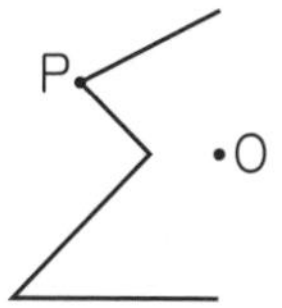

(2)

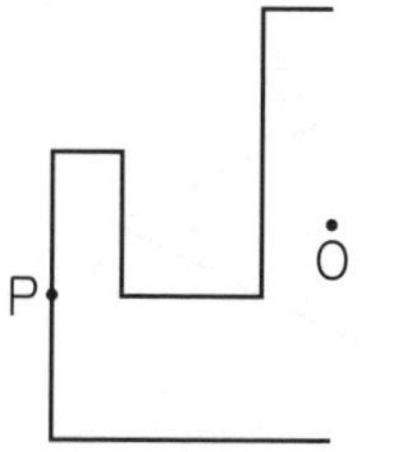

算数

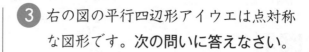

1回 20回 40回 60回 80回 100回 120回

学習日〔　　月　　日〕

時間 20分	得点
合格 35点	50点

上級レベル 16 算数⑯

対称な図形

1 右の図の五角形アイウエオは直線ℓを対称《たいしょう》の軸《じく》とする線対称な図形です。**次の問いに答えなさい。**（4点×4）

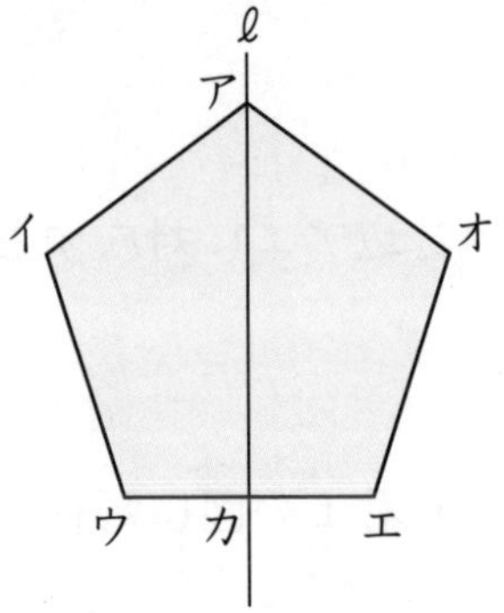

(1) 点イに対応する点を答えなさい。

（　　　　）

(2) 辺アオに対応する辺を答えなさい。

（　　　　）

(3) 直線ℓと辺ウエが交わる点をカとする。辺ウエの長さが5cmのとき、ウカの長さを求めなさい。また、直線ℓと辺ウエが交わってできる角の大きさを求めなさい。

長さ（　　　　）　角度（　　　　）

2 次の図形は線対称な図形です。**対称の軸をすべてかき入れなさい。**（4点×2）

(1) ひし形

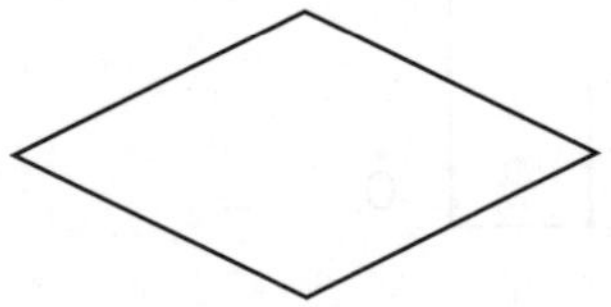

(2) 正六角形

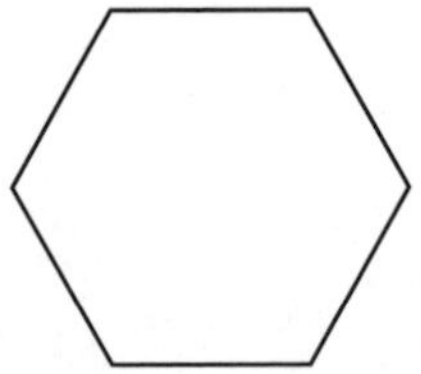

3 次の図形は点対称な図形です。**それぞれの図について、対称の中心Oと点Pに対応する点Qをかき入れなさい。**（4点×3）

(1)

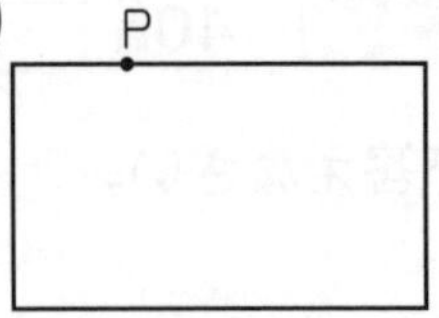

(2)

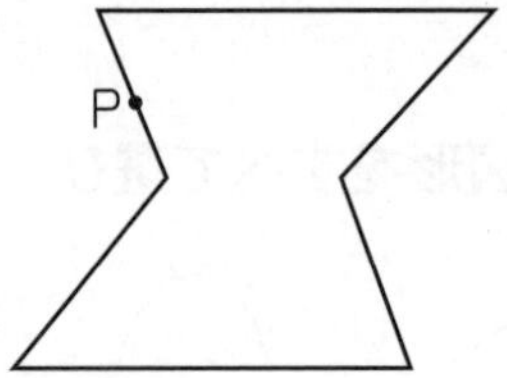

(3)

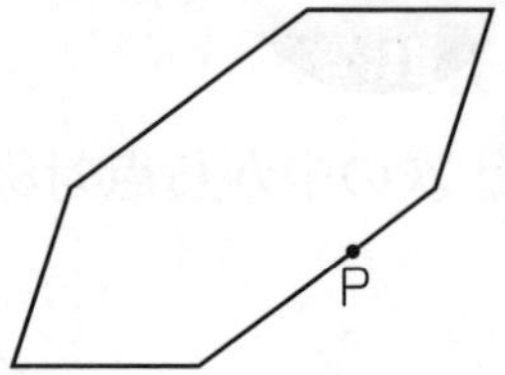

4 右の図の四角形アイウエは正方形です。**次のそれぞれの場合について、辺アイに対応する辺を答えなさい。**（4点×2）

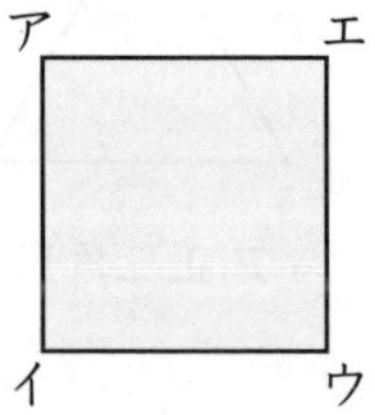

(1) 対角線イエを対称の軸とするとき

（　　　　）

(2) 2本の対角線の交点を対称の中心とするとき

（　　　　）

5 次の文は長方形、ひし形、正方形について書かれた文です。**このうち、正方形だけにあてはまるものをすべて選び、記号で答えなさい。**（6点）

ア　線対称な図形である。
イ　点対称な図形である。
ウ　対角線が対称の軸である。
エ　対称の軸が4本ある。
オ　対角線の交点が対称の中心である。

（　　　　）

学習日〔　　月　　日〕

時間 20分	得点
合格 40点	50点

標準レベル 17 拡大図と縮図

算数⑰

1 三角形 ABC は三角形 DEF を縮小《しゅくしょう》した図形です。**次の問いに答えなさい。**（5点×2）

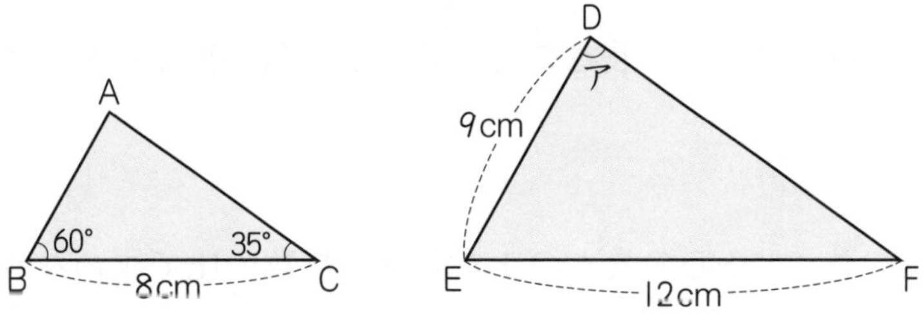

(1) 角アの大きさを求めなさい。　（　　　　）

(2) 辺 ABの長さを求めなさい。　（　　　　）

2 三角形 DEF は三角形 ABC を拡大《かくだい》した図形です。**次の問いに答えなさい。**（5点×2）

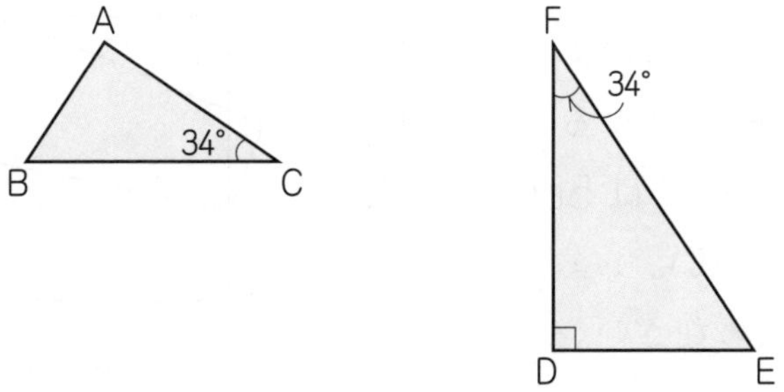

(1) 三角形 DEFで辺 ABに対応する辺を答えなさい。　（　　　　）

(2) 角 Bの大きさを求めなさい。　（　　　　）

3 **次の問いに答えなさい。**（6点×2）

(1) A地と B地は縮尺《しゅくしゃく》 1：50000の地図上で 2.5cmはなれています。実際の A地から B地までのきょりは何 mですか。

（　　　　）

(2) 縮尺$\frac{1}{2000}$の地図上で、1辺 2cmの正方形の土地の実際の面積は何 m^2ですか。

（　　　　）

4 三角形 ADE は三角形 ABC を$\frac{5}{3}$倍に拡大した図形です。**次の問いに答えなさい。**（6点×2）

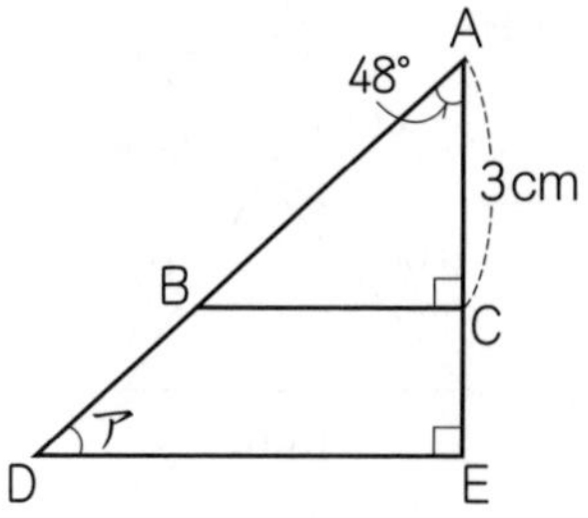

(1) 辺 CEの長さを求めなさい。

（　　　　）

(2) 角アの大きさを求めなさい。

（　　　　）

5 太郎《たろう》さんは木の高さをはかろうと思い、ある時刻《じこく》にそのかげの長さをはかったところ 6.6m ありました。同じ時刻に 1m の棒《ぼう》を地面に垂直《すいちょく》に立ててそのかげをはかったところ、かげの長さは 1.2m ありました。**木の高さを求めなさい。**（6点）

（　　　　）

算数

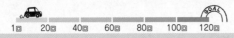

上級レベル 18 算数⑱

拡大図と縮図

学習日〔　　月　　日〕	
時間 20分	得点
合格 35点	50点

1 次の図で矢印をつけた辺は平行です。x、y にあてはまる数を求めなさい。（4点×4）

(1)

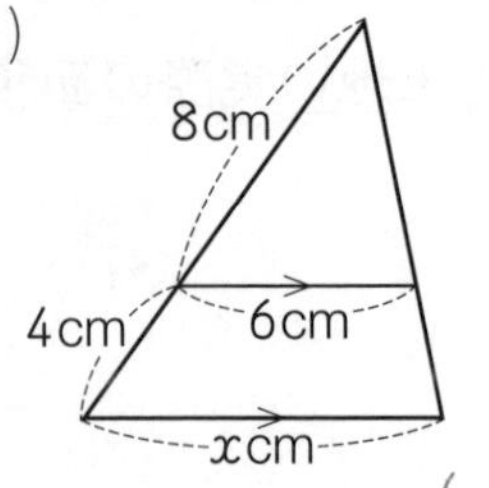

（　　　　）

(2)

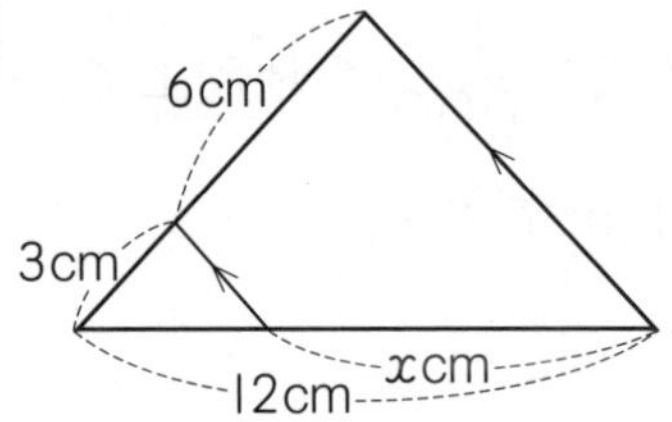

（　　　　）

(3)

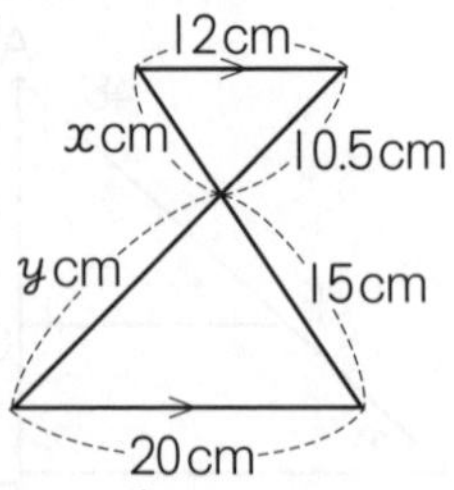

（x　　　、y　　　）

(4)

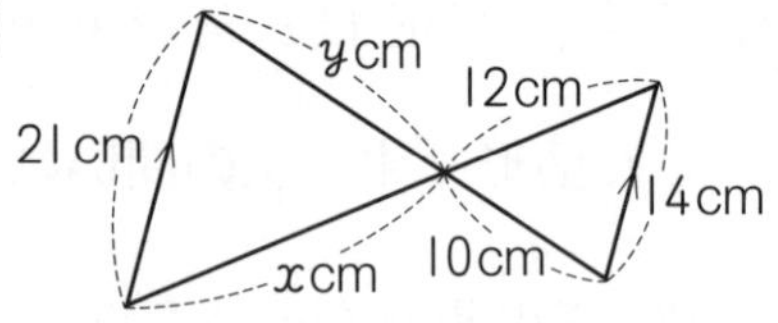

（x　　　、y　　　）

2 次の問いに答えなさい。（4点×3）

(1) 全長が 5.6m の車の模型《もけい》を縮尺《しゅくしゃく》32 分の 1 で作りました。模型の全長を求めなさい。

（　　　　）

(2) 縮尺 125000 分の 1 の地図上で 2cm の道のりの実際の長さを求めなさい。

（　　　　）

(3) 実際の面積が 62500m^2 の正方形の土地を縮尺 $\dfrac{1}{5000}$ の地図上で表すときの 1 辺の長さを求めなさい。

（　　　　）

3 右の図のような長方形 ABCD があります。辺 BC を 2：3 の比に分ける点を E、辺 CD の真ん中の点を F とします。また、BD が AE、AF と交わる点をそれぞれ G、H とします。**このとき、次の問いに答えなさい。**（4点×3）

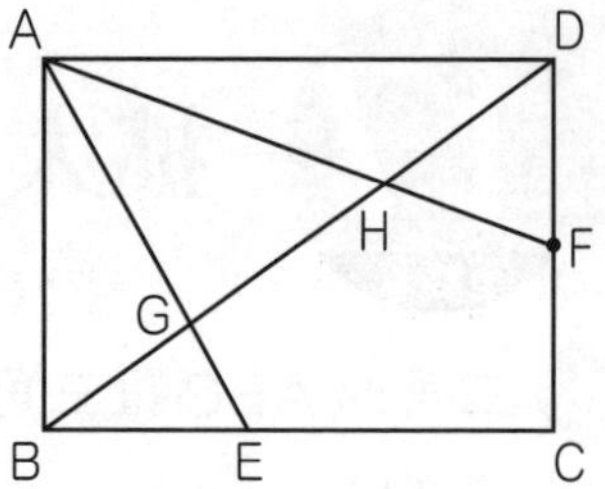

(1) BG の長さと GD の長さの比を簡単《かんたん》な整数の比で求めなさい。

（　　　　）

(2) GH の長さと HD の長さの比を簡単な整数の比で求めなさい。

（　　　　）

(3) E と H を直線で結びます。長方形 ABCD の面積が 210cm^2 のとき、三角形 EGH の面積を求めなさい。

（　　　　）

4 1 辺の長さが 25cm の正方形 ABCD があります。これを図のように頂点《ちょうてん》C が辺 AD 上の点 E に重なるように折ったところ、ED の長さは 5cm でした。**次の問いに答えなさい。**（5点×2）

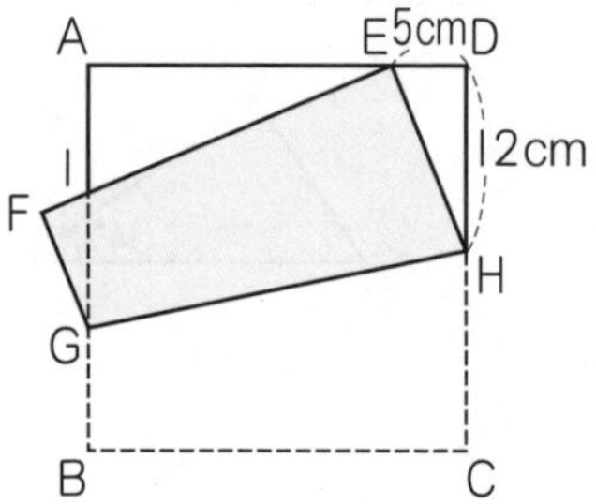

(1) 辺 BG の長さを求めなさい。

（　　　　）

(2) 四角形 GBCH の面積を求めなさい。

（　　　　）

標準レベル 19 場合の数

時間	得点
20分	
合格 40点	50点

1 次の問いに答えなさい。

(1) 1、2、3、4の4枚《まい》のカードから2枚のカードを取り出してできる2けたの整数は全部で何通りありますか。(5点)

(　　　　　)

(2) 1、2、3、4の4枚のカードから3枚のカードを取り出してできる3けたの整数は全部で何通りありますか。また、そのうち231より大きい数は何通りありますか。(5点×2)

3けたの整数(　　　　　)　231より大きい数(　　　　　)

(3) 0、1、2、3の4枚のカードから3枚のカードを取り出してできる3けたの整数は全部で何通りありますか。また、そのうち奇数《きすう》は何通りありますか。(5点×2)

3けたの整数(　　　　　)　奇数(　　　　　)

2 A、B、C、Dの4人が横一列に並《なら》びます。**Aがいちばん左にくるときの並び方は何通りありますか。**(5点)

(　　　　　)

3 右の図のようにA、B、C3つの部分に分けられた板を赤、黄、青の3色を全部使ってぬり分けることにしました。**色のぬり方は全部で何通りありますか。**(5点)

A	B	C

(　　　　　)

4 6人の生徒から2人の当番を選ぶことにしました。**当番の選び方は全部で何通りありますか。**(5点)

(　　　　　)

5 5g、10g、20gの3種類の分銅がそれぞれたくさんあります。**これらを使って、50gの重さをつくる方法は全部で何通りありますか。**(5点)

(　　　　　)

6 1、2、3、4、5、6、7のカードがそれぞれ1枚ずつあります。この中から合計が10になるように3枚のカードを選びます。**カードの選び方は全部で何通りありますか。**(5点)

(　　　　　)

学習日〔　　月　　日〕

時間 20分	得点
合格 35点	50点

上級レベル 20 場合の数

算数⑳

1 [1]、[2]、[3]、[4]、[5]の5枚《まい》のカードから3枚のカードを取り出して3けたの整数をつくります。次の問いに答えなさい。(5点×3)

(1) 全部で何通りの整数ができますか。

(　　　　)

(2) 奇数《きすう》は何通りできますか。

(　　　　)

(3) 4の倍数は何通りできますか。

(　　　　)

2 ジャムパン、あんパン、メロンパン、クリームパンがそれぞれ1つずつあります。これをA、B、C、Dの4人で分けることにしました。次の問いに答えなさい。(5点×2)

(1) A、B、C、Dの4人がそれぞれ1つずつのパンを取るとき、取り方は全部で何通りありますか。

(　　　　)

(2) Aは1つも取らず、Bは1つだけ取り、C、Dのうち1人は2つ、もう1人は1つ取るとき、取り方は全部で何通りありますか。

(　　　　)

3 右の図のように直線aの上に3つの点が、直線bの上には4つの点があります。この7個の点から異《こと》なる3個を選んでできる三角形は全部で何通りできますか。(6点)

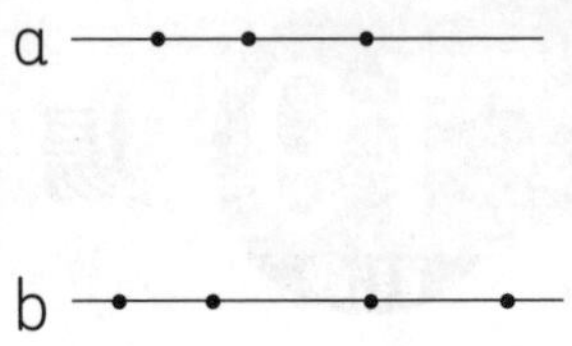

(　　　　)

4 100円玉が5枚あります。これをA、B、Cの3人で分けることにします。分け方は全部で何通りありますか。ただし、1枚ももらわない人がいてもよいものとします。(6点)

(　　　　)

5 100から400までの3けたの整数の中で、一の位、十の位、百の位の数がすべて異なっている数は全部で何通りありますか。(6点)

(　　　　)

6 10円玉、100円玉、500円玉がそれぞれ2枚ずつあります。これらの一部または全部を使って表すことができる金額は全部で何通りありますか。(7点)

(　　　　)

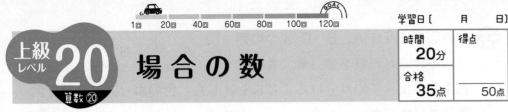

標準レベル 21 資料の調べ方

算数㉑

時間	得点
20分	
合格 40点	50点

1 右の表は６年Ａ組のボール投げの記録をまとめたものです。**次の問いに答えなさい。**（5点×3）

きょり(m)	人数(人)
以上　未満	
15 ～ 20	1
20 ～ 25	4
25 ～ 30	10
30 ～ 35	7
35 ～ 40	3
合　計	25

(1) 投げたきょりが 18 m の生徒はどの階級にはいるか答えなさい。

（　　　　　　）

(2) 投げたきょりが 25 m 未満の生徒の人数を答えなさい。

（　　　　　　）

(3) 30 m 以上投げた生徒は全体の何％にあたるか答えなさい。

（　　　　　　）

2 右のヒストグラムはある学級の生徒の体重を表したものです。**次の問いに答えなさい。**（5点×2）

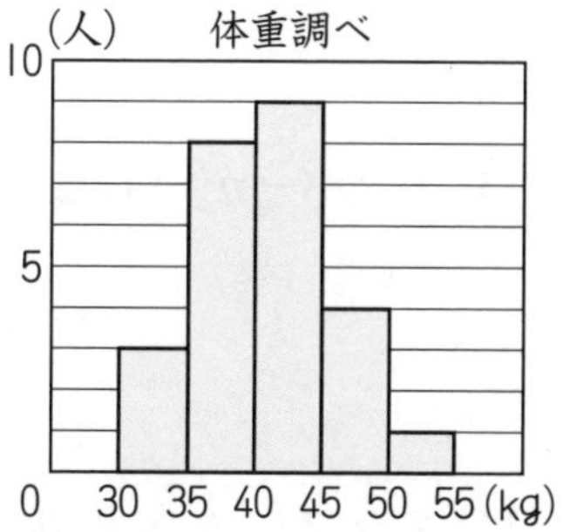

(1) 45 kg 以上 50 kg 未満の生徒は何人いますか。

（　　　　　　）

(2) 40 kg 未満の生徒は全体の何％にあたるか答えなさい。

（　　　　　　）

3 太郎さんの班《はん》で犬とねこの好ききらいを調べ、次のような表をつくりました。好きな人は○、きらいな人は×で表しています。**次の問いに答えなさい。**

	太郎	一郎	二郎	三郎	四郎	春子	夏子	秋子	冬子
犬	○	×	×	○	×	○	○	×	○
ねこ	○	○	×	○	○	×	○	○	×

(1) 上の表をもとにして、４つのこう目に分けた右の分類表を完成させなさい。（7点）

こう目	人数
両方とも好き	
犬だけ好き	
ねこだけ好き	
両方ともきらい	

(2) (1)の表をもとにして、右の表を完成させなさい。（8点）

	ねこが好き	ねこがきらい	合計
犬が好き			
犬がきらい			
合計			

4 右の表は花子さんのクラスで前転や後転ができるかどうかを調べ、表にまとめたものです。**次の問いに答えなさい。**（5点×2）

後転＼前転	できる	できない	合計
できる	11		
できない		7	
合計		12	36

(1) 右上の表を完成させなさい。

(2) 前転ができて後転ができない人は何人いるか答えなさい。

（　　　　　　）

算数

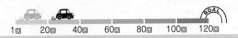

学習日［　　月　　日］

時間 20分	得点
合格 35点	50点

資料の調べ方

1 Ⅰ班《ぱん》、2班《はん》それぞれ15人の生徒の10点満点の計算テストの結果は次のようでした。**次の問いに答えなさい。**

Ⅰ班の結果
7点、3点、8点、4点、9点、4点、8点、9点、3点、8点、2点、7点、7点、2点、9点

2班の結果
4点、6点、9点、7点、5点、7点、5点、6点、8点、7点、10点、6点、7点、7点、6点

(1) Ⅰ班の得点を2点ずつに区切って左の表にまとめ、右にヒストグラムで表しなさい。(8点×2)

得点(点)	人数(人)
以上　未満	
0 ～ 2	
2 ～ 4	
4 ～ 6	
6 ～ 8	
8 ～ 10	
合　計	15

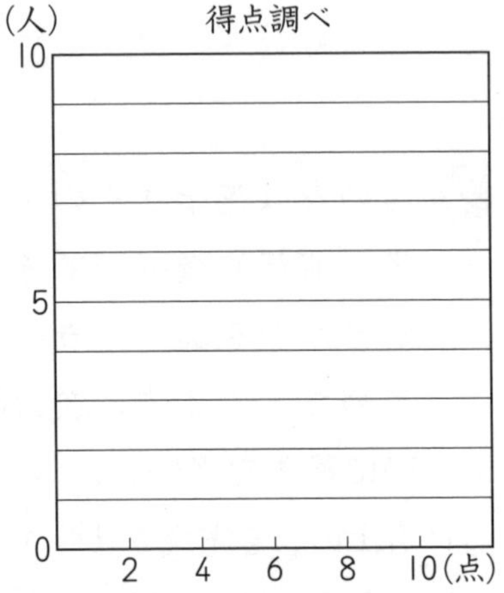

(2) Ⅰ班の得点の平均《へいきん》値《ち》、2班の得点の中央《ちゅうおう》値《ち》をそれぞれ求めなさい。(5点×2)

Ⅰ班の得点の平均値(　　　　　)　2班の得点の中央値(　　　　　)

2 小学校の4、5、6年生が加入しているサッカークラブがあります。下の表は、クラブのメンバーの住んでいる町と学年を調べたものです。**次の問いに答えなさい。**

名まえ	町	学年	名まえ	町	学年	名まえ	町	学年
吉野	西町	4	近藤	南町	5	田川	南町	6
中野	西町	4	池野	西町	6	山田	東町	5
北田	本町	5	大村	南町	6	中尾	西町	5
橋川	東町	6	山本	本町	5	石野	西町	4
小田	北町	4	佐野	東町	4	藤田	北町	6
木村	東町	5	畑	西町	4	松井	本町	4

(1) 上の表を、町別、学年別に分類した表を完成させなさい。(9点)

	東町	西町	本町	南町	北町	合計
4年						
5年						
6年						
合計						

(2) 何町に住んでいる何年生がいちばん多いか答えなさい。(5点)

(　　　　　　　　)

(3) メンバーがいちばん多い町といちばん少ない町の人数の差を求めなさい。(5点)

(　　　　　)

(4) クラブに4人の新しいメンバーが入ったため、東町に住んでいる人がいちばん多くなったそうです。新しく入った4人のうち、東町に住んでいるメンバーは少なくとも何人いるか求めなさい。(5点)

(　　　　　)

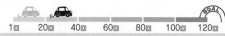

学習日〔　　月　　日〕

標準レベル 23 文字と式

算数㉓

時間 20分	得点
合格 40点	50点

1 次のことがらを文字を使った式に表しなさい。(4点×3)

(1) 6 m の長さのひもから a m の長さのひもを切り取ったときの残りのひもの長さ

(　　　　　　　　)

(2) 1 本 120 円のペンを x 本買ったときの代金

(　　　　　　　　)

(3) 時速 4 km の速さで a 時間歩いたときに進む道のり

(　　　　　　　　)

2 次の式の x の表す数を求めなさい。(3点×6)

(1) $(5+x)\times2+7=19$　(　　　　)

(2) $(4+x)\div4\times2=6$　(　　　　)

(3) $x\times(15+20)-8\times5=30$　(　　　　)

(4) $x\div(2.7-1.5)\div5+3=4$　(　　　　)

(5) $1\div0.2+0.4\times x=13$　(　　　　)

(6) $0.4\times(x-2.5)=4.6$　(　　　　)

3 次のことがらを x と y を使って式に表しなさい。(3点×2)

(1) 1 ダースが 480 円のえん筆を x 本買ったときの代金 y 円

(　　　　　　　　)

(2) 縦《たて》が x cm、横が 8 cm の長方形の面積 y cm^2

(　　　　　　　　)

4 ある数に 3 をたして 4 でわると 15 になります。次の問いに答えなさい。(3点×2)

(1) ある数を x として、このことを式に表しなさい。

(　　　　　　　　)

(2) ある数を求めなさい。

(　　　　)

5 上底が 3 cm、高さが 6 cm で面積が 33 cm^2 の台形があります。次の問いに答えなさい。(4点×2)

(1) 下底を x cm として、このことを式に表しなさい。

(　　　　　　　　)

(2) 下底の長さを求めなさい。

(　　　　)

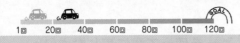

学習日〔　月　日〕

時間	得点
20分	
合格 35点	50点

上級レベル 24 文字と式

算数㉔

1 **次のことがらを文字を使って式に表しなさい。**（4点×2）

(1) 1冊《さつ》の値段《ねだん》が x 円の本を5冊買って、5000円出したときのおつり

（　　　　）

(2) 上底が a cm、下底が b cm、高さが c cm の台形の面積

（　　　　）

2 **次の式の x の表す数を求めなさい。**（4点×4）

(1) $160-(15\times 9-x\div 6)=30$

（　　　　）

(2) $\left\{3\frac{2}{5}-(6-x)+0.3\right\}\div 0.25=4\times 0.6$

（　　　　）

(3) $35-\{24-(8+4)\div 3-x\}\times 2=5$

（　　　　）

(4) $185-12\times 5+\{x-(79-35)\div 2\}=276$

（　　　　）

3 りんごとみかんがあわせて x 個あります。りんごの個数の3倍はみかんの個数の2倍に等しいです。**りんごの個数を y 個として、x と y の関係を式に表しなさい。**ただし、式は $y=$ ～の形で表すこと。（6点）

（　　　　）

4 ある数を2倍して7をたすところを、まちがって3倍して7をひいたために、正しい答えよりも8だけ大きな答えになってしまいました。**次の問いに答えなさい。**（5点×2）

(1) ある数を x として、このことを式に表しなさい。

（　　　　）

(2) ある数と、正しい答えを求めなさい。

（ある数　　　　、正しい答え　　　　）

5 大、小2種類のおもりがあります。大のおもりは1個25 g、小のおもりは1個10 gです。全部で18個のおもりを使って、300 gの重さをつくることにしました。**次の問いに答えなさい。**（5点×2）

(1) 大のおもりの個数を x 個として、このことを式に表しなさい。

（　　　　）

(2) 大、小それぞれ使ったおもりの個数を求めなさい。

（大　　　　、小　　　　）

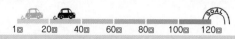

学習日〔　　月　　日〕

時間 20分	得点
合格 40点	50点

標準レベル 25 立体の体積・表面積

算数㉕

1 次の立体の体積と表面積を求めなさい。ただし、円周率は3.14とします。（2点×12）

(1)

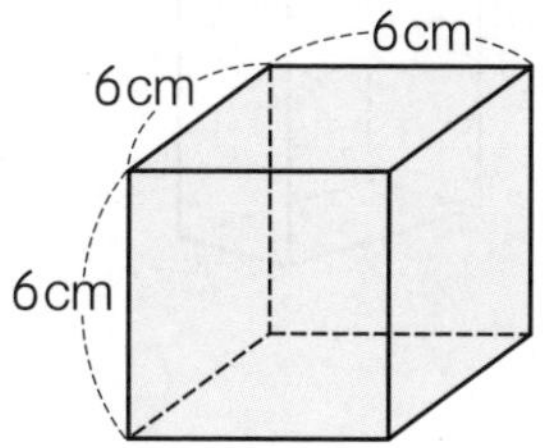

体積（　　　　）表面積（　　　　）

(2)

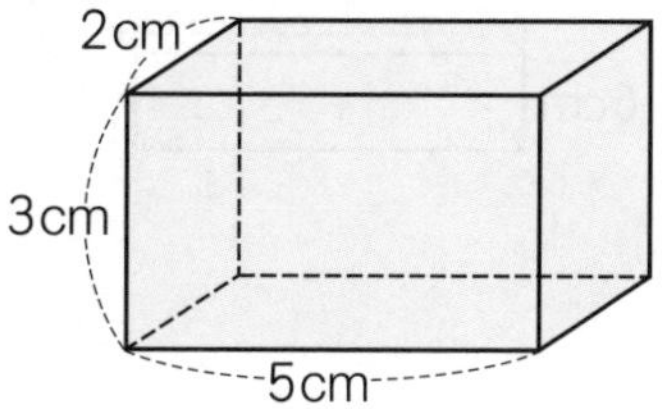

体積（　　　　）表面積（　　　　）

(3)

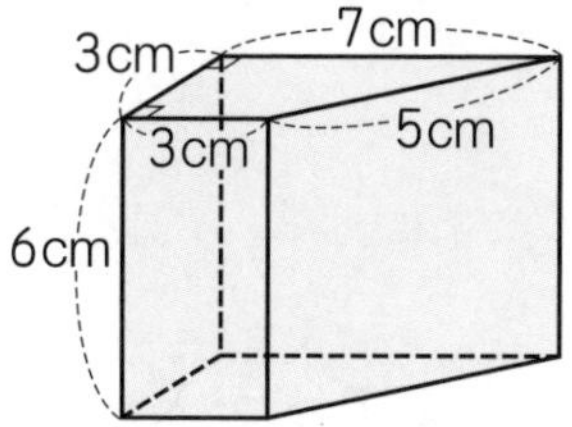

体積（　　　　）表面積（　　　　）

(4)

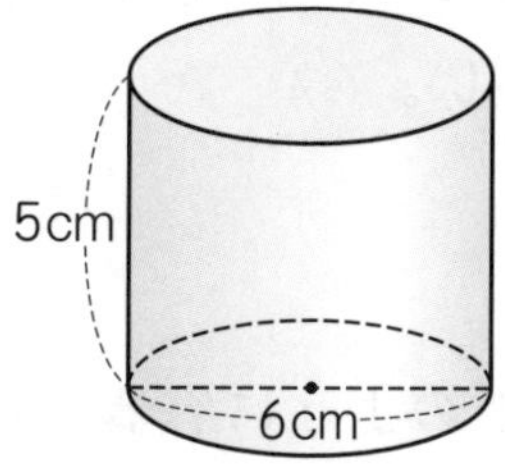

体積（　　　　）表面積（　　　　）

(5)

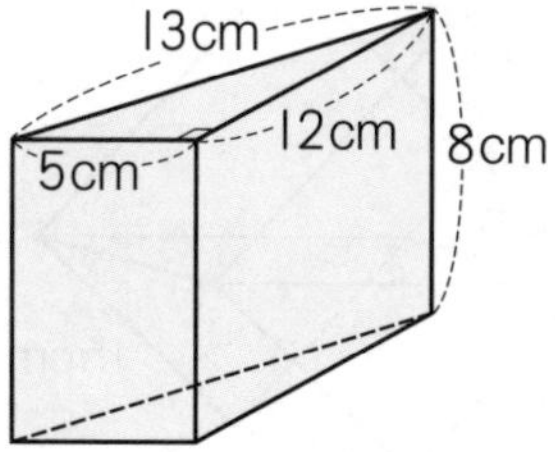

体積（　　　　）表面積（　　　　）

(6)

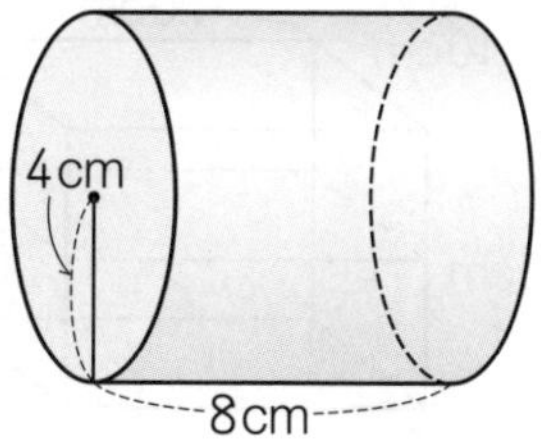

体積（　　　　）表面積（　　　　）

2 次の立体の体積と表面積を求めなさい。ただし、円周率は3.14とします。（(1)〜(5)2点×10、(6)3点×2）

(1)

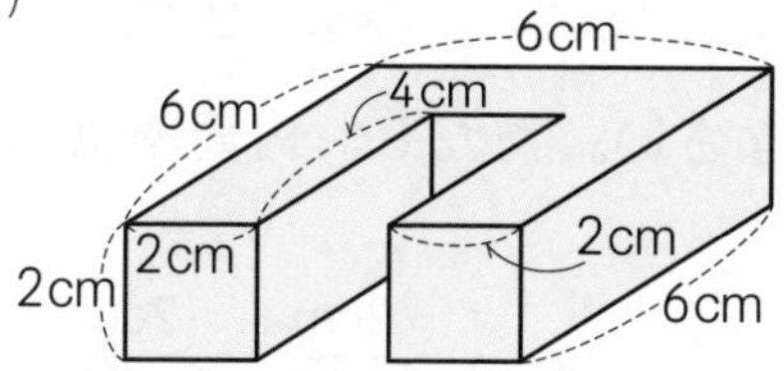

体積（　　　　）表面積（　　　　）

(2)

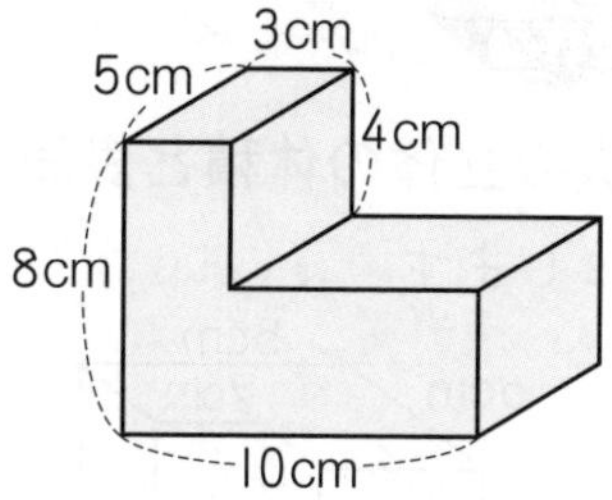

体積（　　　　）表面積（　　　　）

(3)

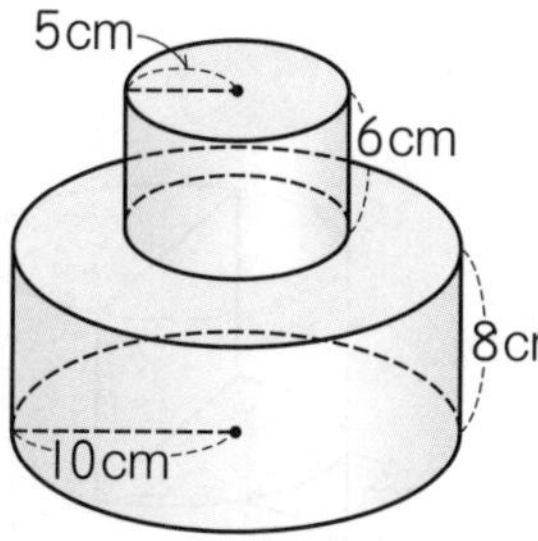

体積（　　　　）表面積（　　　　）

(4)

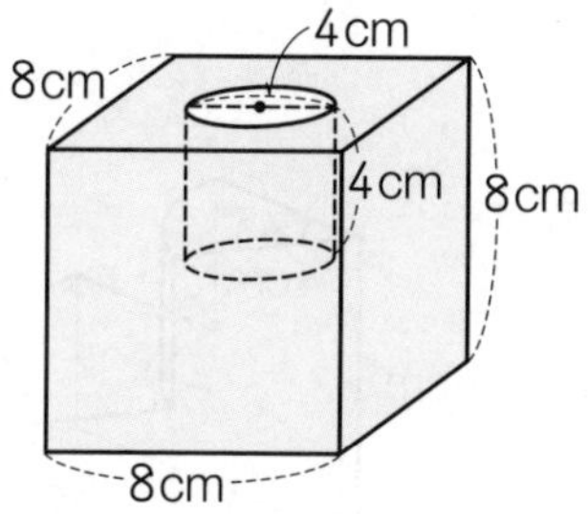

体積（　　　　）表面積（　　　　）

(5)

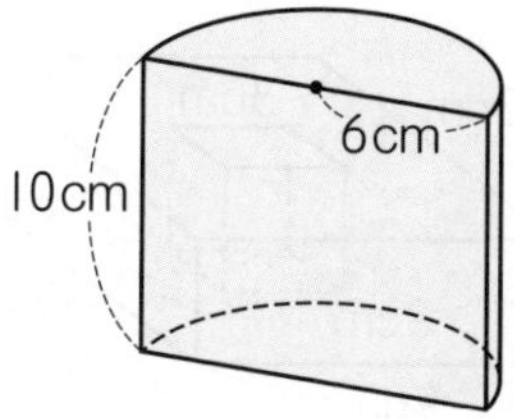

体積（　　　　）表面積（　　　　）

(6)

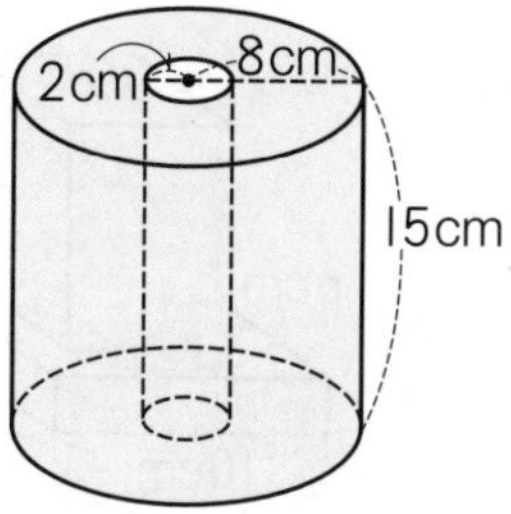

体積（　　　　）表面積（　　　　）

算数

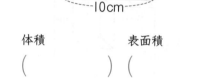

上級レベル 26 算数㉖

立体の体積・表面積

学習日〔　　月　　日〕

時間	得点
20分	
合格 35点	50点

1 次の立体の体積と表面積を求めなさい。ただし、円周率は3.14とします。（3点×12）

(1)

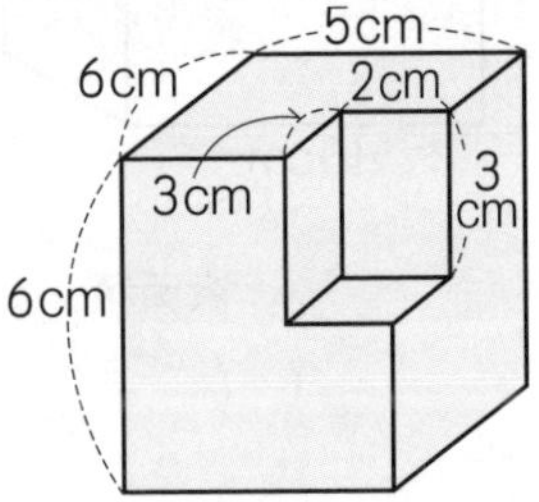

体積 （　　　） 表面積 （　　　）

(2)

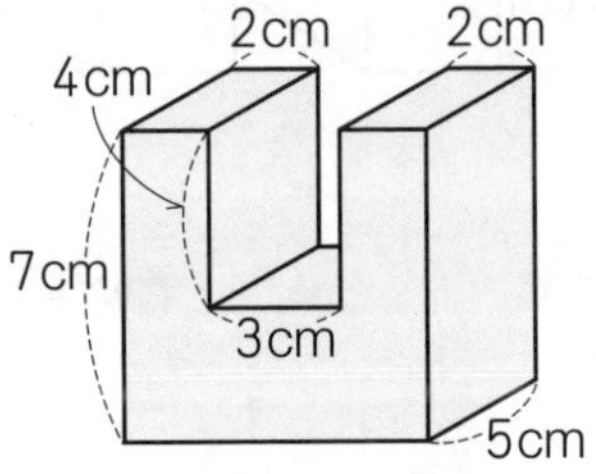

体積 （　　　） 表面積 （　　　）

(3)

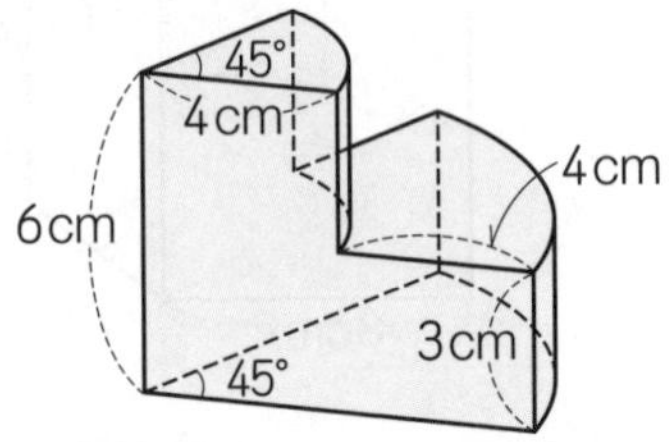

体積 （　　　） 表面積 （　　　）

(4)

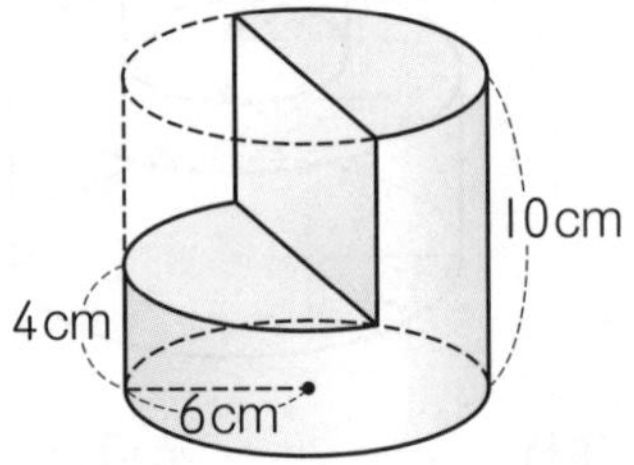

体積 （　　　） 表面積 （　　　）

(5)

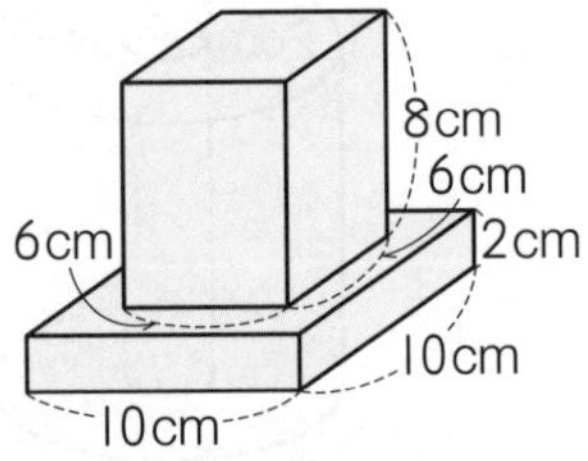

体積 （　　　） 表面積 （　　　）

(6)

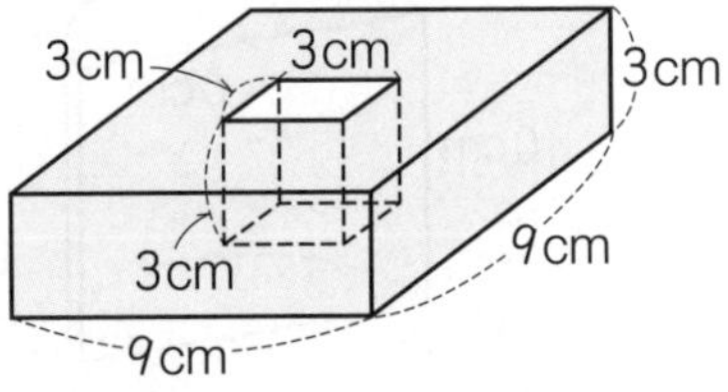

体積 （　　　） 表面積 （　　　）

2 図１のように容器に深さ６cmのところまで水が入っています。**この容器を図２のようにおきかえたときの水の深さを求めなさい。**ただし容器は密閉《みっぺい》されているものとします。（4点）

(図１)

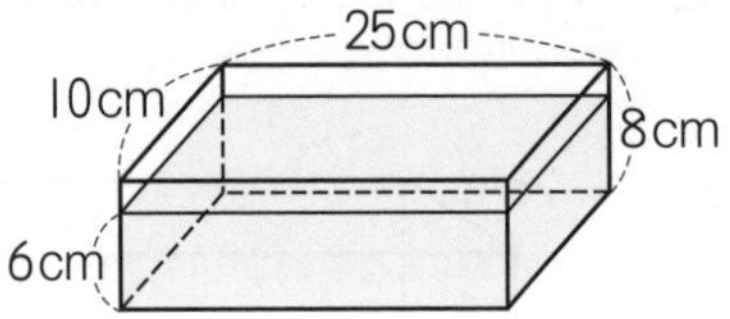

(図２)

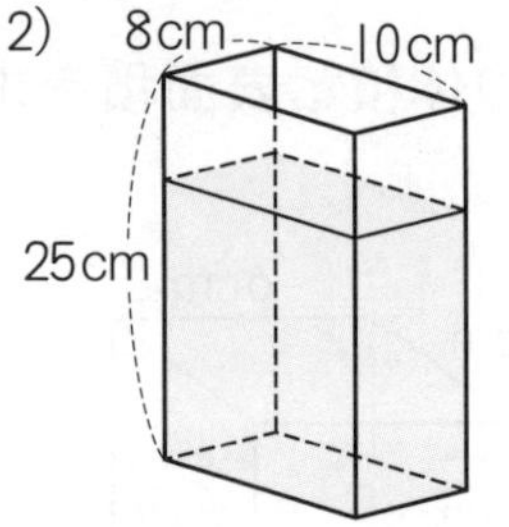

（　　　）

3 底面が１辺10cmの正方形で深さが15cmの水そうに底面から10cmのところまで水が入っています。この水そうに石をしずめたところ、45cm^{3}の水があふれました。**しずめた石の体積を求めなさい。**（5点）

（　　　）

4 図１のように容器に深さ８cmのところまで水が入っています。この容器を図２のようにかたむけると水面が水平になり、水がこぼれました。**こぼれた水の量を求めなさい。**（5点）

(図１)

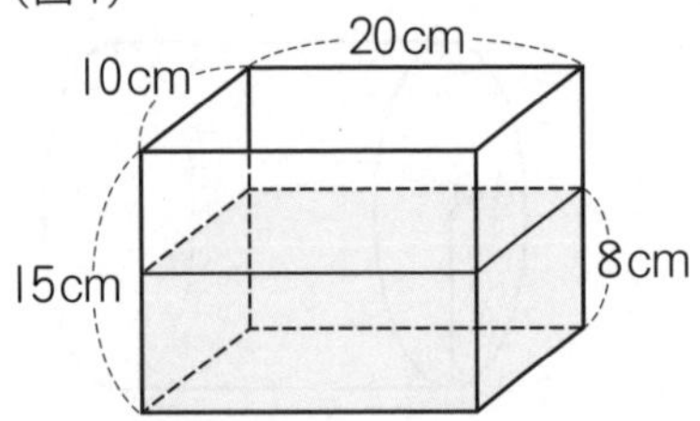

(図２)

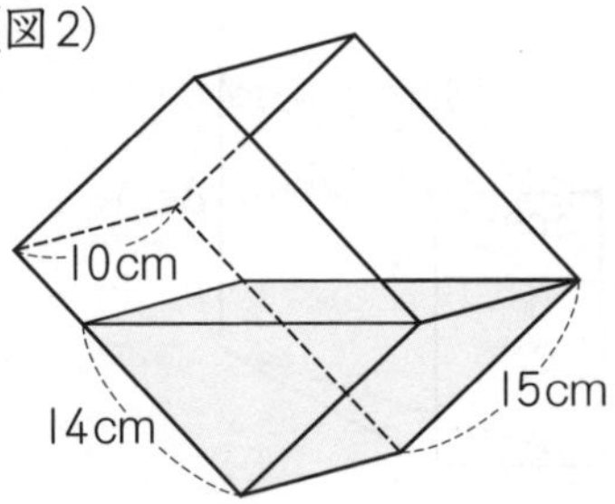

（　　　）

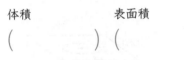

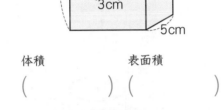

学習日〔　　月　　日〕

時間 20分	得点
合格 40点	50点

標準レベル 27 文章題特訓 (1)

1 次の問いに答えなさい。

(1) AとBの2つの数があります。2つの数の和は45で、AはBより5小さいそうです。A、Bをそれぞれ求めなさい。(5点×2)

A（　　　　　）　B（　　　　　）

(2) A、B2つの数の平均は48で、AはBより22大きいそうです。A、Bをそれぞれ求めなさい。(5点×2)

A（　　　　　）　B（　　　　　）

2 A、B、C3つのおもりがあります。AとBのおもりの重さの合計は143g、BとCのおもりの重さの合計は133g、AとCのおもりの重さの合計は120gです。**次の問いに答えなさい。**(5点×2)

(1) A、B、C3つのおもりの重さの合計は何gですか。

（　　　　　）

(2) Aのおもりの重さは何gですか。

（　　　　　）

3 算数のテストで、A、B2人の平均点は84点で、C、D、E3人の平均点は78点だそうです。**この5人の算数のテストの平均点を求めなさい。**(5点)

（　　　　　）

4 父の年令は48才で、長男の年令は12才、次男の年令は9才です。**2人の子どもの年令の和が父の年令に等しくなるのは今から何年後ですか。**(5点)

（　　　　　）

5 かきとりんごが同じ数ずつあります。これを何枚《なんまい》かのお皿にかきは6個ずつ、りんごは4個ずつのせていったところ、りんごだけが8個残りました。**かきとりんごの個数を求めなさい。**(5点)

（　　　　　）

6 ある遊園地の入園料は、大人は1人1200円、子どもは1人800円です。ある日の入園者数は280人で、入園料の合計は252000円でした。**この日の大人の入園者数を求めなさい。**(5点)

（　　　　　）

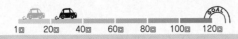

学習日〔　　月　　日〕

時間 20分	得点
合格 35点	50点

上級レベル 28 文章題特訓（1）

算数㉘

1 春子さんと秋子さんの体重の平均は46 kgで、春子さんは秋子さんより4 kg軽いそうです。**秋子さんの体重を求めなさい。**（7点）

（　　　　　）

2 父と弟の年令の和は50才で、差は34才です。また、父と兄の年令の和は54才です。**父、兄、弟の年令をそれぞれ求めなさい。**

（7点）

（父　　　　　、兄　　　　　、弟　　　　　）

3 今、A子さんとお母さんの年令の和は54才です。6年前のA子さんの年令はお母さんの年令の6分の1でした。**A子さんの年令がお母さんの年令の4分の1だったのは、今から何年前か求めなさい。**（7点）

（　　　　　）

4 100円玉と50円玉と10円玉があわせて全部で20枚《まい》あり、金額の合計は1440円です。**100円玉、50円玉、10円玉はそれぞれ何枚あるか求めなさい。**（7点）

（100円玉　　　　　、50円玉　　　　　、10円玉　　　　　）

5 A、B、Cの3種類のくだものがあります。B1個の値段《ねだん》はA1個の値段より40円高く、C1個の値段よりは60円安いです。Aを2個、Bを4個、Cを3個買ったら、お店の人が50円まけてくれたので、払《はら》った金額はちょうど2300円でした。**Bのくだもの1個の値段を求めなさい。**（7点）

（　　　　　）

6 Aさんは1個300円のお菓子《かし》を買いました。Bさんは1個400円のお菓子をAさんより3個少なく買いました。Aさんの代金はBさんより200円安くなりました。**Aさんの買ったお菓子の個数を求めなさい。**（7点）

（　　　　　）

7 A、B、Cの3種類のキャンディーがあわせて300個あります。これを花子さんのクラスの生徒全員に、Aを3個ずつ、Bを2個ずつ、Cを4個ずつ分けていくと、Aのキャンディーは3個不足し、Bのキャンディーは10個あまり、Cのキャンディーは4個不足しました。**花子さんのクラスの生徒数を求めなさい。**（8点）

（　　　　　）

学習日〔　　月　　日〕

時間 20分	得点
合格 40点	50点

標準レベル 29 文章題特訓（2）

算数㉙

1 花子さんは280円の本を１冊《さつ》買いました。これは持っていたお金の35%にあたります。**花子さんがはじめに持っていた金額を求めなさい。**（6点）

（　　　　　）

2 兄が弟の４倍より180円少なくなるように1000円を兄弟２人で分けることにしました。**兄と弟はそれぞれ何円もらえばよいか求めなさい。**（6点）

（兄　　　　　、弟　　　　　）

3 5時間に２分おくれる時計があります。今日の正午にこの時計を正しい時刻《じこく》に合わせました。**4日後の正午には何分何秒おくれているか求めなさい。**（6点）

（　　　　　）

4 あるボールは落とすと、落とした高さの60%まではね上がります。**6ｍの高さからこのボールを落とすとき、2回目にはね上がる高さを求めなさい。**（6点）

（　　　　　）

5 ＡさんとＢさんは同じ本を読むことにし、１日目にＡさんは32ページ、Ｂさんは18ページ読みました。Ｂさんの残りのページ数はＡさんの残りのページ数の３倍になりました。**この本のページ数を求めなさい。**（6点）

（　　　　　）

6 Ａ、Ｂ２人ですると６日で終わる仕事があります。これをＡだけですると10日かかります。**この仕事をＢだけですると何日かかるか求めなさい。**（6点）

（　　　　　）

7 ノート２冊とボールペン３本を買うと560円です。同じノート３冊とボールペン２本を買うと540円です。**ノート１冊の値段《ねだん》とボールペン１本の値段をそれぞれ求めなさい。**（6点）

（ノート　　　　　、ボールペン　　　　　）

8 大、小２つの数があってその和は1000です。大は小の３倍よりも16大きいです。**大、小２つの数を求めなさい。**（8点）

（大　　　　　、小　　　　　）

算数

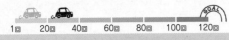

学習日〔　　月　　日〕

時間 20分	得点
合格 35点	50点

上級レベル 30 文章題特訓 (2)

算数㉚

1 Aさんは持っていたお金の $\frac{1}{2}$ を貯金し、残ったお金から750円の本を買いました。次にその残りの金額の $\frac{1}{3}$ より100円高い本を買ったところ、残りは280円になりました。**Aさんがはじめに持っていた金額を求めなさい。**（7点）

（　　　　）

2 大きさの異《こと》なる3つの整数 a、b、c があります。この3つの整数の和は101で、a は b の2倍よりも7大きく、b は c の3倍よりも2小さいです。**a、b、c はそれぞれいくつか答えなさい。**（7点）

（a　　　　、b　　　　、c　　　　）

3 Aさん1人では18日、Bさん1人では15日、Cさん1人では20日かかる仕事があります。この仕事をするのに最初の3日間はAさんだけ、次の2日間はBさんとCさんの2人で働きました。**この後Bさん1人で残りの仕事をするとすれば、この仕事を仕上げるのにあと何日かかりますか。**（7点）

（　　　　）

4 1本の紙テープがあります。この紙テープの2分の1の長さはAさんの身長より60 cm長く、3分の1の長さはAさんの身長より10 cm短いそうです。**Aさんの身長を求めなさい。**（7点）

（　　　　）

5 30円のみかんと100円のりんごをあわせて20個買うつもりでスーパーに行きましたが、みかんとりんごの個数をとりちがえて買ってしまったため、予定の金額より420円高くなってしまいました。**買う予定であったみかんとりんごの個数をそれぞれ求めなさい。**（7点）

（みかん　　　　、りんご　　　　）

6 ある中学校の入学試験の合格者は受験者全体の $\frac{1}{3}$ より20人少なく、不合格者は受験者全体の $\frac{8}{9}$ より16人少なかったそうです。**この中学校の受験者数を求めなさい。**（7点）

（　　　　）

7 いくらかの水が入っている水そうがあり、この水そうには毎分一定の量の水が流れこんできます。1分間に15Lずつ水をくみ出すと18分で空になり、1分間に20Lずつ水をくみ出すと12分で空になりました。**はじめに水そうに入っていた水の量を求めなさい。**（8点）

（　　　　）

学習日〔　月　日〕

標準レベル 31 算数㉛

文章題特訓 (3)

時間 20分	得点
合格 40点	50点

1 まっすぐな道路にそって木と木の間かくを 2.5 m ずつあけて、20 本の木を一直線に植えました。**植えた木のはしからはしまでのきょりを求めなさい。**（5点）

（　　　　）

2 長さ 60 m のまっすぐな道路の両側に 20 m ごと(はしをふくむ)に木を植え、植えた木と木の間に 4 m ごとに花を植えようと思います。**木と花はそれぞれ何本ずつ必要か求めなさい。**（5点）

（木　　　　、花　　　　）

3 ご石がいくつかあります。このご石を正方形の形にしきつめて並《なら》べようとすると 9 個不足するので、縦《たて》と横を各 1 列減らした正方形にするとご石は 4 個あまりました。**ご石の個数を求めなさい。**（5点）

（　　　　）

4 A、B、C、D、E の 5 つの野球チームについて、次のことがわかっています。

・A は B より弱い。　・C は D より弱い。

・B は C より弱い。　・A は E より強い。

このことから、この 5 つのチームを強い順に並べなさい。（5点）

（　　→　　→　　→　　→　　）

5  ……のように、白と黒のカードを並べます。**次の問いに答えなさい。**（5点×2）

(1) はじめから数えて 74 番目のカードの色を答えなさい。

（　　　　）

(2) はじめから 74 番目までに黒のカードは何枚《なんまい》あるか求めなさい。

（　　　　）

6 下のように、ある規則にしたがって数が並んでいます。

3、7、11、15、19、23、……

このとき、次の問いに答えなさい。（5点×2）

(1) はじめから数えて 10 番目の数を求めなさい。

（　　　　）

(2) はじめから 10 番目までの数の和を求めなさい。

（　　　　）

7 下のように、ある規則にしたがって数が並んでいます。

2、4、8、16、32、64、……

このとき、次の問いに答えなさい。（5点×2）

(1) はじめから数えて 9 番目の数を求めなさい。

（　　　　）

(2) はじめから数えて 26 番目の数の一の位の数を求めなさい。

（　　　　）

算数

学習日［　　月　　日］

時間 20分	得点
合格 35点	50点

上級レベル 32

文章題特訓（3）

算数㉜

1 下のように、白と黒のご石がある規則にしたがって並《なら》んでいます。**このとき、次の問いに答えなさい。**（4点×2）

○●○●●○●●●○●●●●○●……

(1) はじめから数えて40番目にあるご石の色を答えなさい。

（　　　　　）

(2) 40番目の黒石は、はじめから数えて何番目か求めなさい。

（　　　　　）

2 下のように、ある規則にしたがって整数が並んでいます。**このとき、次の問いに答えなさい。**（4点×2）

1、2、2、3、3、3、4、4、4、4、5、5、……

(1) はじめから数えて40番目の数を求めなさい。

（　　　　　）

(2) はじめから40番目までの数の和を求めなさい。

（　　　　　）

3 右のように、ある規則で並ぶ数の列があります。**次の問いに答えなさい。**（4点×2）

1段《だん》目　1
2段目　1 1
3段目　1 2 1
4段目　1 3 3 1
5段目　1 4 6 4 1
⋮　　⋮

(1) 7段目の数をすべてたすといくつになるか求めなさい。

（　　　　　）

(2) 10段目の左から2番目の数を求めなさい。

（　　　　　）

4 右の図のように、白と黒のご石を並べて正方形をつくります。**1辺のご石の数が10個になるようにつくるとき、白のご石と黒のご石の数の差を求めなさい。**（6点）

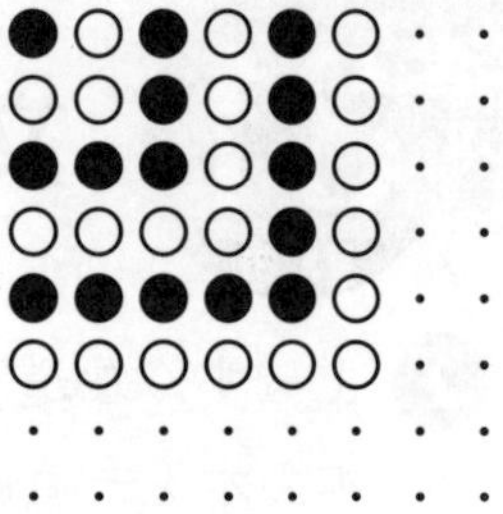

（　　　　　）

5 1、2、3、3、4、5、5、6、7、7、8、9、……と数がある規則にしたがって並んでいます。これを、

(1、2、3)、(3、4、5)、(5、6、7)、……
　第1組　　第2組　　第3組

と3つずつの数の組に分けることにします。**次の問いに答えなさい。**（5点×2）

(1) 第10組のまん中の数を求めなさい。

（　　　　　）

(2) 組の中の3つの数の和が132になるのは第何組か求めなさい。

（　　　　　）

6 下のように、ある規則にしたがって整数が並んでいます。

3、5、6、5、4、3、5、6、5、4、3、……

このとき、次の問いに答えなさい。（5点×2）

(1) はじめから47番目までの数の和を求めなさい。

（　　　　　）

(2) 14番目から47番目までの数の中に5はいくつあるか求めなさい。

（　　　　　）

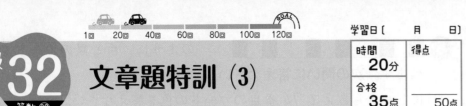

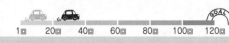

33 最上級レベル 1

算数33

時間 30分	得点
合格 35点	50点

1 次の計算をしなさい。(4点×3)

(1) $2\frac{2}{5}\times\left(0.15+\frac{5}{4}\right)\div1\frac{3}{4}+3.75$

(2) $4.5\times1\frac{1}{3}\div1.2-4.8\div2\frac{2}{5}\times1.3$

(3) $7\times7\times3.14-2\times2\times3.14-3\times3\times3.14+8\times8\times3.14$

2 次の□にあてはまる数を書きなさい。(4点×4)

(1) $\frac{1}{4}$: 3.6 を簡単《かんたん》な比になおすと 5 : □ です。

(2) 40 人の 45%にあたる人数は □ 人です。

(3) x と y は比例の関係、y と z は反比例の関係にあり、$x=5$ のとき $y=7$、$z=3$ です。$x=6$ のとき z の値《あたい》は □ になります。

(4) 7 冊《さつ》の種類の異《こと》なる本を本だなに並《なら》べるときの並べ方は全部で □ 通りあります。

3 Aさんは科学博物館にロボットの見学に行きました。この博物館には二足歩行ロボットと四足歩行ロボットが全部であわせて 46 台展示《てんじ》されており、それらの足の本数は全部で 160 本ありました。**この博物館に展示されている二足歩行ロボットと四足歩行ロボットの台数をそれぞれ求めなさい。**(6点)

(二足歩行　　　　、四足歩行　　　　)

4 右下の図のような円柱形の水そうに深さ 8 cm のところまで水が入っています。今この水そうに底面の半径が 5 cm、高さが 20 cm の円柱形の棒《ぼう》をまっすぐに入れます。**次の問いに答えなさい。**(5点×2)

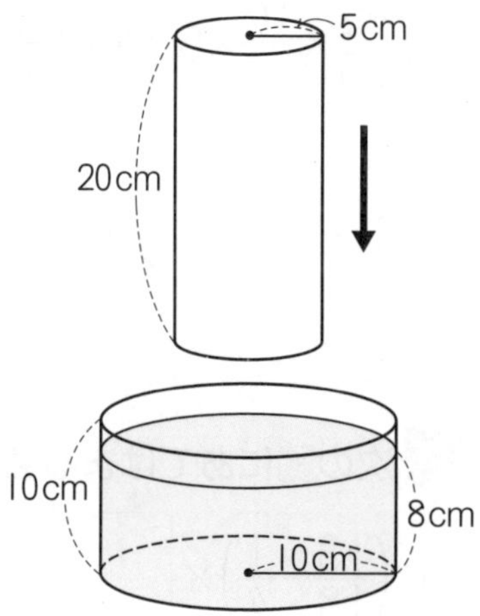

(1) 水面が容器のいちばん上までくるのは、棒を何 cm まで水に入れたときか求めなさい。

(　　　　)

(2) 棒を容器の底につくまで入れたとき、あふれ出す水の量を求めなさい。

(　　　　)

5 図工クラブの生徒に 1 人 6 枚《まい》ずつ画用紙を配る予定で準備をしていましたが、集まった生徒が予定より 5 人多かったので、1 人に 4 枚ずつ配ったところ画用紙が 10 枚あまりました。**集まる予定であった生徒の人数を求めなさい。**(6点)

(　　　　)

算数

時間 30分	得点
合格 35点	50点

34 最上級レベル ②

算数㉞

1 次の計算をしなさい。(4点×3)

(1) $\left(\frac{5}{6}-\frac{4}{21}\right)\times\frac{3}{8}\div4.5+\frac{7}{15}\times0.45$

(2) $\frac{42}{55}\times\frac{10}{27}\times0.121\div\frac{7}{8}\div\left(2.18-1\frac{2}{25}\right)$

(3) $1.25\times16\times\frac{1}{2}+5\times0.375\times4\times5-125\times0.234\times0.8$

2 次の□にあてはまる数を書きなさい。

(1) $\left(\frac{13}{18}-\frac{1}{4}\right)\times\square\div2.8=1\frac{7}{10}$ (4点)

(2) 円の半径を 2 倍にすれば、円周は □ 倍になり、円の面積は □ 倍になります。(2点×2)

(3) 和が 74 で差が 38 である 2 つの数は □ と □ です。(4点)

(4) A さんのクラスの人数は 38 人です。この中から 2 人の委員を選ぶとき、選び方は全部で □ 通りあります。(4点)

3 右の表は、ある規則にしたがって 0 から順に数をかき入れたものです。次の問いに答えなさい。(3点×2)

	第1列	第2列	第3列	第4列	第5列	…
第1行	0	1	8	9	24	…
第2行	3	2	7	10	23	…
第3行	4	5	6	11	22	…
第4行	15	14	13	12	21	…
第5行	16	17	18	19	20	…
⋮	⋮	⋮	⋮	⋮	⋮	

(1) 第 10 行第 1 列の数を求めなさい。

(　　　　　)

(2) 260 は第何行第何列にありますか。

(　　　　　)

4 水平な面の上に図のような水そうが置かれていて、底から 3 cm のところまで水が入っています。次の問いに答えなさい。(4点×3)

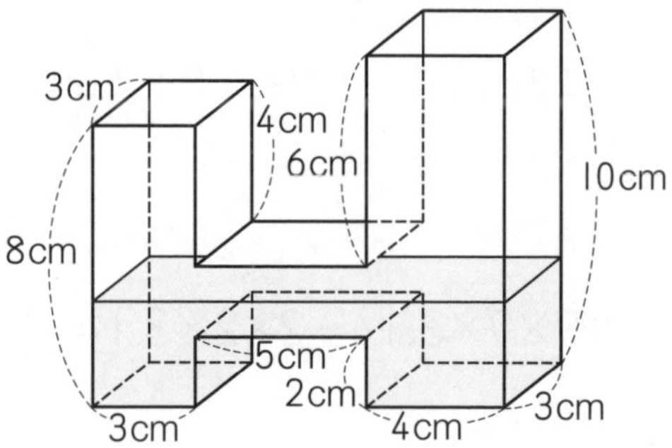

(1) 水そうの中に入っている水の体積を求めなさい。

(　　　　　)

(2) 水面の高さを 2 cm あげるためには、どれだけの水を入れればよいか求めなさい。

(　　　　　)

(3) (2)の操《そう》作《さ》をした後、この水そうに入れることができる水の量を求めなさい。

(　　　　　)

5 あるスーパーマーケットで昨日 1 個 250 円で売っていたお菓子《かし》を今日はセールで 3 割《わり》引《び》きで売ったところ、きのうに比べて売上げ個数は 120 個、売上げ金額は 14625 円それぞれ増えました。今日のお菓子の売上げ個数を求めなさい。(4点)

(　　　　　)

標準レベル 35 ものの燃え方と空気

理科①

時間 15分	得点
合格 40点	50点

1 **空気中で、次の(1)~(5)のような燃え方をするものをそれぞれあとのア~クから選びなさい。** (3点×5)

(1) 固体のままでほのおを出さずに燃え、燃える前よりも燃えたあとのほうが重くなる。（　　　）

(2) 固体のままでほのおを出さずに燃え、燃える前よりも燃えたあとのほうが軽くなる。（　　　）

(3) 固体が液体になり、さらに気体になって燃える。（　　　）

(4) うす暗いほのおを出して燃え、二酸化炭素と水が生じる。（　　　）

(5) 黄色く明るいほのおを出して燃え、二酸化炭素と水が生じる。（　　　）

ア ろう　イ 木炭　ウ アルコール
エ 水素　オ 酸素　カ 二酸化炭素
キ ちっ素　ク スチールウール

2 **次の(1)~(7)の文を読み、それぞれ正しいものには○、正しくないものには×で答えなさい。** (2点×7)

(1) ものが燃えると、必ず二酸化炭素が発生する。（　　　）

(2) ものが燃えると、必ずほのおが出る。（　　　）

(3) ろうそくのほのおは、温度が高い部分ほど明るい。（　　　）

(4) 鉄を燃やすことはできない。（　　　）

(5) 空気中と酸素中で、同じろうそくを燃やすと、酸素中で燃やしたほうがはやくなくなる。（　　　）

(6) 酸素は非常によく燃える気体である。（　　　）

(7) 酸素は空気中に約80%ふくまれている。（　　　）

3 **木のむし焼きの実験について、あとの問いに答えなさい。** (3点×7)

空気中で、木でできた割《わ》りばしに火をつけると、最初はけむりや光とともに(a　　)を出して燃えていましたが、その後、(a)を出さずに燃えました。割りばしの燃え方をくわしく調べるため、右の図のような装置《そうち》を使って実験をしました。割りばしを試験管に入れ、ガスバーナーで加熱しました。すると、最初は木の中にふくまれる水分が水蒸気《すいじょうき》となってガラス管の先から出てきました。さらにしばらく加熱を続けましたが、本来なら割りばしが燃え始める温度になっても①試験管の中の割りばしは黒くなるなどの変化は見られましたが、(a)が出て燃えることはありませんでした。しかし、②ガラス管の先から出てきたけむりのような物質に火を近づけると、(a)を出して燃えました。実験後、試験管の中には木炭と2種類の液体が残っていました。

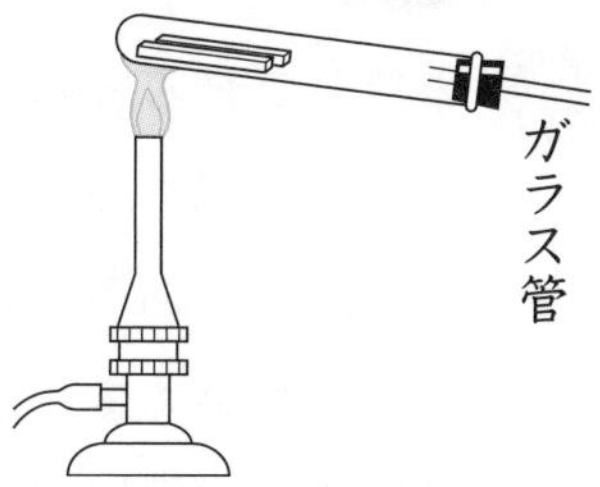

(1) 文中のaに入ることばを答えなさい。（　　　）

(2) 図のように、試験管の口のほうを下げて実験する理由を答えなさい。
（　　　　　　　　　　　　　　）

(3) 下線部①のようになるのは、このときの試験管の中には、割りばしが燃えるために必要なものがたりないからだと考えられます。必要なものとは何か、答えなさい。（　　　）

(4) 下線部②のようになるのは、高温のため割りばしが熱で分解され、その成分がaを出して燃えたからだと考えられます。この実験から、物質がaを出して燃えるためには、その物質がどのような状態になっている必要があるか、その状態を答えなさい。（　　　）

(5) 下線部②のような物質の名まえを答えなさい。（　　　）

(6) 実験後に、試験管の中に残っていた2種類の液体の名まえを答えなさい。（　　　）、（　　　）

理科

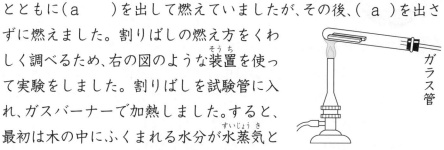

上級レベル 36 ものの燃え方と空気

理科②

時間 15分	得点
合格 35点	50点

1 体積が変わる容器の中に火のついたろうそくを入れ、ふたをして火が消えるまで置きました。容器の中の空気の成分は、ろうそくを入れる前と火が消えたあとで、表のように空気中の酸素の割合《わりあい》が減り、二酸化炭素の割合がふえました。容器の容積は100mLでしたが、火が消えたあとの空気の体積は減りました。**問いに答えなさい。**（6点×5）　［明星中(大阪)ー改］

	酸素の割合	二酸化炭素の割合	ちっ素の割合
ろうそくを入れる前	21.0％	0％	79.0％
火が消えたあと	16.0％	4.0％	80.0％

(1) 容器の中に二酸化炭素ができていることを確認《かくにん》する方法とその結果を簡単《かんたん》に答えなさい。

(　　　　　　　　　　)

(2) 空気中の酸素や二酸化炭素の割合は、気体検知管を使って調べます。気体検知管について正しいものをア〜ウから選びなさい。(　　)

ア 同じ気体検知管を使って、酸素と二酸化炭素の両方の割合を調べることができる。

イ 二酸化炭素の割合を調べる気体検知管はその割合に応じて2種類を使い分ける。

ウ ハンドルを引いたら、すぐに目盛《めも》りを読む。

(3) ろうそくを燃やす前の空気中のちっ素は何mLでしたか。(　　)

(4) ろうそくの火が消えたあと、容器の中の空気は何mLになりましたか。ただし、ろうそくを燃やす前後で空気の成分のうち体積が変化したのは酸素と二酸化炭素だけでした。(　　)

(5) ろうそくの火が消えたあと、容器の中の酸素は何mLになりましたか。

(　　)

2 図のような実験装置《そうち》を使って、金属の粉末を薬さじでよくかき混ぜながら、ガスバーナーを使って加熱しました。はかりを使って、加熱前の金属の粉末と加熱後の物質が何gかを調べました。金属の粉末として銅を用いた結果とマグネシウムを用いた結果を表に示しました。**これについて、あとの問いに答えなさい。**（4点×5）　［早稲田大高等学院中ー改］

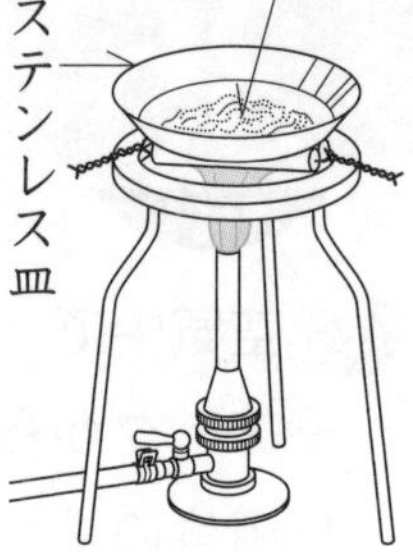

銅の粉末〔g〕	0.40	0.80	1.20	1.60
加熱後の物質〔g〕	0.49	1.00	1.48	1.98

マグネシウムの粉末〔g〕	0.30	0.60	0.90	1.20
加熱後の物質〔g〕	0.50	1.00	1.47	1.96

(1) 2つの表から考えると、金属の粉末を加熱したときに、金属と、金属に結びつく酸素は何対何(重さの比)ですか。銅とマグネシウムそれぞれについて、最も適当なものを次のア〜オから1つずつ選びなさい。　銅(　　)　マグネシウム(　　)

ア 1：1　イ 1：4　ウ 4：1　エ 2：3　オ 3：2

(2) 2つの表には、(1)の解答のような整数比にならないものがいくつかあります。この理由として、まちがっているものを次のア〜エから選びなさい。(　　)

ア 酸素以外の気体が金属と反応したから。

イ 加熱する時間が短かったから。

ウ かき混ぜる回数がたりなかったから。

エ 粉末のつぶが大きかったから。

(3) 酸化銅6.00gにふくまれる酸素は何gですか。(1)の解答を利用して答えなさい。(　　)

(4) 銅とマグネシウムの混合物13.00gをよく加熱したところ、加熱後に18.00gになりました。混合物には銅が何gふくまれていましたか。(1)の解答を利用して答えなさい。(　　)

時間 15分	得点
合格 40点	50点

標準レベル 37 動物のからだとそのはたらき

理科③

1 右の図１は人の消化に関係する器官のようすを表したもので、図２は人の血液じゅんかんを表しています。**これについて、次の問いに答えなさい。**（２点×15）

〔図１〕

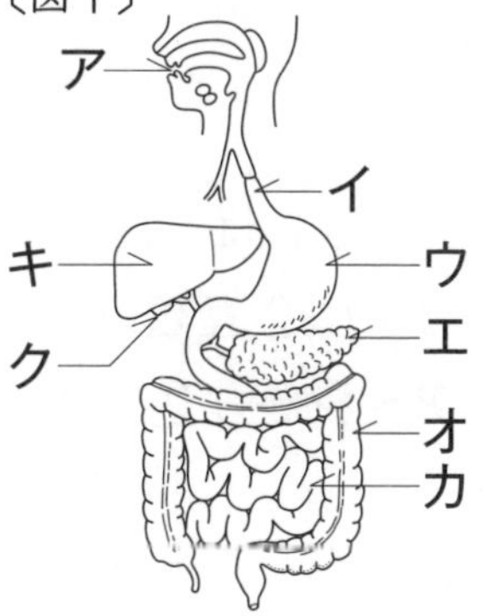

〔図２〕

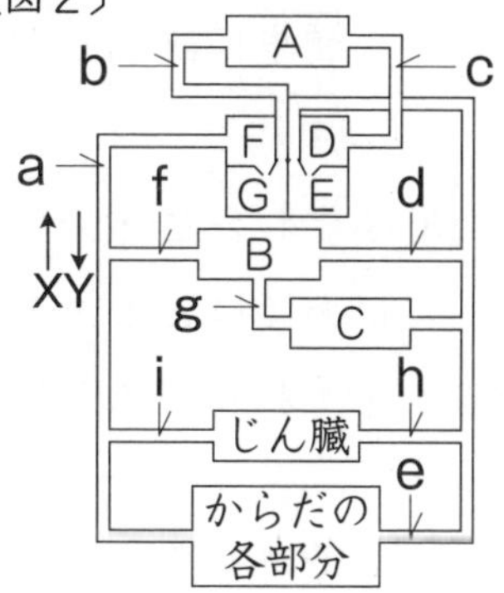

(1) でんぷんがはじめて消化される器官を図１の**ア～ク**から選びなさい。（　　）

(2) たんぱく質がはじめて消化される器官を図１の**ア～ク**から選び、その名まえも答えなさい。 記号（　　） 名まえ（　　）

(3) たんじゅうをつくる器官を図１の**ア～ク**から選びなさい。（　　）

(4) 消化された栄養分がおもに吸収《きゅうしゅう》される器官を図１の**ア～ク**から選び、その名まえも答えなさい。 記号（　　） 名まえ（　　）

(5) 図２のA・B・Cの器官の名まえをそれぞれ答えなさい。

A（　　） B（　　） C（　　）

(6) 図２のD・E・F・Gは心臓《しんぞう》の部屋《へや》を表しています。この中で、最も筋肉《きんにく》が厚い部屋はどれですか。記号で答えなさい。また、その名まえも答えなさい。 記号（　　） 名まえ（　　）

(7) 図２のaの血管で、血液の流れる向きは、X・Yのどちらですか。記号で答えなさい。（　　）

(8) 図２で、二酸化炭素を最も多くふくむ血液が流れる血管をa～iから選び、その名まえも答えなさい。記号（　　） 名まえ（　　）

(9) 図２で、栄養分を最も多くふくんでいる血液が流れている血管をa～iから選びなさい。（　　）

2 図のように６本の試験管A～Fにでんぷんのりを入れ、A・C・Eにはだ液を入れました。AとBは５℃、CとDは40℃、EとFは80℃に保ち、10分後にA～Fの液をそれぞれ半分ずつに分けてでんぷんと物質Xの有無を調べました。**あとの問いに答えなさい。**（４点×５）

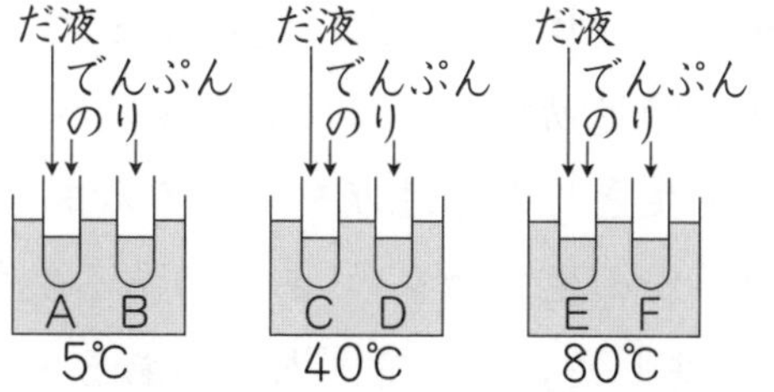

でんぷんの有無

液	A	B	C	D	E	F
有無	有	有	無	有	有	有

物質Xの有無

液	A	B	C	D	E	F
有無	少し有	無	有	無	無	無

(1) この実験で、でんぷんの有無を調べるのに使った試薬の名まえを答えなさい。（　　）

(2) (1)の試薬は、でんぷんがあるとき何色を示しますか。（　　）

(3) だ液のはたらきででんぷんが別のものに変わることは、A～Fの試験管のどれとどれを比べればわかりますか。次の**ア～オ**から選びなさい。（　　）

ア AとC　**イ** BとD　**ウ** CとE　**エ** CとD　**オ** EとF

(4) (3)で、でんぷんは物質Xに変わりました。物質Xは何ですか。（　　）

(5) AとCとEの試験管の結果からわかったことをまとめました。次の文中の①～④に適切な語句や数値《すうち》を答えなさい。

（①　　）は、（②　　）℃より（③　　）℃のほうがよくはたらき、（④　　）℃でははたらかない。

理科

1回　20回　40回　60回　80回　100回　120回　GOAL

上級レベル 38 理科④

動物のからだとそのはたらき

学習日〔　　月　　日〕

時間 15分	得点
合格 35点	50点

1 次の文章を読んで、あとの問いに答えなさい。　［聖光学院中ー改］

生き物が大好きなたかし君は、現在、次のア～シの12種類の生き物を自分の家で育てています。

ア イヌ	イ インコ	ウ カエル	エ カブトムシ
オ クモ	カ ザリガニ	キ チョウ	ク ネコ
ケ ハエ	コ バッタ	サ ヘビ	シ ミミズ

ア～シの生き物は、ほ乳類《にゅうるい》や節足《せっそく》動物などになかま分けされていますが、たかし君は自分なりの生き物の分け方を考えてみました。

まず、見た目のちがいでア～シの生き物を、「あしのある生き物」と「$_A$あしのない生き物」に分けました。そして、「あしのある生き物」を、あしの本数で分けたところ、「あしの本数が6本以下の生き物」が8種類で「$_B$あしの本数が7本以上の生き物」が2種類でした。次に、はねに着目しました。すると、「あしの本数が6本以下の生き物」のうち、「はねのある生き物」が5種類で、「$_C$はねのない生き物」が3種類でした。そして、生き物をさわってみたところ、「あしのない生き物」は「$_D$背骨《せぼね》がある生き物」と「$_E$背骨がない生き物」に分けることができました。5種類の「はねのある生き物」も同じようにさわったところ、「$_F$背骨がある生き物」が1種類で「背骨がない生き物」が4種類でした。さらに、「はねのある生き物」のうち「背骨がない生き物」は、「さなぎの時期がある生き物」が3種類で、「$_G$さなぎの時期がない生き物」が1種類であることを、観察することができました。

(1) 下線部Aにあてはまる生き物を、ア～シから2つ選びなさい。（2点×2）（　　）（　　）

(2) 下線部Bにあてはまる生き物について答えなさい。

①それらの生き物を、ア～シから2つ選びなさい。（2点×2）（　　）（　　）

②それらの生き物は、生活するかん境がちがいます。そのちがいを簡単《かんたん》に説明しなさい。（4点）

（　　　　　　　　）

(3) ふ化したときや生まれたときには、あしのない生き物が、下線部Aにあてはまる生き物のほかに2種類います。

①それらの生き物を、ア～シから2つ選びなさい。（2点×2）（　　）（　　）

②それらの生き物は、成長したときのあしの本数がちがいます。それぞれのあしの本数を答えなさい。（4点）

（　　　　　　　　）

(4) 下線部Cにあてはまる生き物を、ア～シから3つ選びなさい。

（2点×3）（　　）（　　）（　　）

(5) 下線部D、E、Fにあてはまる生き物を、ア～シからそれぞれ1つずつ選びなさい。（4点×3）

D（　　）　E（　　）　F（　　）

(6) 下線部Gにあてはまる生き物について答えなさい。

①その生き物を、ア～シから1つ選びなさい。（4点）（　　）

②幼虫《ようちゅう》から成虫になるまでの間に、さなぎの時期がない成長のしかたを何というか答えなさい。（4点）（　　　　）

(7) 右の図は、たかし君がハエをスケッチしたものです。この図には、あしとはねがかかれていません。右の図に、数とはえている場所がわかるように、あしとはねをかき入れなさい。（4点）

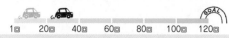

標準レベル 39 植物のからだとそのはたらき

理科⑤

時間 15分　合格 40点　得点　／50点

1 **蒸散《じょうさん》について、あとの問いに答えなさい。**（5点×4）

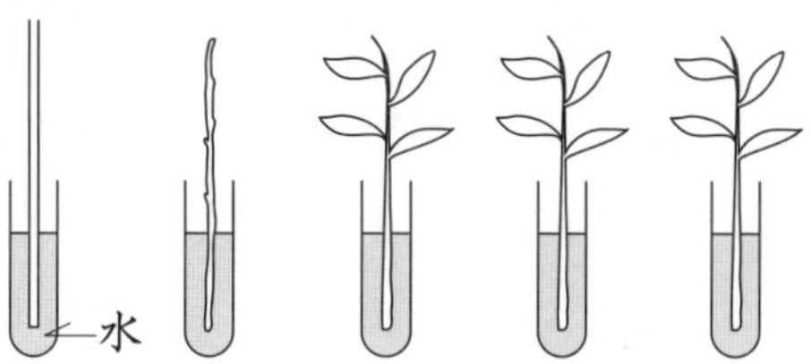

〔実験〕 同じ量の水を入れた試験管5本、同じ大きさで同じ数の葉をつけた木の枝4本、木の枝と同じ太さのガラス棒《ぼう》｜本を用意し、A～Eの装置《そうち》をつくる。

A：ガラス棒をさしこむ。
B：葉をとり除《のぞ》いた枝をさしこむ。
C：葉をつけたままの枝をさしこむ。
D：葉の表側にワセリンをぬった枝をさしこむ。
E：葉の裏《うら》側にワセリンをぬった枝をさしこむ。

4時間後にそれぞれの装置について、試験管の中の水の減った量を調べた結果、次の表のようになりました。

装置	A	B	C	D	E
水の減った量〔cm^3〕	0.5	2.2	12.5	11.8	2.9

(1) 4時間に、葉の表側だけから蒸発した水の量は何 cm^3 ですか。
（　　　　）

(2) 4時間に、葉をつけたままの枝全体から蒸発した水の量は何 cm^3 ですか。
（　　　　）

(3) 4時間に、枝だけから蒸発した水の量は何 cm^3 ですか。
（　　　　）

(4) 4枚の葉が全部同じ大きさだとすると、4時間に、｜枚《まい》の葉の表側と裏側で合計何 cm^3 の水が蒸発したと考えられますか。小数第2位を四捨五入《ししゃごにゅう》して答えなさい。
（　　　　）

2 ふ入りの葉(白色の部分がある葉)を用いて、光合成《こうごうせい》について次のような実験をしました。**これについて、あとの問いに答えなさい。**

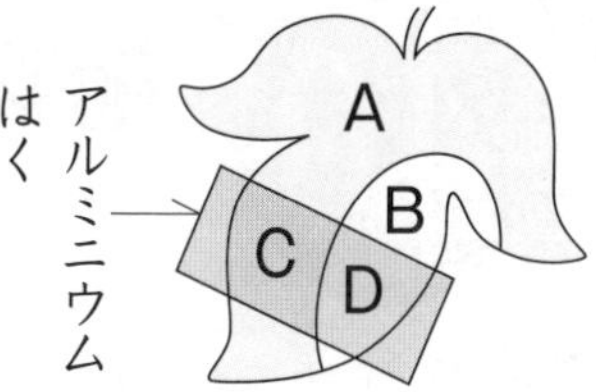

ただし、図のAは緑色の部分、Bはふの部分、Cはアルミニウムはくでおおわれた緑色の部分、Dはアルミニウムはくでおおわれたふの部分です。

〔実験〕 ・夕方、葉の一部を①アルミニウムはくでおおい、②一晩《ひとばん》置いておく。
・次の日、葉を③日光によく当てた後つみとり、④熱い湯につける。
・その後、あたためた⑤アルコールに葉を入れる。
・葉についたアルコールを水で洗《あら》い落とす。
・葉をヨウ素液にひたす。

(1) 実験において、下線部①～⑤を行った理由として適当なものをそれぞれ次のア～オから選びなさい。（3点×5）

ア 光合成がじゅうぶんに行われるようにするため。
イ 葉の緑色をぬき、ヨウ素液による色の変化を見やすくするため。
ウ 葉をやわらかくし、また、栄養分が分解されるのを防ぐため。
エ 葉にある栄養分をなくすため。
オ 温度を変えずに、葉に日光を当てないようにするため。

①（　　）②（　　）③（　　）④（　　）⑤（　　）

(2) 葉をヨウ素液にひたしたとき、色が変わった部分を図のA～Dから選びなさい。（3点）
（　　）

(3) (2)で色が変わった部分は何色になりましたか。（4点）（　　　　）

(4) (3)より、葉に何ができたことがわかりますか。（4点）
（　　　　）

(5) 光合成《こうごうせい》には、葉緑体が必要であることを確認《かくにん》するために、図のA～Dのどことどこを比べればよいですか。（4点）（　　と　　）

学習日〔　　月　　日〕

時間 15分	得点
合格 35点	50点

上級レベル 40　理科⑥

植物のからだとそのはたらき

1 2種類の植物A、Bの葉にさまざまな強さの光を当てる実験をしました。右の図は、光を1時間当てたときの植物A、Bの葉100 cm^2 あたりの二酸化炭素の吸収《きゅうしゅう》量と放出量の結果です。ただし、呼吸《こきゅう》による二酸化炭素の放出量は光の強さとは関係なくつねに一定であるものとし、また、1gの1000分の1を1mgと表します。**これについて、次の問いに答えなさい。**（5点×4）　［東邦大付属東邦中一改］

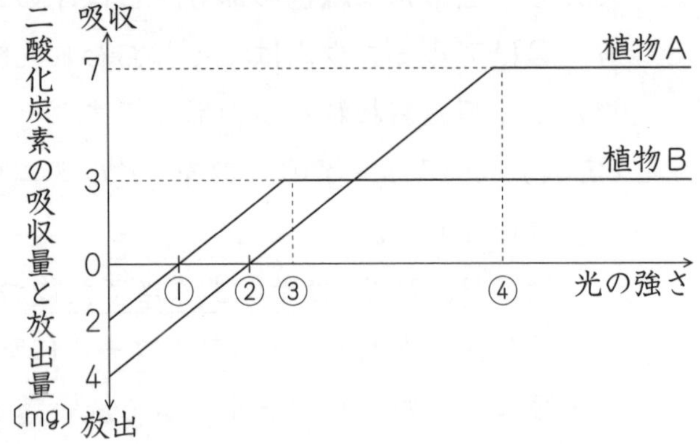

(1) 植物A、Bと光の強さとの関係について述べた文として最も適切なものを、次の**ア**～**オ**から1つ選びなさい。（　　）

ア 当てる光の強さが同じであれば、植物Aは植物Bよりも二酸化炭素吸収量がつねに多い。

イ 光の強さが①のとき、植物A、Bともに生育できる。

ウ 光の強さが②のとき、植物Aは呼吸も光合成もしていない。

エ 植物Aは植物Bよりも成長するのにより多くの光を必要とする。

オ 光をまったく当てない場合、二酸化炭素放出量は植物Bのほうが多い。

(2) 植物Bと同じような特ちょうをもつ植物として最も適切なものを、次の**ア**～**エ**から1つ選びなさい。（　　）

ア アカマツ　**イ** ススキ　**ウ** アオキ　**エ** アブラナ

(3) 植物Bの葉500 cm^2 に③の強さの光を5時間当てたとき、光合成で使われた二酸化炭素は何mgですか。（　　）

(4) 植物A、Bそれぞれの葉55 cm^2 に④の強さの光を12時間当てたあと、まったく光を当てない状態を8時間続けました。その結果、でんぷんが増加した量が多かったのは植物Aでした。このとき植物Aと植物Bででんぷんが増加した量の差は何mgですか。ただし、植物A、Bともに、二酸化炭素22mgを吸収するとでんぷん15mgができ、呼吸によってでんぷん15mgを使うと二酸化炭素22mgが放出され、呼吸にはでんぷんのみが使われるものとします。（　　）

2 オオカナダモの葉のはたらきをBTB液を用いて調べます。まず、青色のBTB液を用意し、これにストローで息をふきこんで、緑色にしました。このBTB液を3本の試験管に入れ、次のような条件にしました。

試験管A……BTB液のみ
試験管B……BTB液にオオカナダモを入れる
試験管C……BTB液＋オオカナダモを入れ、試験管のまわりをアルミホイルで包む

それぞれの試験管にゴムせんをして、強い光を当てました。しばらくして、BTB液の色を見ると、3つの色に分かれていました。**これについて、次の問いに答えなさい。**（5点×6）　［早稲田大高等学院中一改］

(1) 下線部の3つの色を、試験管A～Cのそれぞれについて答えなさい。

A（　　）　B（　　）　C（　　）

(2) 試験管B、試験管Cの実験で、オオカナダモはどんなはたらきをしていますか。それぞれの実験について、はたらきの名まえを答えなさい。

B（　　）　C（　　）

(3) 試験管B、試験管Cの実験で、BTB液の色にえいきょうをあたえたのは同じ気体です。その気体名を答えなさい。（　　）

標準レベル 41 理科⑦

生き物のくらしとかん境

時間 15分	得点
合格 40点	50点

1 右の図は、池の中の生き物どうしのつながりを表したもので、A～Cは生き物を、X・Yは気体を表しています。また、A⇨BはAがBに食べられることを表しています。**次の問いに答えなさい。**（3点×10）

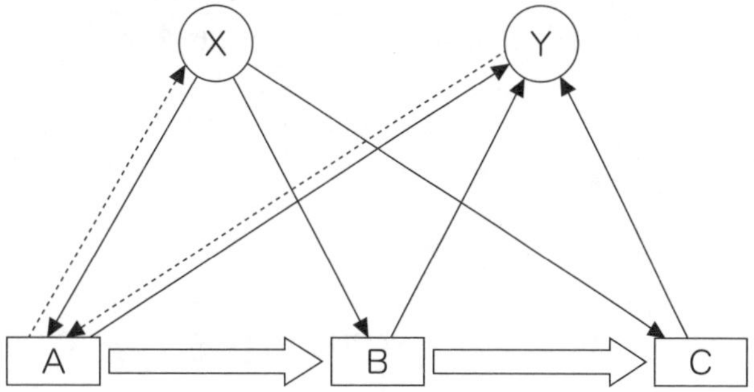

(1) A～Cにあてはまる生き物をそれぞれ次の**ア～ウ**の図から選びなさい。

A（　　　）B（　　　）C（　　　）

ア

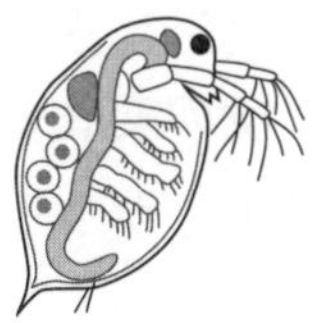

イ

ウ

(2) X・Yにあてはまる気体の名まえをそれぞれ答えなさい。

X（　　　　）Y（　　　　）

(3) ---->で表される生き物のはたらきを何といいますか。（　　　）

(4) ──>で表される生き物のはたらきを何といいますか。（　　　）

(5) この池に光が当たらなくなると、A～Cの個体数はどうなりますか。それぞれ次の**ア～オ**から選びなさい。

ア 変化しない　**イ** だんだんふえる　**ウ** だんだん減る

エ はじめはふえるが、やがて減り、もとにもどる。

オ はじめは減るが、やがてふえ、もとにもどる。

A（　　　）B（　　　）C（　　　）

2 **地球のかん境問題について、次の文中の①～⑩に入る適当な語句を、それぞれあとのア～タから選びなさい。**ただし、⑥については2つ選びなさい。また、同じ記号は1度しか選べません。（2点×10）

太陽光線にふくまれる有害な(①　　)線から地球上の生き物をまもっているのが(②　　)層《そう》です。近年、この層が南極や北極の一部でこわれています。この原因としては、(③　　)の大量使用があげられています。そして、人体が直接(①)線を受けることによって、(④　　)がんの発生率がさらに高まることが心配されています。(③)は、それにかわるものを使用するように規制されるようになりました。

また、多くの国で、森林がかれたり、湖の生き物が死んでしまったりするなどの深刻《しんこく》なひ害が出たり、大理石の像がいたんだりしています。これは雨の性質が強い(⑤　　)になっているからです。雨がこのような性質になってしまうおもな原因としては(⑥　　)があげられます。

さらに、地球(⑦　　)化とよばれる地球の年間平均気温がしだいに上がっている現象も重大な問題で、(⑧　　)の氷がとけて海水面が上しょうしていることや、異常《いじょう》気象が起きることなどの原因になっているといわれています。地球(⑦)化のおもな原因となっている空気中の(⑨　　)には、宇宙《うちゅう》から地表への熱は通すが、地表から宇宙への熱は通しにくい性質があり、この性質は(⑩　　)効果とよばれています。

ア 赤《せき》外《がい》	**イ** し外《がい》	**ウ** オゾン	**エ** 二酸化炭素
オ フロン	**カ** 皮ふ	**キ** 車のはい気ガス	**ク** 肺《はい》
ケ 酸性	**コ** アルカリ性	**サ** 温《おん》暖《だん》	**シ** 温室
ス 寒冷	**セ** 工場などのけむり	**ソ** 北極	**タ** 南極

①（　　）②（　　）③（　　）④（　　）

⑤（　　）⑥（　　）・（　　）⑦（　　）

⑧（　　）⑨（　　）⑩（　　）

理科

上級レベル 42 生き物のくらしとかん境

理科⑧

時間	得点
15分	
合格 35点	50点

1 次の文章を読んで、あとの問いに答えなさい。〔渋谷教育学園渋谷中一改〕

生き物の中でも、a特に陸上に生息する生き物をとりまくかん境は、水中とはちがい、その土地によって大きく異《こと》なります。このことに興味をもったM君は、植物と動物のかん境に対する適応について、本を使い以下の2つの例を見つけました。

〔例1〕デンマークの植物学者ラウンケアは、植物がかんそうや低温といった生育に不適切な時期を過ごすときの植物の適応の姿《すがた》に着目し、b冬をこすときにつくられる越冬芽《えっとうが》の位置で植物を分類しました。下の表1がそれを示したものです(「ラウンケアの生活型」という)。

〔表1〕 ラウンケアの生活型

以下の▒が冬季に残る部分で、●が越冬芽の位置を示しています。

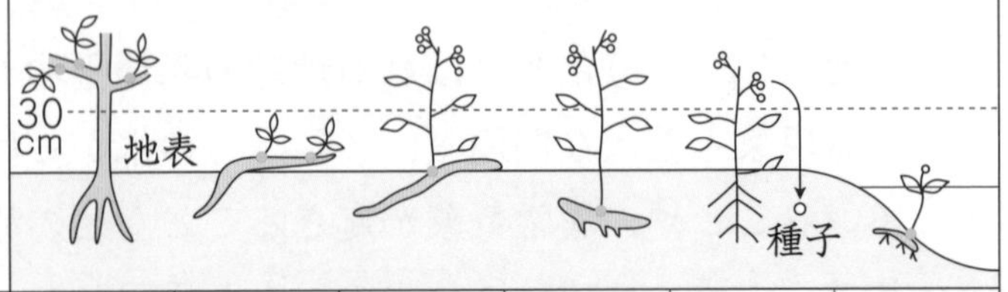

生活型	ア 地上植物	イ 地表植物	ウ 半地中植物	エ 地中植物	オ 一年生植物	カ 水中植物
越冬芽の位置	地表30cm以上	地表30cm以下	地表に接する部分	地中	なし	水中

〔例2〕表2は、代表的な4種のクマについて、その大きさや生息する地域《ちいき》をまとめたものです。表2から、寒冷地に生息するクマほどからだの大きさが大きいことがわかります。その理由は、からだの体積と表面積の値《あたい》から説明できます。からだの大きさを示す体積は①{ア からだの内部でつくられる　イ からだからにげていく}熱と関係があり、外界《がいかい》と接している部分の大きさを示す表面積は②{ア からだの内部でつくられる　イ からだからにげていく}熱と関係があるものとします。いま、M君はクマのからだを立方体であると考えて、3種類の辺の長さをもつ立方体の体積と表面積を下の表3に記入してみました。そして、c表面積を体積で割《わ》った値をそれぞれ求めてみました。

〔表2〕 4種のクマに関する情報

名称	ホッキョクグマ	ヒグマ	ツキノワグマ	マレーグマ
大きさや生息する地域	頭どう長 2.5m 平均体重 約700kg 北極圏、グリーンランド、アイスランドの海岸線沿いに生息する。	頭どう長 2.0m 平均体重 約200kg ヨーロッパからシベリア、北アメリカまで生息する。	頭どう長 1.4m 平均体重 約100kg 日本をふくめた東アジアに生息する。	頭どう長 1.4m 平均体重 約65kg ミャンマーからマレー半島、スマトラ島、ボルネオ島の森林地帯に生息する。

〔表3〕 立方体の体積と表面積

一辺の長さ	1	2	3
体　積			
表面積			
表面積を体積で割った値	A	B	C

以上より、立方体の表面積を体積で割《わ》った値は、辺の長さが長いほど③{ア 大きい　イ 小さい}ことがわかり、d寒冷地の気候に適応したからだの大きさになっていることがわかりました。

(1) 下線部aについて、陸上より水中のほうがかん境の変化が少ない理由を、「水」と「空気」という語句を必ず用いて説明しなさい。(10点)

(　　　　　　　　　　)

(2) 下線部bについて、カントウタンポポの生活型を、表1の「ラウンケアの生活型」のア～カから選びなさい。(3点)　(　　　)

(3) 文中の①～③に適する語句をそれぞれア・イから選びなさい。(4点×3)

①(　　　)　②(　　　)　③(　　　)

(4) 下線部cについて、表3のA～Cに入る数値《すうち》をそれぞれ求めなさい。(5点×3)　A(　　　)　B(　　　)　C(　　　)

(5) 下線部dについて、寒冷地に生息するクマのからだが大きいことがどのような点で有利であるのかを説明しなさい。(10点)

(　　　　　　　　　　)

標準レベル 43 太陽・月の形や動き

理科⑨

時間 15分　合格 40点　得点　　／50点

1 右の図のA、B、Cは、日本のある地点で観測した春分・夏至《げし》・秋分・冬至《とうじ》の日の太陽の通り道を示したものです。**これについて、次の問いに答えなさい。**（3点×10）

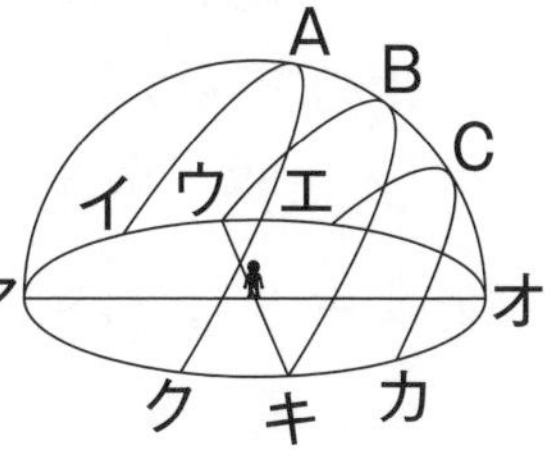

(1) 南、西を示す位置をそれぞれ図のア～クから選びなさい。　南（　　）　西（　　）

(2) 夏至の日、秋分の日の日の出の位置をそれぞれ図のア～クから選びなさい。　夏至（　　）　秋分（　　）

(3) 次の①、②にあてはまるものをそれぞれ図のA～Cから選びなさい。
①昼の長さと夜の長さがほぼ同じになる日の太陽の通り道。
②太陽の南中高度が１年を通じていちばん低い日の太陽の通り道。
①（　　）　②（　　）

(4) １１月１日には、太陽の通り道はどこになりますか。次のア～エから選びなさい。（　　）
ア　Aのア側　　イ　AとBの間　　ウ　Cのオ側　　エ　BとCの間

(5) 次の①～③は、地面に垂直《すいちょく》に立てた棒《ぼう》のかげの先の動きを示したものです。①～③のようになる日をそれぞれ図のA～Cから選びなさい。

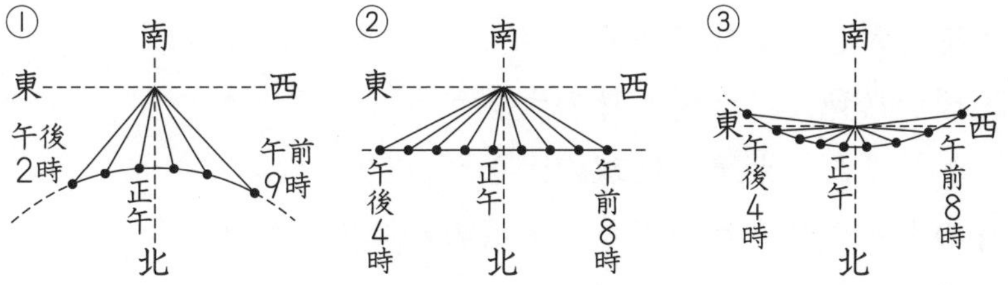

①（　　）　②（　　）　③（　　）

(6) この観測を行った場所で正午に太陽を観測すると、どの方角に見えますか。正しいものを次のア～ウから選びなさい。
ア　真　南　　イ　真南よりも少し東　　ウ　真南よりも少し西
（　　）

(7) (6)より、この場所について正しいものを次のア～ウから選びなさい。
ア　明石《あかし》市よりも東　　イ　明石市と同じ経線上
ウ　明石市よりも西　（　　）

2 図１は、地球のまわりを回る月の位置を北極側から見たものです。また、図２のA～Hは、地球から見える月のいろいろな形を表しています。**これについて、あとの問いに答えなさい。**（4点×5）

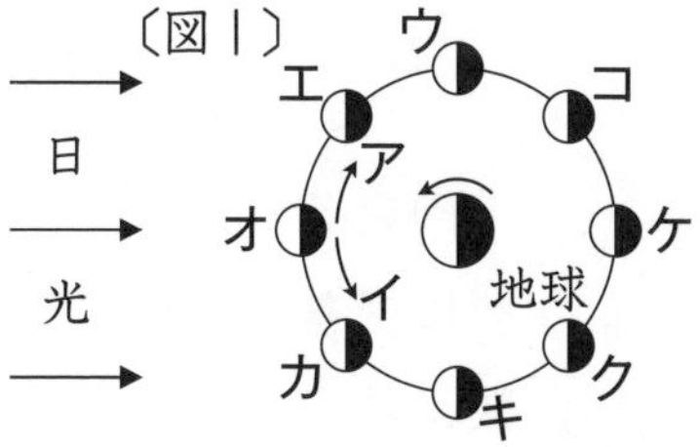

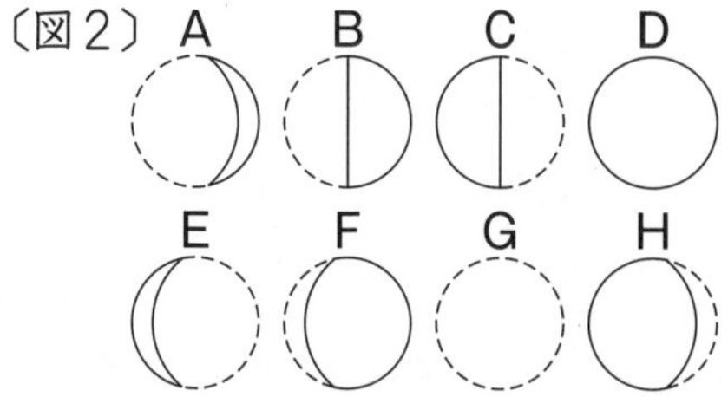

(1) 図１で、月が地球のまわりを回る向きをアまたはイから選びなさい。（　　）

(2) 図２のA～Hを、Dから始めて正しい満ち欠けの順になるように並《なら》べかえなさい。（　→　→　→　→　→　→　→　）

(3) 月が図２のBのように見えるのは図１のどの位置にあるときですか。ウ～コの記号で答えなさい。（　　）

(4) 月が図２のAのように見えるのは図１のどの位置にあるときですか。ウ～コの記号で答えなさい。（　　）

(5) 月は満ち欠けしますが、いつも地球に同じ面を向けており、月面の模様《もよう》はいつも同じに見えます。それはなぜですか。
（　　）

学習日〔　　月　　日〕

時間 15分	得点
合格 35点	50点

上級レベル 44 太陽・月の形や動き

理科⑩

1 太陽と地球と月について、あとの問いに答えなさい。 〔清風中－改〕

図1のように、「地球の公転面」と「月の公転面」は約6°の角をなして交差しています。このような地球と月の運動のため、日食《にっしょく》や月《げっ》食《しょく》などの天文《てんもん》現象が起こります。

仮に「地球の公転面」と「月の公転面」のなす角が0°ならば、1年間に日食は約(①　　)回、月食は約(②　　)回起こるはずですが、実際には地球の公転面と月の公転面がななめに交差していることもあり、例えば日本で観測する場合、この回数より少なくなります。

〔図1〕

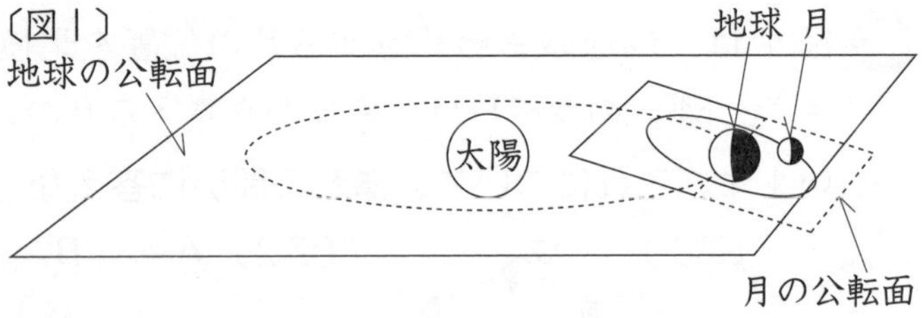

ところで、地球が太陽のまわりを1周する日数は365日ちょうどではなく、実際には約(③　　)日です。そのため、例えば春分の日も何年かすると日付がずれてしまいます。それを防ぐため、4年に1度の「うるう年」が制定されました。図2は地球の1日の動きを示しています。

〔図2〕

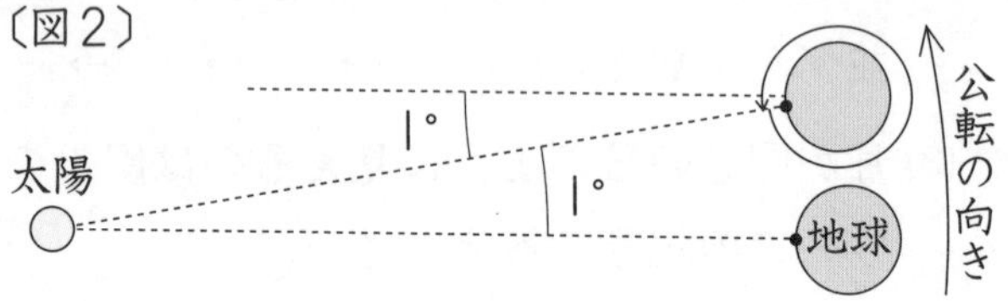

図のように、地球は公転により、太陽のまわりを1日に約1°動きます。そのうえ、地球は地じくのまわりに回転する運動もしています。この運動によって、地球から見ると太陽が動いているように見えるのです。

ところで、1日は24時間ですが、これは、地球上のある地点で、太陽が真南に見えてから、次に真南に見えるまでの時間を表しています。したがって、地球は1日あたり地じくのまわりに360°回転して、さらに1°余分に回転します。その結果、地球が地じくのまわりを1回転する時間は24時間ではなく、約(④　　)と計算できます。

(1) 月食は太陽、地球、月がどのような順に並《なら》ぶときに観察できますか。次のア～ウから選びなさい。(9点)　(　　　)

ア 太陽－地球－月　　イ 太陽－月－地球　　ウ 地球－太陽－月

(2) 文中の①、②にあてはまる最も適当な数字を、それぞれ次のア～カから選びなさい。(7点×2)　①(　　　)　②(　　　)

ア 1　　イ 2　　ウ 4　　エ 6　　オ 8　　カ 12

(3) 文中の③にあてはまる日数として最も適当なものを、次のア～オから選びなさい。(9点)　(　　　)

ア 364　　イ 364と2分の1　　ウ 364と4分の1

エ 365と2分の1　　オ 365と4分の1

(4) 文中の④にあてはまる時間として最も適当なものを、次のア～カから選びなさい。(9点)　(　　　)

ア 23時間52分　　イ 23時間54分　　ウ 23時間56分

エ 24時間04分　　オ 24時間06分　　カ 24時間08分

(5) 月食が起こるとき，地球ではどこでも月食を見ることができます。ところが，日食の場合は，太陽が欠けるのを見ることができない場所ができます。そのような場所ができる理由を考えるとき，何と何を比べるとよいですか。次のア～カから選びなさい。(9点)　(　　　)

ア 太陽の大きさと月の大きさ

イ 地球から見た、太陽と月の大きさ

ウ 月から見た、太陽と地球の大きさ

エ 月の大きさと、月にできる地球のかげの大きさ

オ 地球の大きさと、地球にできる月のかげの大きさ

カ 太陽の大きさと、太陽の欠けた部分の大きさ

標準レベル 45 大地のつくりと変化

理科⑪

時間 15分　合格 40点　得点　　/50点

1 右の図は、あるがけで見られる地層《ちそう》のようすをスケッチしたものです。**これについて、次の問いに答えなさい。**（5点×6）

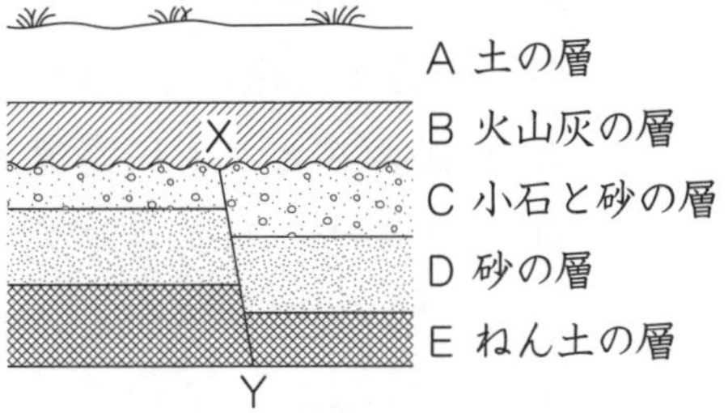

(1) X－Yのような地層のずれを何といいますか。（　　　）

(2) X－Yのような地層のずれができた原因として最も適当なものを次の**ア～エ**から選びなさい。（　　　）
ア 地層の上から強い力でおされた。
イ 地層の下から強い力でもち上げられた。
ウ 地層の左右から強い力でおされた。
エ 地層の左右から強い力で引っぱられた。

(3) Bの層とCの層の境界のように、地層が連続しない重なり方を何といいますか。（　　　）

(4) C・D・Eの層ができたとき、海の深さはどのように変化したと考えられますか。次の**ア～エ**から選びなさい。（　　　）
ア しだいに浅くなった。
イ しだいに浅くなり、その後深くなった。
ウ しだいに深くなった。
エ しだいに深くなり、その後浅くなった。

(5) 次の**ア～エ**を、この地層ができるまでに起きた順に並《なら》べかえなさい。（　→　→　→　）
ア 大きな地しんが起こった。
イ C～Eの層ができた。　**ウ** 火山のふん火が起こった。
エ 一度陸上に出て、再び海底にしずんだ。

(6) この地域《ちいき》は、現在をふくめて少なくとも何回陸上に出ましたか。（　　　）

2 ある地域のA～Cの3地点のがけで地層を観察しました。B地点はA地点から水平きょりで100m東に、C地点はA地点から水平きょりで100m南にあります。それぞれの地点で、地層のようすをスケッチしたのが右の図です。同じ模様《もよう》の層は、それぞれつながっていて、かたむいていますが、曲がったりずれたりはしていません。また、それぞれの層の厚さはどの場所でも同じでした。**次の問いに答えなさい。**（4点×5）

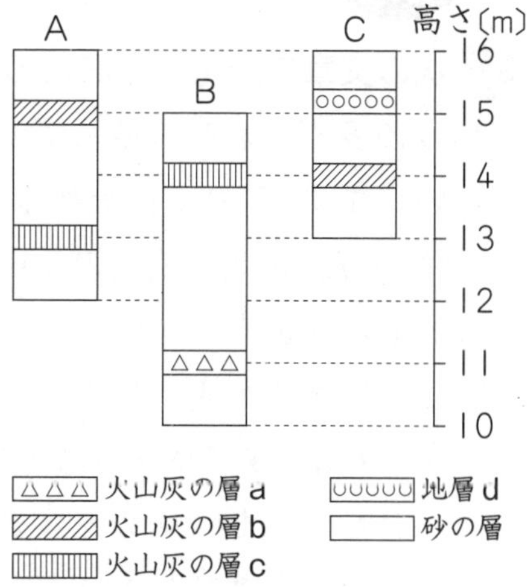

(1) 火山灰《かざんばい》の層a、b、cを古い順に答えなさい。（　→　→　）

(2) A地点では、火山灰の層aは高さ何mのところにありますか。（　　　）

(3) この土地の地層の東西方向と南北方向のかたむきはどのようになっていると考えられますか。それぞれ次の**ア～オ**から選びなさい。
東西（　　　）　南北（　　　）
ア 東へ下がっている　**イ** 西へ下がっている　**ウ** 水平である
エ 南へ下がっている　**オ** 北へ下がっている

(4) A地点から水平きょりで200m西の地点では，高さ何mに火山灰の層cがありますか。（　　　）

(5) C地点から水平きょりで100m東の地点Dでは、高さ何mに火山灰の層cがありますか。（　　　）

理科

学習日〔　　月　　日〕

時間 15分	得点
合格 35点	50点

上級レベル 46

大地のつくりと変化

理科⑫

1 次の文章を読んで、あとの問いに答えなさい。 [浅野中ー改]

(1) 砂《すな》の多くは岩石の破片《はへん》です。岩石が細かくくだかれることを［a］といいます。このくだかれる作用は［A］や［B］の地域《ちいき》で多く見られます。また、大気や気候のえいきょうでとけたり、変質しもろくなることもあります。この作用は［C］や［D］の地域で多く見られます。このように岩石が変化していく作用を［b］といいます。

①aとbにあてはまる語句の組み合わせで正しいものを、表1のア〜カから選びなさい。(6点)　(　　　)

〔表1〕

	a	b
ア	しん食	風化
イ	風化	しん食
ウ	さいせつ	しん食
エ	しん食	さいせつ
オ	風化	さいせつ
カ	さいせつ	風化

②A〜Dにあてはまる地域の組み合わせで最も適切なものを、表2のア〜エから選びなさい。(6点)　(　　　)

〔表2〕

	A	B	C	D
ア	寒帯	かんそう	熱帯	多雨
イ	寒帯	多雨	熱帯	かんそう
ウ	熱帯	かんそう	寒帯	多雨
エ	熱帯	多雨	寒帯	かんそう

(2) 岩石は図1の変化をして新しい岩石に生まれ変わります。図中のCにあてはまる岩石は、マグマからできる岩石です。Cはマグマの冷え方のちがいから、2種類の岩石に分類されます。

〔図1〕

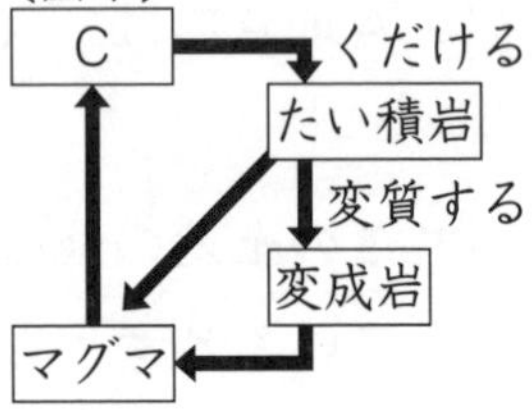

①Cに入る最も適切な言葉を答えなさい。(10点)　(　　　)

②次のA〜Dの岩石のでき方として、最も適切な組み合わせを、表3のア〜カから選びなさい。(6点)

A 玄武岩《げんぶがん》　B 花《か》こう岩《がん》　C 凝灰岩《ぎょうかいがん》　D 安山岩《あんざんがん》

Ⅰ マグマが急激《きゅうげき》に冷えた

Ⅱ マグマがゆっくり冷えた

Ⅲ 火山灰《かざんばい》がたい積した　(　　　)

〔表3〕

	A	B	C	D
ア	Ⅰ	Ⅰ	Ⅲ	Ⅱ
イ	Ⅰ	Ⅱ	Ⅰ	Ⅲ
ウ	Ⅱ	Ⅲ	Ⅰ	Ⅰ
エ	Ⅲ	Ⅱ	Ⅲ	Ⅰ
オ	Ⅰ	Ⅱ	Ⅲ	Ⅰ
カ	Ⅱ	Ⅲ	Ⅰ	Ⅲ

③火山のふん火のうち、よう岩流が多いふん火はマグマの温度が高くて火山灰は少なく、よう岩流が少ないふん火はマグマの温度は低くて火山灰が多くなります。次のA〜Cの現象は、あとのⅠ〜Ⅲのどれと関係がありますか。最も適切な組み合わせを、表4のア〜カから選びなさい。(6点)　(　　　)

A 火山ガスとともに高速で流れる火砕流《かさいりゅう》が起きることがある。

B 地表のさけ目からマグマがふん水のようにふき上がる。

C 地球の気温が下がることがある。

Ⅰ 温度が高いふん火

Ⅱ 温度が低いふん火

Ⅲ ふん火とは関係ない

〔表4〕

	A	B	C
ア	Ⅲ	Ⅰ	Ⅲ
イ	Ⅰ	Ⅱ	Ⅲ
ウ	Ⅱ	Ⅰ	Ⅱ
エ	Ⅰ	Ⅱ	Ⅱ
オ	Ⅱ	Ⅰ	Ⅲ
カ	Ⅲ	Ⅱ	Ⅰ

④ある地層《ちそう》の中にマグマが冷えてできた岩石のかたまりがあり、そのかたまりの3か所で組織を観察しました。図2のa〜cのような組織が見られるのは、かたまりのふちの部分、かたまりの中心部分、その中間付近のうちどのあたりだと考えられますか。最も適切な組み合わせを、表5のア〜カから選びなさい。(6点)　(　　　)

〔図2〕

a　b　c

〔表5〕

	ふちの部分	中間付近	中心部分
ア	a	b	c
イ	a	c	b
ウ	b	a	c
エ	b	c	a
オ	c	a	b
カ	c	b	a

⑤④の岩石のかたまりの周囲に石灰岩《せっかいがん》がありました。この石灰岩はマグマの熱により変化していました。どのような変化をしていたと考えられますか。ア〜ウから選びなさい。(10点)　(　　　)

ア もとの岩石より黒っぽくなっていた。

イ もとの岩石よりとう明になっていた。

ウ つぶの大きさが大きくなっていた。

標準レベル 47 理科⑬

てこのはたらき

学習日〔　月　日〕

時間 15分	得点
合格 40点	50点

1 長さが100cmで太さが一様《いちよう》な棒《ぼう》と糸を用いて、次の①～④の実験をしました。**これについて、あとの問いに答えなさい。**ただし、糸の重さや(1)～(4)での棒の重さは考えなくてよいものとします。（5点×6）

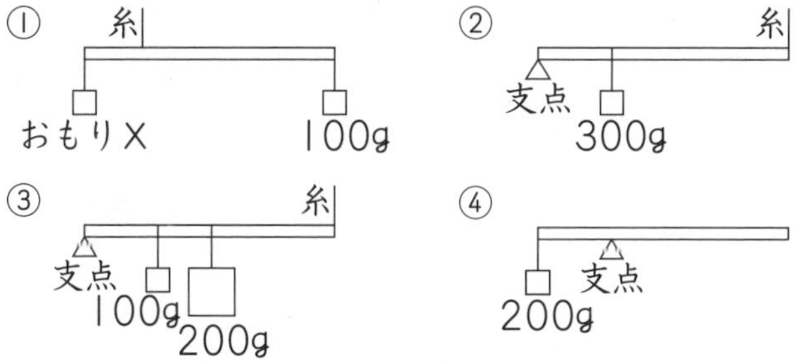

(1) ①で、棒の右はしに100gのおもり、棒の左はしにおもりXをつり下げ、棒の左はしから20cmの位置を糸でつり下げたところ、棒は水平につり合いました。おもりXの重さは何gですか。

（　　　　）

(2) (1)のとき、糸が引く力は何gですか。（　　　　）

(3) ②で、棒の左はしから30cmの所に300gのおもりをつり下げ、棒の右はしを糸で上に引くと、棒は水平につり合いました。このとき、糸を引く力は何gですか。（　　　　）

(4) ③で、棒の左はしから30cmの所に100gのおもりをつり下げ、さらに棒の左はしから50cmの所に200gのおもりをつり下げて、棒の右はしを糸で上に引くと、棒は水平につり合いました。このとき、支点にかかる力は何gですか。（　　　　）

(5) ④で、棒の左はしから30cmの所を支点で支え、棒の左はしに200gのおもりをつり下げたところ、棒は水平につり合いました。このとき、棒の重さは何gですか。（　　　　）

(6) ①で、棒の重さが100gだとすると、棒を水平につり合わせるためには、おもりXの重さを何gにすればよいですか。また、そのとき、糸が引く力は何gになりますか。

おもりXの重さ（　　　　）　糸が引く力（　　　　）

2 100gのおもりをつるすと4cmのびるばねがあります。**このばねを次の①～③のようにつないでつり合ったとき、ばねの長さはそれぞれ何cmになりますか。**ただし、ばねの自然長は30cmで、棒・糸・ばねなどの重さは考えなくてよいものとします。（4点×3）

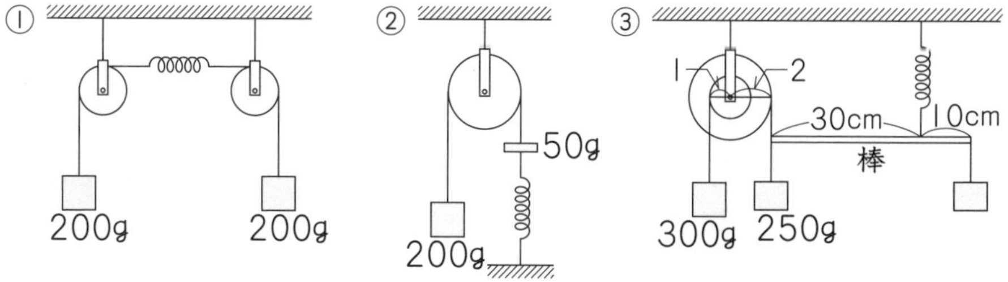

①（　　　　）　②（　　　　）　③（　　　　）

3 右下の図のように、長さ50cmの棒の両はしをそれぞれ糸A、糸Bでつるし、100gのおもりをつり下げました。**これについて、次の問いに答えなさい。**（2点×4）

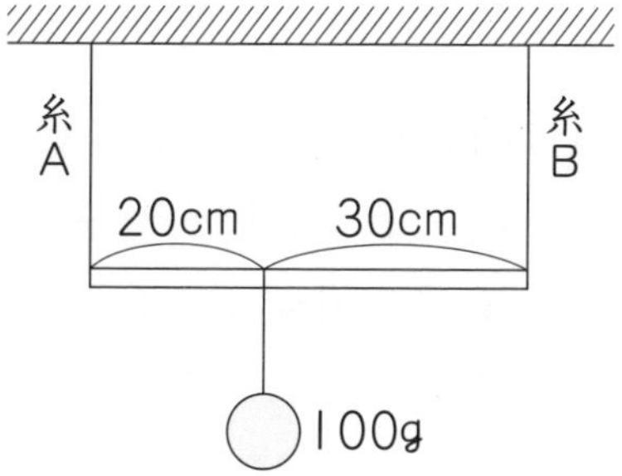

(1) 棒の重さを考えないとき、糸A・Bにかかる重さをそれぞれ答えなさい。

A（　　　　）　B（　　　　）

(2) 棒の重さが100gのとき、糸A・Bにかかる重さをそれぞれ答えなさい。

A（　　　　）　B（　　　　）

理科

学習日〔　　月　　日〕

上級レベル 48 理科⑭

てこのはたらき

時間	得点
15分	
合格 30点	50点

1 次の実験1、実験2について、あとの問いに答えなさい。答えの値《あたい》が整数にならない場合は、四捨五入《ししゃごにゅう》して整数で答えなさい。（10点×5）

〔駒場東邦中－改〕

〔実験1〕　2つのはかりA、Bを用意し、それぞれに重さが100gの支持台(図の黒い三角形)を固定しました。図1のように、重さが600g、長さが60cmの太さが均一な角棒《かくぼう》(直方体の棒)の両はしを、はかりA、Bの支持台にのせ、水平に支えたところ、はかりA、Bはどちらも400gを示しました。はかりBを支持台とともに、棒の右はしから少しずつ左側へ動かし、棒を支える位置を変えていくと、はかりBが示す値は表に示すように変化し、動かしたきょりが30cmをこえたところで、棒はかたむいて落ちました。棒を支える支持台の高さは、はかりの値《あたい》によらず、つねに同じであるとします。

〔図1〕

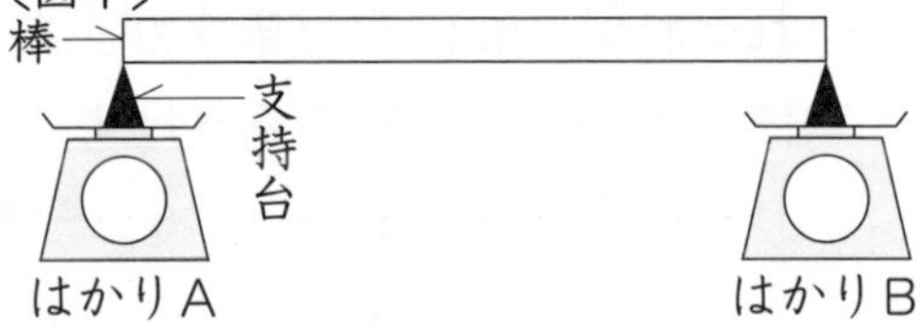

〔表〕　はかりBを動かしたきょりとはかりBが示す値との関係

動かしたきょり〔cm〕	0	5	10	15	20	25	30
示す値〔g〕	400	427	460	500	550	614	700

(1) 図2は、はかりBを動かしたきょりとはかりBが示す値との関係を表したグラフです。はかりBを動かしたきょりとはかりAが示す値との関係を表すグラフを、左下の図3にかき入れなさい。

〔図2〕

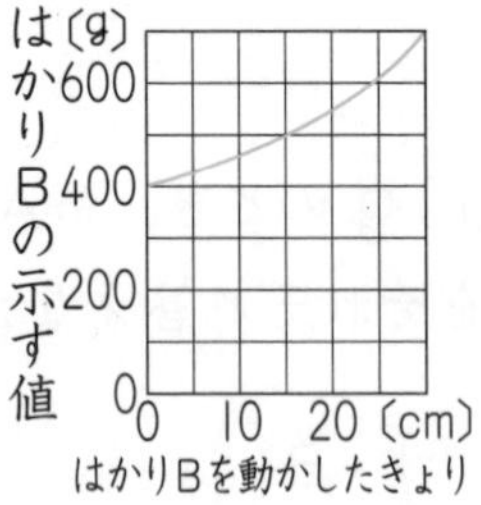

〔図3〕

(2) 図4のように、はかりBを棒の右はしから20cm動かし、棒の右はしにおもりをつるすとき、おもりの重さが何gより大きいと、棒はかたむいて落ちますか。
（　　　　　）

(3) 図4のおもりの重さが、(2)で求めた大きさのとき、はかりA、Bはそれぞれ何gの値を示しますか。

〔図4〕

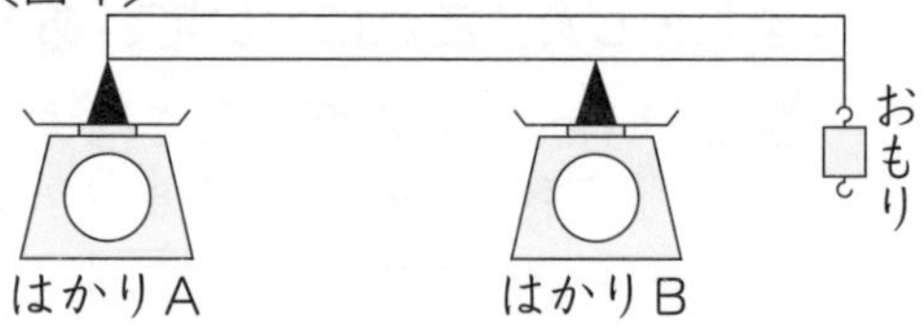

A（　　　　　）　B（　　　　　）

〔実験2〕　実験1で用いた長さ60cmの角棒と同じものを3本用意し、それぞれのはしを机《つくえ》のはしに合わせて、3本重ねて置きました。図5のように、上から2本目、3本目の棒が動かないように、いちばん上の棒だけを少しずつ机のはしからせり出していくと、棒の先たんが机のはしから30cmの所をこえたところで、いちばん上の棒はかたむいて落ちました。

〔図5〕

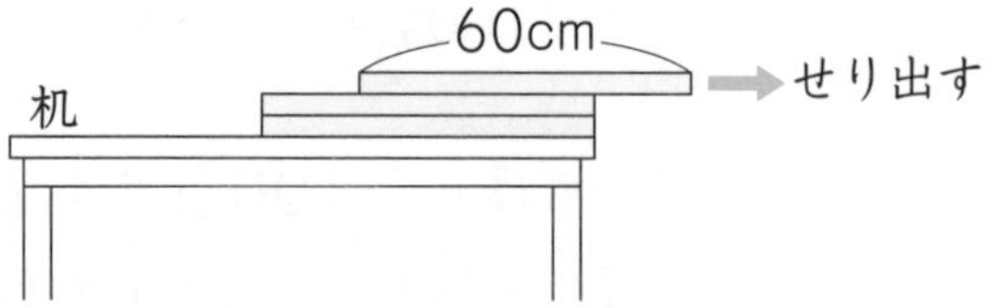

(4) いちばん上の棒をかたむいて落ちる直前のところまでせり出したあと、上から2本目の棒を、いちばん上の棒をのせたまま、かたむいて落ちる直前のところまでせり出しました。このとき、いちばん上の棒の先たんは、机のはしから何cmの所にありますか。
（　　　　　）

(5) (4)のあと、上から3本目の棒を、上から1本目、2本目の棒をのせたまま、かたむいて落ちる直前のところまでせり出しました。このとき、いちばん上の棒の先たんは、机のはしから何cmの所にありますか。
（　　　　　）

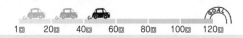

標準レベル 49 水よう液の性質

理科⑮

時間	得点
15分	
合格 40点	50点

1 水よう液A・B・C・D・E・F・Gがあります。これらは、次のア～キのどれかであることはわかっています。これらの水よう液について、下の実験をして結果を得ました。**あとの問いに答えなさい。**

ア 塩酸　イ アンモニア水　ウ 砂糖水《さとうみず》　エ 食塩水
オ ホウ酸水　カ 水酸化ナトリウム水よう液　キ 炭酸水

〔実験1〕それぞれの水よう液のにおいを調べたところ、A・Gで強いしげきのあるにおいがした。

〔実験2〕それぞれの水よう液を蒸発皿《じょうはつざら》に入れて、につめたところ、A・F・Gでは何も残らなかった。

〔実験3〕それぞれの水よう液に鉄片《てっぺん》とアルミニウム片《へん》を入れたところ、鉄片であわが出たのはA、アルミニウム片であわが出たのはA・Bであった。

〔実験4〕それぞれの水よう液をリトマス紙につけたところ、赤色のリトマス紙を青色に変えたのはB・G、青色のリトマス紙を赤色に変えたのはA・C・Fであった。

〔実験5〕AとBの水よう液を適量混ぜたところ、Dと同じ水よう液ができた。

(1) 気体がとけた水よう液であることがわかる実験を実験1～実験5から選び、実験の番号で答えなさい。(3点)　(　　　)

(2) 上の水よう液の中から気体がとけてできた水よう液をすべて選び、ア～キの記号で答えなさい。(3点)　(　　　)

(3) (2)の水よう液の中に、空気中にふくまれる気体がとけた水よう液があります。その気体の名まえを答えなさい。(3点)　(　　　)

(4) 実験3で出たあわの名まえを答えなさい。(3点)　(　　　)

(5) 実験5でできた水よう液の性質を、次のア～ウから選びなさい。(3点)
ア 酸性　イ 中性　ウ アルカリ性　(　　　)

(6) A、B、C、Eはそれぞれア～キのどの水よう液か答えなさい。(2点×4)
A(　　　)　B(　　　)　C(　　　)　E(　　　)

(7) 石灰水《せっかいすい》と混ぜると白くにごる水よう液をA～Gから選びなさい。
(3点)(　　　)

2 表のように、うすい塩酸と水酸化ナトリウム水よう液をA～Eのような割《わり》合《あい》で混ぜ合わせた水よう液をつくったところ、Cだけが中性になりました。また、C、Eを加熱して水を蒸発させると、Cでは①1.2g、Eでは②1.6gの固体が残りました。**これについて、あとの問いに答えなさい。**(3点×8)

	A	B	C	D	E
塩酸〔cm^3〕	40	40	40	40	40
水酸化ナトリウム水よう液〔cm^3〕	10	20	30	40	50

(1) 水よう液EにBTB液を加えると何色になりますか。(　　　)

(2) ①の固体の名まえを答えなさい。(　　　)

(3) ②の1.6gのうち、水酸化ナトリウムの重さは何gですか。
(　　　)

(4) 水よう液Aを加熱して水を蒸発させると、何gの固体が残りますか。
(　　　)

(5) この塩酸100 cm^3と水酸化ナトリウム水よう液60 cm^3を混ぜ合わせてBTB液を加えると何色になりますか。(　　　)

(6) (5)で混ぜ合わせた液を加熱して水を蒸発させると、何gの固体が残りますか。(　　　)

(7) この塩酸120 cm^3と水酸化ナトリウム水よう液100 cm^3を混ぜ合わせてBTB液を加えると何色になりますか。(　　　)

(8) (7)で混ぜ合わせた液を加熱して水を蒸発させると、何gの固体が残りますか。(　　　)

理科

上級レベル 50 水よう液の性質

理科⑯

時間	得点
15分	
合格 35点	50点

1 次の文を読み、あとの問いに答えなさい。 ［洛星中ー改］

注射《ちゅうしゃ》をするとき、アルコールをふくませただっし綿で皮ふを消毒をすると冷たく感じます。これは液体のアルコールが気体のアルコールに変化するときに皮ふの熱をうばうからです。湯をわかすときにガスコンロを使いますが、これはガスが酸素と反応して別のものに変化するときに発生する熱を利用しています。

(1) 次の①〜③のときに起こる変化は、熱をうばう変化ですか、それとも熱を発生する変化ですか。熱をうばう変化にはア、熱を発生する変化にはイで答えなさい。（2点×3）

①塩酸に鉄を入れる（　　　）

②夏の暑い日に外に水をまく（　　　）

③使い捨《す》てカイロを使う（　　　）

アルカリ性の水よう液に酸性の水よう液を少しずつ加えていくと、たがいの性質を打ち消し合い、だんだんアルカリ性の性質が弱まります。この変化が起こるとき熱が発生します。これを利用して実験を行いました。

〔実験1〕 発ぽうポリスチレンの容器にビーカーを入れ、ビーカーから熱がにげないようにした。ビーカーに20℃のあるこさの水酸化ナトリウム水よう液を50mL入れ、そのビーカーに20℃のあるこさの塩酸を少しずつ、100mLまで加えながら温度をはかった。塩酸を50mL加えたときに上記の下線部の変化が終わった。

〔実験2〕 ビーカーに20℃の実験1と同じこさの水酸化ナトリウム水よう液を50mL入れ、そのビーカーに20℃の実験1の2倍のこさの塩酸を少しずつ加えて温度をはかった。

〔実験3〕 実験1と同じこさの水酸化ナトリウム水よう液を50mLと実験1と同じこさの塩酸を50mL混ぜて、できた水よう液を加熱して水をすべて蒸発《じょうはつ》させると5gの白い固体が得られた。

(2) 前記の下線部の変化を何といいますか。（6点）（　　　）

(3) 実験1の結果を示したグラフをア〜エから選びなさい。（6点）（　　　）

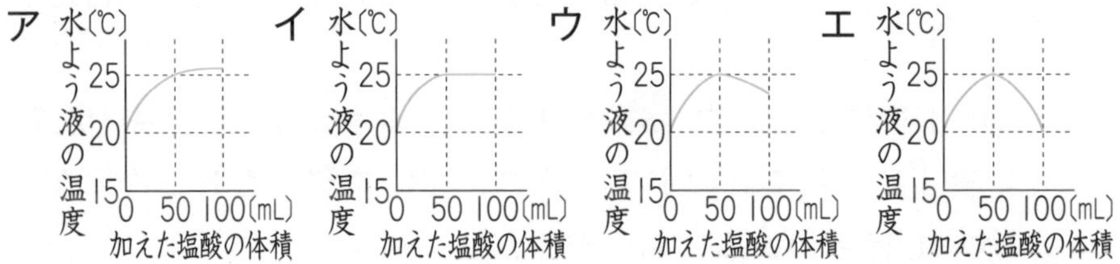

(4) 実験2で前記の下線部の変化が終わるまでに加えた塩酸の体積は何mLですか。（6点）（　　　）

(5) 実験2で前記の下線部の変化が終わったときの温度はどうなっていますか。ア〜ウから選びなさい。（6点）（　　　）

ア 25℃より高い　イ 25℃より低い　ウ 25℃

(6) 実験1のこさの水酸化ナトリウム水よう液20mLと、実験1のこさの塩酸20mLを混ぜて水を蒸発させると何gの固体が得られますか。（6点）（　　　）

(7) 実験1のこさの水酸化ナトリウム水よう液50mLと、実験1のこさの塩酸100mLを混ぜて水を蒸発させると何gの固体が得られますか。（6点）（　　　）

(8) 実験1で塩酸を25mL加えたときの水よう液と、75mL加えたときの水よう液にそれぞれ鉄とアルミニウムを加えました。鉄とアルミニウムはどの水よう液にとけますか。とける水よう液には○、とけない水よう液には×をつけなさい。（8点）

	塩酸を25mL加えた水よう液	塩酸を75mL加えた水よう液
鉄		
アルミニウム		

学習日〔　月　日〕

標準レベル 51 理科⑰

電気とわたしたちのくらし

時間 15分	得点
合格 35点	50点

1 手回し発電機や光電池について、次の問いに答えなさい。〔桐朋中一改〕

(1) ①モーターに手回し発電機をつなぎ、ハンドルを回すとモーターが回転しました。配線を変えずにハンドルを逆に回すとモーターはどうなりますか。ア～ウから選びなさい。（4点）（　　）

ア 同じ向きに回転する　イ 逆向きに回転する　ウ 回転しない

②電球に手回し発電機をつなぎ、ハンドルを回すと電球が点灯しました。配線を変えずにハンドルを逆に回すと電球はどうなりますか。次のア～ウから選びなさい。（4点）

ア 点灯する　イ 点めつする　ウ つかない（　　）

③発光ダイオードに手回し発電機をつなぎ、ハンドルを回すと発光ダイオードが点灯しました。配線を変えずにハンドルを逆に回すと発光ダイオードはどうなりますか。ア～ウから選びなさい。（4点）

ア 点灯する　イ 点めつする　ウ つかない（　　）

(2) 次のA～Cのときの手ごたえを、重い順に並《なら》べたものを、あとのア～ウから選び、記号で答えなさい。（4点）（　　）

A：手回し発電機に電球をつないでハンドルを回した。

B：手回し発電機に何もつながずにハンドルを回した。

C：手回し発電機に導線をつないでハンドルを回した。

ア A、C、B　イ B、C、A　ウ C、A、B

(3) コンデンサーにつないだ手回し発電機のハンドルを1秒間に1回転の割合《わりあい》で、50回まわしてコンデンサーに電気をためました。手回し発電機をコンデンサーからはずし、コンデンサーを電球につなぐと、はじめ電球は明るく光り、しだいに暗くなりやがて消えてしまいました。次に、同じように手回し発電機のハンドルを50回まわしてコンデンサーに電気をためてから同じ電球を3個並列《へいれつ》につなぎました。このときの電球の光り方について正しいものを次のア～カから2つ選びなさい。（4点×2）（　　）（　　）

ア はじめの明るさは1個のときと同じ。

イ はじめの明るさは1個のときより暗い。

ウ はじめの明るさは1個のときより明るい。

エ 電球が消えるまでの時間は1個のときと同じ。

オ 電球が消えるまでの時間は1個のときより短い。

カ 電球が消えるまでの時間は1個のときより長い。

(4) 手回し発電機をコンデンサーにつなぎ、一定の速さで50回ハンドルを回して電気をため、そのまま手をはなすとどうなるか答えなさい。（10点）

（　　）

(5) コンデンサーと電球を直列につなぎ、手回し発電機につないで、一定の速さでハンドルを回してコンデンサーに電気をためました。このとき、はじめ電球は明るく光っていましたが、やがて暗くなり、ハンドルを回していても消えてしまいました。このときの電球の光り方から電流の流れ方についてわかることを書きなさい。（10点）

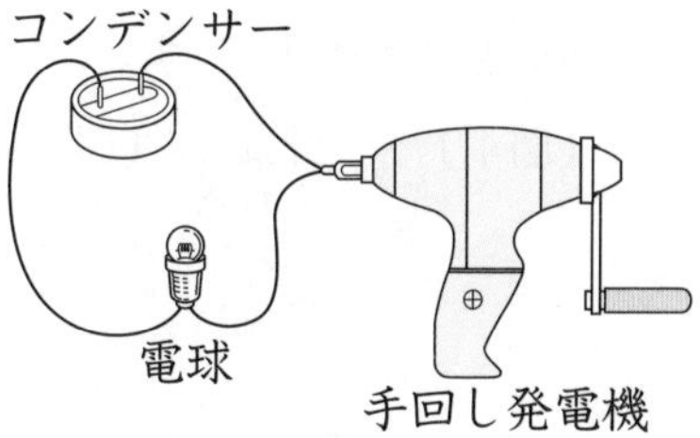

（　　）

(6) 光電池はいろいろなものに利用されています。光電池の特ちょうとして正しいものを次のア～エからすべて選びなさい。（6点）（　　）

ア くり返し使うことができない。

イ 電流の大きさを変えることができる。

ウ ＋極と－極がない。

エ 電灯の光を当てると電流が流れる。

上級レベル 52 電気とわたしたちのくらし

理科⑱

時間 15分	得点
合格 35点	50点

1 次の文を読んで、あとの問いに答えなさい。　[東大寺学園中]

電源装置《でんげんそうち》、豆電球、電流計を図１のように接続し、そのとちゅうに部品Ｘをつなげると豆電球は光り、電流計の針《はり》はふれます。ところが部品Ｘの向きを図２のように逆につなげると豆電球は光らず、電流計の針はふれません。このように、部品Ｘは電流を一方向にだけ通す性質があります。次に、電源装置、発光ダイオード（以下ＬＥＤとよびます）、電流計を図３のようにつなげるとＬＥＤは光り、ＬＥＤの向きを図４のように逆につなげるとＬＥＤは光らず、電流計の針はふれません。このようにＬＥＤは電流を一方向にだけ通し、そのとき光る性質があります。

〔図１〕
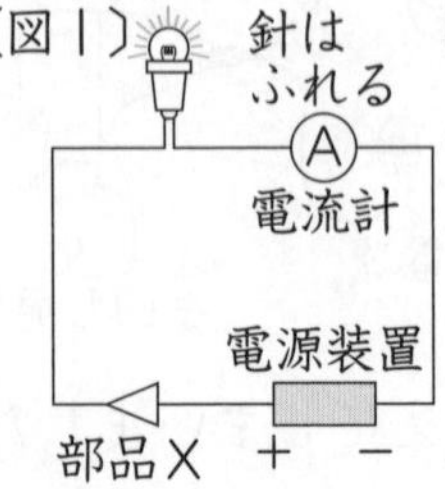

〔図２〕
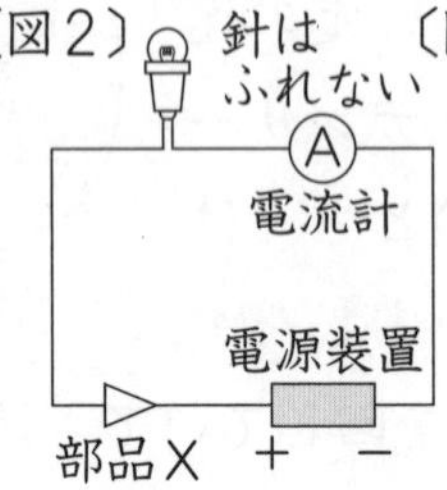

〔図３〕
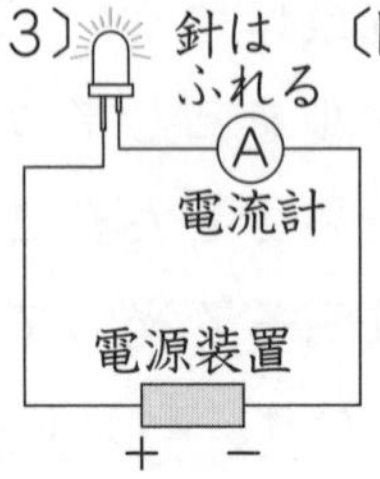

〔図４〕
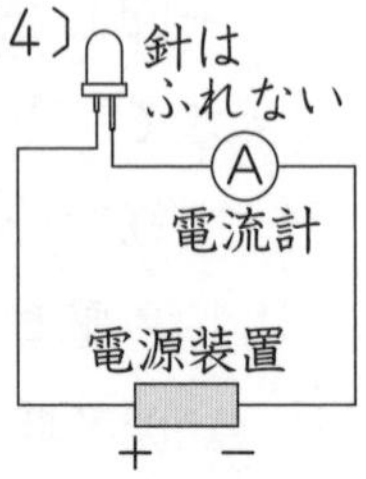

(1) 次の**ア～カ**のうち、ＬＥＤや豆電球がひとつも光らないのはどれですか。すべて答えなさい。（8点）（　　　　）

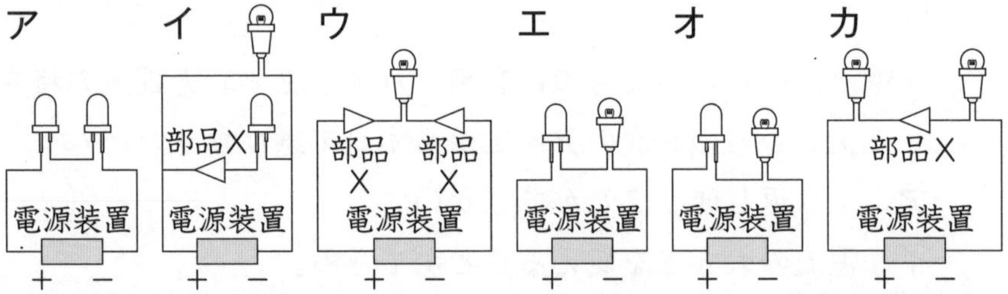

(2) 電源装置１台、ＬＥＤ１つ、および部品Ｘを用いて、電源装置のプラス極とマイナス極を入れかえてもＬＥＤが光るように配線をしたいと思います。部品Ｘを４つまで使ってもかまいません。右の図に配線を完成させなさい。なお、配線は交差しないように書きなさい。（8点）

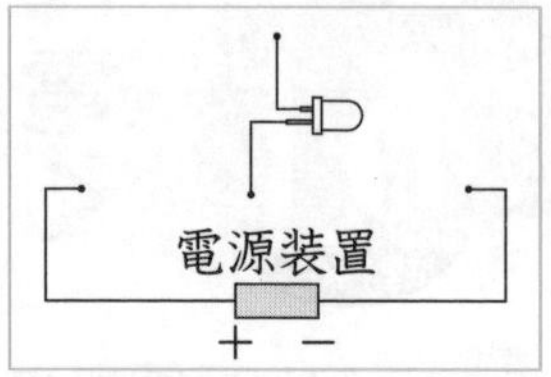

図５のような部品Ｙを用いて、図６のように配線をしました。まず、$_{A}$スイッチＢを閉《と》じて（スイッチを入れる）数分待ちました。その後にスイッチＢを開き（スイッチを切る）、次に$_{B}$スイッチＡを閉じました。２分後にスイッチＡを開き、続いてスイッチＢを閉じると豆電球が光りました。

(3) 以上の操作《そうさ》から、部品Ｙは電気をためることがわかります。部品Ｙは何とよばれますか。（8点）

（　　　　）

〔図５〕

部品Ｙ

〔図６〕
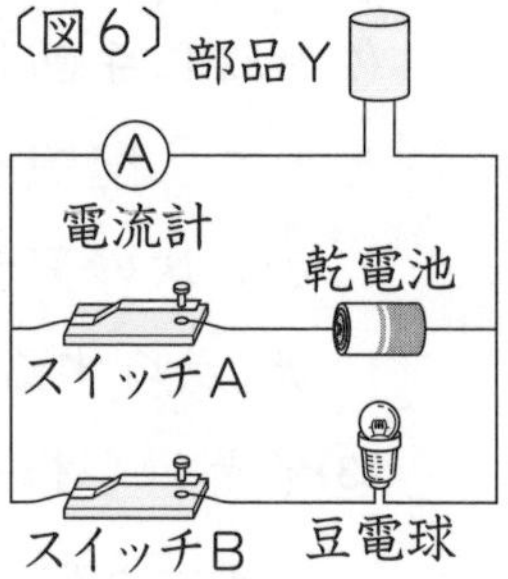

(4) 下線部Ａは何のために行った操作ですか。（8点）

（　　　　）

(5) 下線部Ｂで、スイッチを閉じたときからの経過時間と、流れる電流の関係をグラフに表したものが図７です。一定時間が経過するごとに一定の割合《わりあい》で電流が減少していることがわかります。ただし、グラフの目盛《めもり》間かくは正しくかかれていません。

〔図７〕
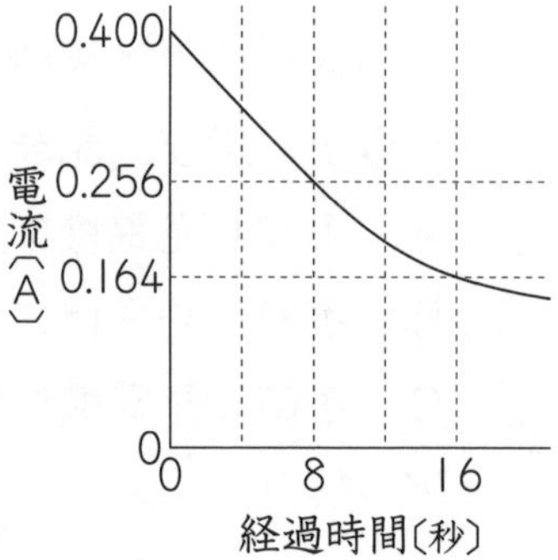

① 16秒のときの電流は、８秒のときの電流の何倍になりますか。小数第３位を四捨五入《ししゃごにゅう》しなさい。（9点）（　　　　）

② ４秒のときの電流は何アンペアですか。計算で求めなさい。（9点）

（　　　　）

53 最上級レベル 1

時間 15分　合格 35点　得点　　50点

1 地しんが発生すると、しん源《げん》で、小さいゆれ(初期微動《しょきびどう》)を起こす地しん波(P波)と、大きいゆれ(主要動《しゅようどう》)を起こす地しん波(S波)の2種類の波が同時に発生し、それぞれ一定の速さで地中を伝わっていきます。観測地にP波がとう着してから、S波がとう着するまでの時間を初期微動継続《けいぞく》時間といいます。また、初期微動継続時間としん源から観測地までのきょり(しん源きょり)は比例することがわかっています。

〔図1〕

	P波のとう着時刻	S波のとう着時刻
A	12時35分45秒	12時36分10秒
B	12時35分30秒	12時35分40秒
C	12時35分25秒	12時35分30秒
D	12時35分45秒	12時36分10秒
E	12時35分45秒	12時36分10秒

ある年、ある場所(X地点とします)で地しんが発生しました。この地しんは地表から非常に浅い所で発生したため、しん源は地表にあるとみなします。図1は、A～Eの観測点で観測したときのP波とS波のとう着時刻《じこく》です。また、図2は、A～E地点の位置を表したものです。ただし、方眼の1マスの大きさは20km×20kmです。**このことについて、次の問いに答えなさい。**(5点×10)

〔図2〕

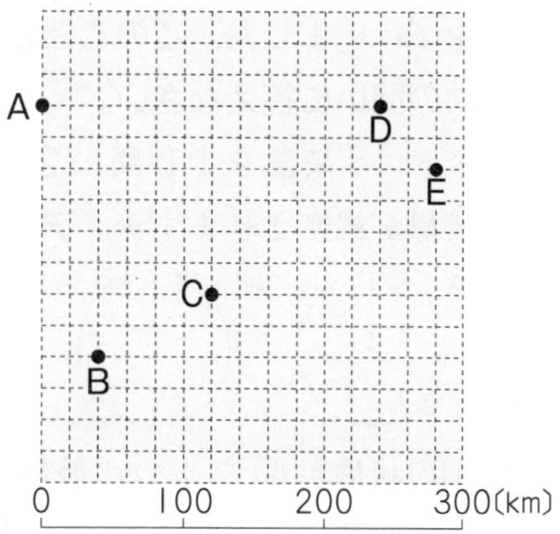

〔鷗友学園女子中一改〕

(1) しん源(X地点)から最も近い地点はA～Eのどれですか。(　　)

(2) A地点でのしん源きょりとD地点でのしん源きょりの比を最も簡単《かんたん》な整数の比で答えなさい。また、このことから、しん源はある直線上にあることがわかります。この直線を図2中にかきこみなさい。ただし、補《ほ》助線《じょせん》をかいた場合は消さずに残しておくこと。(　　)

(3) (2)と同様に、A地点とE地点で考えると、しん源はどのような直線上にありますか。この直線を図2中にかきこみなさい。ただし、補助線をかいた場合は消さずに残しておくこと。

(4) しん源の位置を図2中に、黒点(●)で示し、Xと書きなさい。

(5) P波とS波はそれぞれ1秒間あたり何km進みますか。

P波(　　)、S波(　　)

(6) 地しんが発生した時刻は何時何分何秒ですか。

(　　)

(7) 初期微動継続時間としん源きょりの関係を、次のような式で表しました。空らんにあてはまる数値を入れなさい。

しん源きょり〔km〕=(　　)×初期微動継続時間〔秒〕

X地点の真下で、2番目の地しんが起こりました。図3はX地点の断面図です。どちらの地しんも、しん源での地しんの大きさ(マグニチュード)は同じでした。このとき、X地点における地しん計の記録は図4のようになりました。ただし、P波、S波の速さは(5)の値《あたい》と同じものとします。

〔図3〕

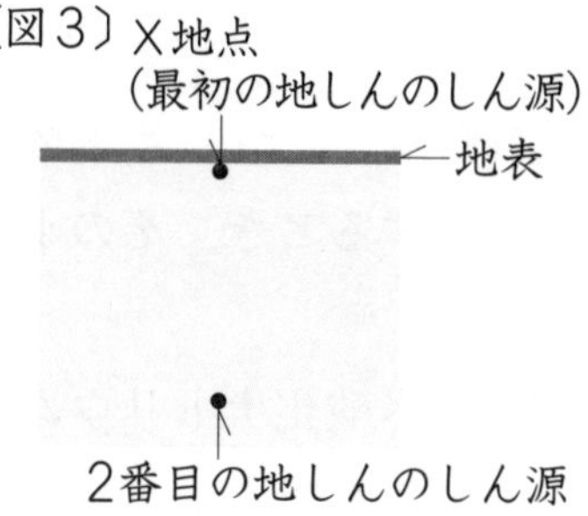

(8) 2番目の地しんのしん源は、地表から深さ何kmのところにありますか。

(　　)

〔図4〕

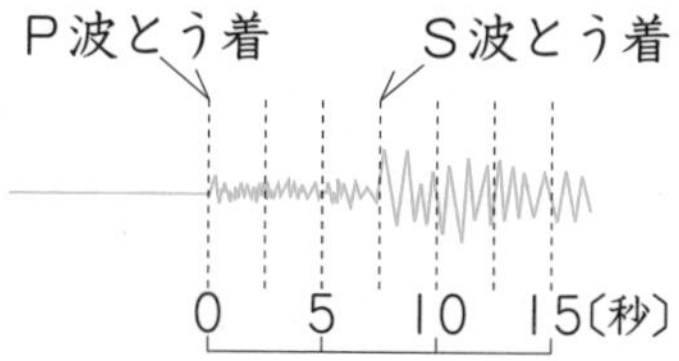

(9) 2番目の地しんが起こったとき、B地点の初期微動継続時間は何秒間になりますか。答えは小数第1位まで求めなさい。ただし、必要があれば、上の直角三角形の辺の比を用いなさい。

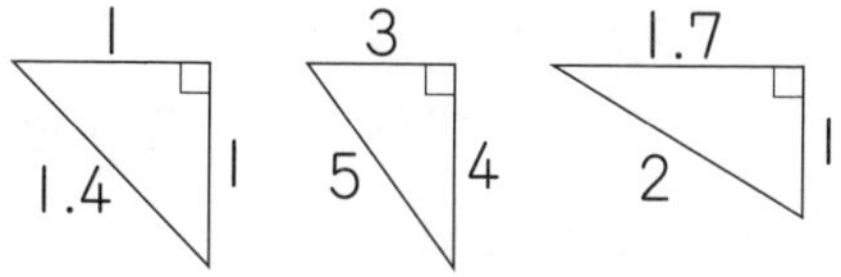

(　　)

1回　20回　40回　60回　80回　100回　120回

学習日〔　　月　　日〕

54 理科⑳

最上級レベル ②

時間 20分	得点
合格 35点	50点

1 水酸化ナトリウム２gを完全に塩酸と反応させると食塩が３gできます。いま、水酸化ナトリウム水よう液100mLの中にとけている水酸化ナトリウムの重さ(g)をその水よう液の「こさ」とします。例えば、水酸化ナトリウム水よう液100mLの中に1gの水酸化ナトリウムがとけていれば、こさ1の水酸化ナトリウム水よう液となります。ここに、こさ4の水酸化ナトリウム水よう液(A液)があり、A液を10mLとり、それに塩酸(B液)を10mL加えてから、水を蒸発《じょうはつ》させるとあとに固体が0.5g残りました。**問いに答えなさい。**［甲陽学院中］

(1) A液10mLと過不足なく反応するB液は何mLですか。(6点)

(　　　　)

(2) B液10mLと水酸化ナトリウム水よう液10mLが過不足なく反応するとき、その水酸化ナトリウム水よう液のこさはいくらですか。

(6点)(　　　　)

水酸化ナトリウム水よう液以外に、アルカリ性を示す水よう液として石灰水《せっかいすい》があります。石灰水を用いて次のような実験をしました。

〔実験1〕 石灰水(C液)1LにB液を20mL加えて、水を蒸発させると、あとに固体が1.66g残った。

〔実験2〕 C液1LにB液を60mL加えて、水を蒸発させると、あとに固体が2.06g残った。

〔実験3〕 B液とC液を500mLずつ混ぜて、水を蒸発させると、あとに固体が1.13g残った。

(3) 石灰水とは消石灰《しょうせっかい》という物質の水よう液のことです。C液1L中にふくまれる消石灰は何gですか。(6点)(　　　　)

(4) C液1LとB液が過不足なく反応したあと、水を蒸発させると、あとに残った固体は何gですか。また、そのとき加えたB液は何mLですか。(6点)　固体(　　　　)　B液(　　　　)

(5) 水酸化ナトリウム水よう液1Lが、(4)の答えと同じ体積のB液と過不足なく反応するとき、その水酸化ナトリウム水よう液のこさはいくらですか。(6点)

(　　　　)

(6) C液1LにB液を加えたあと、水を蒸発させて残った固体の重さの値《あたい》(g)は、加えたB液の体積の値(mL)を用いてどのように表せますか。(8点)

(　　　　)

2 一しゅんの光を等間かくで発生させることができる装置《そうち》をストロボ装置といいます。右の図のように、円板に1本の印をつけ、モーターで正確に1秒間に20回、時計の針《はり》と逆向きに回転させ、この円板にストロボ装置の光を当てる実験を暗室の中で行いました。**このことについて、次の問いに答えなさい。**(4点×3)［渋谷教育学園幕張中ー改］

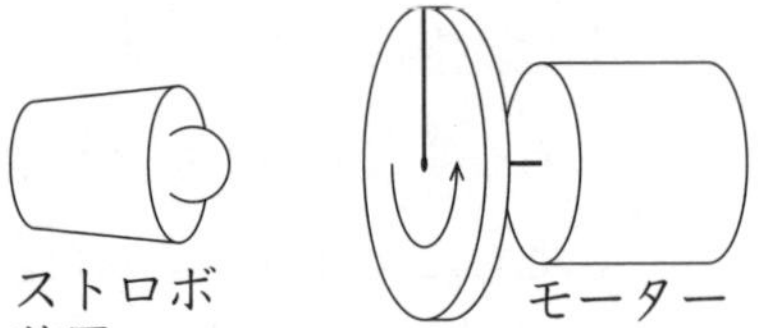

(1) ストロボ装置を1秒間に20回発光させると、円板にはどのような模様《もよう》が観察されますか。ア～オから選びなさい。(　　　　)

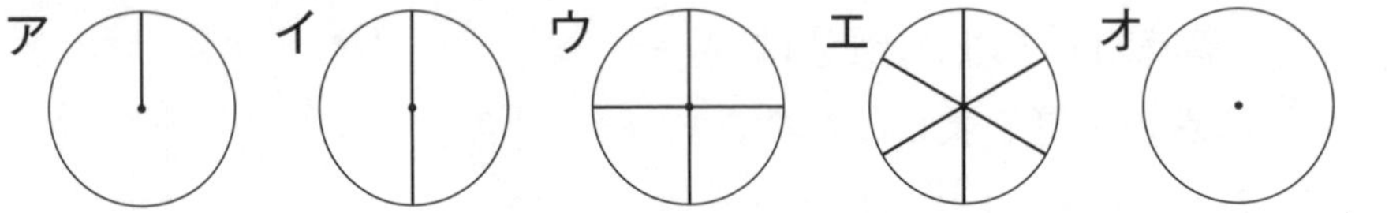

(2) (1)の状態から、ストロボ装置の1秒間に発光させる回数をだんだんふやしていったところ、静止した右の図の模様がはじめて観察できました。このとき、ストロボ装置の1回の発光間かくの間に、円板が回転する角度は何度ですか。

(　　　　)

(3) (2)において、ストロボ装置は1秒間に何回発光していますか。

(　　　　)

学習日〔　　月　　日〕

時間 15分	得点
合格 35点	50点

標準レベル 55 憲法とくらし

社会①

1 日本国憲法《けんぽう》について、次の問いに答えなさい。

(1) 国民の義務について説明した文として正しくないものを次から選び、記号で答えなさい。（4点）（　　　）

ア　国民には税金を納《おさ》める義務がある。

イ　主権《しゅけん》者である国民は、選挙に行く義務がある。

ウ　国民は仕事について、働く義務がある。

エ　国民はその保護する子どもに教育を受けさせる義務がある。

(2) 日本国憲法の三大原則は、国民主権・平和主義ともう一つは何ですか。8字で答えなさい。（4点）（　　　）

(3) (2)の中で、健康で文化的な最低限度の生活を営む権利を特に何というか、漢字3字で答えなさい。（4点）（　　　）

(4) 国民主権について、次の問いに答えなさい。

①大日本帝国《ていこく》憲法で主権者であった天皇《てんのう》の現在の憲法での位置づけを漢字2字で答えなさい。（4点）（　　　）

②天皇の国事行為《こうい》について定めた憲法第3条について、（　X　）～（　Z　）にあてはまる語句をあとから選び、それぞれ記号で答えなさい。（3点×3）X（　　　）Y（　　　）Z（　　　）

> 憲法第3条　天皇の国事に関するすべての行為には、（　X　）の（　Y　）と（　Z　）を必要とし、（　X　）がその責任を負ふ。

ア 国　会　　イ 内《ない》閣《かく》　　ウ 裁判所《さいばんしょ》　　エ 権　利

オ 義　務　　カ 承《しょう》認《にん》　　キ 助　言

③天皇の国事行為としてあてはまらないものを次から選び、記号で答えなさい。（4点）（　　　）

ア　国会を召集《しょうしゅう》すること　　イ　衆議院《しゅうぎいん》を解散すること

ウ　法律《ほうりつ》を公布すること　　エ　外国と条約を結ぶこと

④国民が主権者として政治に参加するしくみを説明した文として正しくないものを次から選び、記号で答えなさい。（4点）（　　　）

ア　国会で発議された憲法改正案に対し、賛成か反対か、国民投票を行う。

イ　最高裁判所の裁判官がその任に適しているかどうか、国民審《しん》査《さ》を行う。

ウ　国会議員や内閣総理大臣を選ぶための選挙を行う。

エ　市民が政治に対し正確な判断を行うために、市役所は情報公開制度を整備する。

(5) 平和主義について、次の問いに答えなさい。

①平和主義について書かれている憲法条文にあたるものを次から選び、記号で答えなさい。（4点）（　　　）

ア 第1条　　イ 第9条　　ウ 第11条　　エ 第25条

②憲法条文以外にも、世界唯一《ゆいいつ》の被爆《ひばく》国として、「核《かく》兵器をもたない、つくらない、もちこませない」というスローガンを定めています。このスローガンを何というか、漢字5字で答えなさい。（5点）（　　　）

(6) 憲法に関する国民の祝日について、次の問いに答えなさい。（4点×2）

①日本国憲法が公布された11月3日は、国民の祝日になっています。この日を次から選び、記号で答えなさい。（　　　）

ア　昭和《しょうわ》の日　　イ　建国記念の日

ウ　文化の日　　エ　勤労《きんろう》感謝の日

②日本国憲法が施行《しこう》された日は、憲法記念日という国民の祝日になっています。何月何日かを答えなさい。（　　　）

学習日〔　　月　　日〕

上級レベル 56 憲法とくらし

社会②

時間 15分	得点
合格 35点	50点

1 憲法《けんぽう》について、次の問いに答えなさい。

(1) 日本国憲法の①公布と②施行《しこう》の年月日を答えなさい。（3点×2）

①（　　年　　月　　日）②（　　年　　月　　日）

(2) 憲法改正の手続きを表す次の図を見て、（ ① ）～（ ⑤ ）にあてはまる語句をあとから選びなさい。（2点×5）また、（ X ）にあてはまる語句を漢字４字で答えなさい。（3点）

①（　　）
②（　　）
③（　　）
④（　　）
⑤（　　）
X（　　）

衆議院《しゅうぎいん》・参議院の（ ① ）の（ ② ）の賛成

↓憲法改正の発議

（ X ）で有効投票の（ ③ ）の賛成

↓

（ ④ ）が（ ⑤ ）の名で公布

ア ２分の１以上　イ ３分の２以上　ウ 過半数
エ 出席議員　オ 総議員　カ 国民　キ 国会
ク 内閣《ないかく》　ケ 内閣総理大臣　コ 天皇《てんのう》

(3) 次の憲法の条文を読んで、平和主義について、次の問いに答えなさい。

> 日本国民は…国権《こっけん》の発動たる（ A ）と（ B ）による威嚇又《いかくまた》は（ B ）の行使は国際紛争《ふんそう》を解決する手段《しゅだん》としては…放棄《ほうき》する。
> 陸海空軍その他の（ C ）は、これを保持しない。国の（ D ）はこれを認《みと》めない。

①平和主義は憲法の前文とともに第何条に記されていますか。算用数字で答えなさい。（2点）　（第　　条）

②この条文中の（ A ）～（ D ）にあてはまる語句をあとから選び、記号で答えなさい。（2点×4）

A（　　）B（　　）C（　　）D（　　）

ア 武器　イ 戦力　ウ 武力　エ 軍隊
オ 戦争　カ 交戦権　キ 防衛権

③被爆《ひばく》国である日本が世界に対しうったえている非核《ひかく》三原則とはどのようなものか、次の（　）にあてはまる語句を答えなさい。（3点×2）　A（　　）B（　　）

> 核兵器を（ A ）、つくらない、（ B ）

(4) 基本的《きほんてき》人権について、次の問いに答えなさい。（3点×3）

①憲法の中で、基本的人権は何に反しない限り、最大の尊重《そんちょう》がなされるか、５字で答えなさい。（　　）

②次の権利のうち、社会権にあたるものを選びなさい。（　　）

ア どんな学問を学んでもかまわない。
イ 労働組合をつくり、参加することを認める。
ウ 裁判《さいばん》を受ける権利がある。
エ どんな職業についてもかまわない。

③憲法に明記されていない新しい権利の一つとして、主権者である国民が正しい判断をするために、情報公開などを請求《せいきゅう》する権利があります。この権利を何といいますか。（　　）

(5) 日本国憲法の三大原則には、平和主義・基本的人権の尊重以外に何があるか、漢字で答えなさい。（3点）（　　）

(6) 日本国憲法の三大義務のうち、義務と同時に権利が条文に明記されているものを次から選び、記号で答えなさい。（3点）（　　）

ア 勤労《きんろう》の義務　イ 納税《のうぜい》の義務
ウ 保護する子女に教育を受けさせる義務

1回 20回 40回 60回 80回 100回 120回

学習日〔　　月　　日〕

標準レベル 57 社会③

政治のはたらき

時間 15分	得点
合格 35点	50点

1 右の図を見て、次の問いに答えなさい。

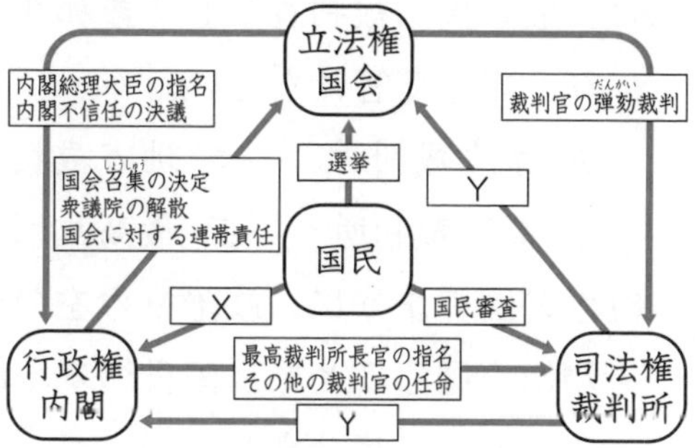

(1) 図中の国会について、次の問いに答えなさい。（3点×2）

①国会には2つの議院があります。衆議院《しゅうぎいん》と、もう1つの議院を何というか、漢字で答えなさい。

（　　　　）

②国会の仕事を説明した文として正しくないものを次から選び、記号で答えなさい。（　　）

ア　国の予算を決める。　イ　外国と条約を結ぶ。

ウ　法律《ほうりつ》を制定する。　エ　内閣《ないかく》総理大臣を選ぶ。

(2) 内閣について、内閣のもとで実際に仕事を受けもつのは省庁《しょうちょう》です。次の仕事を受けもつ省庁をあとから選び、記号で答えなさい。（3点×4）

①国民の健康や労働に関する仕事を行う。（　　）

②国の行政組織や地方自治に関する仕事を行う。（　　）

③予算や財政に関する仕事を行う。（　　）

④他国との間の外交に関する仕事を行う。（　　）

ア　経済《けいざい》産業省　イ　外務省　ウ　金融《きんゆう》庁　エ　防衛省

オ　厚生労働省　カ　総務省　キ　財務省　ク　消費者庁

(3) 内閣に対し、国民からの働きかけを表すXにあてはまる、多くの人々が共有している意見を表す語句を漢字2字で答えなさい。（4点）

（　　　　）

(4) 裁判所《さいばんしょ》から国会や内閣に対する働きかけを表すYについて説明した次の文の（　　）にあてはまる語句を漢字2字で答えなさい。（4点）

（　　　　）

制定された法律や政治が（　　　　）に違反していないかを調べる。

(5) 裁判所で行われる裁判の中でも、特に刑罰《けいばつ》が重い犯罪《はんざい》を裁く裁判には、くじで選ばれた国民が裁判官とともに審理《しんり》に加わります。この制度を何というか、漢字5字で答えなさい。（4点）（　　　　）

2 市町村の仕事について、次の問いに答えなさい。（4点×5）

(1) 市町村が制定する、その地域《ちいき》でのみ適用される法規を何というか、漢字2字で答えなさい。（　　　　）

(2) 市町村が行う事業について説明した文として正しくないものを次から選び、記号で答えなさい。（　　）

ア　保育所などの子育てに関する事業

イ　ごみの収集《しゅうしゅう》や上下水道などの事業

ウ　郵便《ゆうびん》物の集配事業

エ　公立の小・中学校の管理・運営事業

(3) 市町村が行う事業は税金によってまかなわれています。小学生も負《ふ》担《たん》している、商品を買ったときに負担する税を何というか、漢字3字で答えなさい。（　　　　）

(4) 市町村はすべての住民がくらしやすい地域づくりを目ざしています。次の考え方を何というか、それぞれカタカナで答えなさい。

①障《しょう》がいのあるなしにかかわらず、すべての人が使いやすいようにくふうされた製品や環境《かんきょう》のデザイン。

（　　　　）

②障がいのあるなしにかかわらず、すべての人が安心してくらせる社会を目ざす考え方。（　　　　）

社会

時間 15分	得点
合格 35点	50点

上級レベル 58 政治のはたらき
社会④

1 国の政治について、次の問いに答えなさい。

(1) 右の表中にあてはまる数字をそれぞれ算用数字で答えなさい。（3点×4）

①（　　　）②（　　　）
③（　　　）④（　　　）

	衆議院	参議院
任　期	（①）年	（②）年
被《ひ》選挙権	満（③）歳《さい》以上	満（④）歳以上
解　散	ある	ない

(2) 衆議院《しゅうぎいん》と参議院の議決内容が分かれたとき、衆議院の議決が国会の議決となるものを次から選び、記号で答えなさい。（4点）（　　　）

ア 法律《ほうりつ》の制定　イ 憲法《けんぽう》改正の発議
ウ 条約の承認《しょうにん》　エ 裁判官《さいばんかん》に対する弾劾《だんがい》裁判

(3) 衆議院だけがもつ権限《けんげん》として、内閣《ないかく》不信任決議があります。不信任決議を受けた内閣について説明した次の文の（ ① ）・（ ② ）にあてはまる数字をそれぞれ算用数字で答えなさい。（3点×2）

①（　　　）②（　　　）

> 内閣不信任決議を受けると、内閣は（ ① ）日以内に衆議院を解散するか、総辞職をしなければならない。また、衆議院解散後は（ ② ）日以内に衆議院議員総選挙を行わなければならない。

(4) 衆議院の解散総選挙後に開催《かいさい》される国会を次から選び、記号で答えなさい。（4点）（　　　）

ア 臨時会《りんじかい》　イ 常　会　ウ 特別会　エ 緊急《きんきゅう》集会

(5) 内閣総理大臣は国会が指名するため、国会で議席数の多い政党《せいとう》が政権をになうことが多いといえます。政権をになう政党を何というか、漢字２字で答えなさい。（4点）（　　　）

(6) 私《わたし》たちは裁判を受ける際、判決に不服があれば３度まで裁判を受けることができます。その理由を簡潔《かんけつ》に答えなさい。（4点）
（　　　　　　　　　　）

(7) 一般《いっぱん》市民が裁判員として参加する裁判が行われる裁判所を次から選び、記号で答えなさい。（4点）（　　　）

ア 家庭裁判所　イ 地方裁判所
ウ 高等裁判所　エ 最高裁判所

(8) 右の図のように、政治権力を分け、抑制《よくせい》と均衡《きんこう》を図《はか》ることで、国民の基本的人権を守ることを三権分立といいます。『法の精神』で権力分立を唱えた、18世紀のフランスの思想家の名を答えなさい。（4点）（　　　）

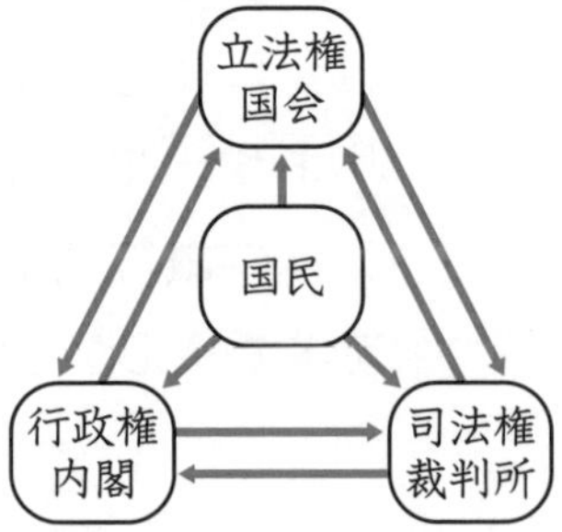

2 地方自治について、次の問いに答えなさい。（4点×2）

(1) 地方自治について説明した文として正しいものを次から選び、記号で答えなさい。（　　　）

ア　都道府県知事、市町村長、地方議会議員ともに、被選挙権は満25歳以上である。
イ　知事も市町村長も、地方議会を解散する権限がある。
ウ　地方議会は出席議員の過半数の賛成があれば、知事や市町村長に対し、不信任決議を行うことができる。
エ　住民の署名《しょめい》が有権者の３分の１以上集まれば、地方議会議員を辞《や》めさせることができる。

(2) 市役所などで地方自治の実際の業務を行う人々は、「一部の奉仕者《ほうししゃ》ではなく地域《ちいき》住民全体の奉仕者」としての役割《やくわり》を果たします。これらの人々を何というか、漢字３字で答えなさい。（　　　）

時間 15分	得点
合格 35点	50点

標準レベル 59 原始～古墳時代

社会⑤

1 次の年表を見て、あとの問いに答えなさい。

年代	できごと
1万年前ごろ	狩《か》りや漁のくらしが行われる
	↕ A
2300年前ごろ	米づくりの技術が発展《はってん》する…B
	小さなくにがあちこちにできる
239年	邪馬台国《やまたいこく》の女王が中国に使いを送る…C
4世紀	巨大《きょだい》な権力者《けんりょくしゃ》の墓が各地につくられる…D
	くにの統一が進む…E
5世紀	漢字などが大陸から伝わる…F

(1) 年表中Aの時代について、次の問いに答えなさい。（3点×3）

①この時代につくられた縄目のもように特徴《とくちょう》のある土器を何といいますか。（　　　）

②この時代の遺跡《いせき》を次から選び、記号で答えなさい。（　　　）

ア 登呂《とろ》遺跡　イ 三内丸山《さんないまるやま》遺跡

ウ 板付《いたづけ》遺跡　エ 吉野ヶ里《よしのがり》遺跡

③この時代の住居を何といいますか。（　　　）

(2) 年表中Bの時代について、次の問いに答えなさい。（3点×3）

①米づくりで稲《いね》かりに使用される磨製《ませい》石器を何といいますか。（　　　）

②米を保管するための建物を何といいますか。（　　　）

③この時代を代表する佐賀《さが》県の遺跡を(1)②から選び、記号で答えなさい。（　　　）

(3) 年表中Cの邪馬台国の女王の名を答えなさい。（4点）（　　　）

(4) 年表中Dについて、次の問いに答えなさい。

①このような権力者の墓を何といいますか。（4点）（　　　）

②①のうち、特に巨大なものが集中してつくられている地方を次から選び、記号で答えなさい。（3点）（　　　）

ア 関東《かんとう》地方　イ 中部《ちゅうぶ》地方

ウ 近畿《きんき》地方　エ 九州《きゅうしゅう》地方

③①の周囲に置かれた右の写真のような土製品を何といいますか。（4点）（　　　）

(5) 年表中Eについて、次の問いに答えなさい。（3点×3）

①奈良盆地《ならぼんち》を中心としたくにが統一を進めました。このくにの政府を何というか、漢字4字で答えなさい。（　　　）

②①の中心となり、のちに天皇《てんのう》とよばれた地位を何というか、漢字2字で答えなさい。（　　　）

③次の手紙を中国に出した人物をあとから選びなさい。（　　　）

> 私《わたし》の祖先は、みずからよろい・かぶとを身につけ、山や川をかけめぐり、東は55国、西は66国、さらに海をわたって95国を平定しました。

ア ワカタケル　イ ヤマトタケル　ウ アマテラス

(6) 年表中Fについて、次の問いに答えなさい。（4点×2）

①漢字などを大陸からもたらした人々を何というか、漢字3字で答えなさい。（　　　）

②①の人々がもたらしたものとして正しくないものを次から1つ選び、記号で答えなさい。（　　　）

ア はたおり　イ 紙の製法　ウ 金属器　エ 磨製石器

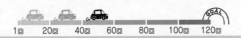

学習日〔　月　日〕

時間 15分	得点
合格 35点	50点

上級レベル 60 原始～古墳時代

社会⑥

1 次の文は、ア 旧石器《きゅうせっき》時代、イ 縄文《じょうもん》時代、ウ 弥生《やよい》時代、エ 古墳《こふん》時代のどの時代にもっとも関係が深いか、それぞれ記号で答えなさい。（3点×6）

(1) 黒曜石でつくった打製石器が主な道具であった。（　　）

(2) 北九州《きたきゅうしゅう》にあった小国の王が中国に使いを送り、皇帝《こうてい》から金印をあたえられた。（　　）

(3) 人々は主に海のそばや森の近くにたて穴《あな》住居を建てて住み、磨製《ませい》石器を使用していた。（　　）

(4) 人々はナウマン象やオオツノジカをたおし、食料としていた。（　　）

(5) 権力《けんりょく》をもつ王は、その力を示すためにひときわ大きな墓をつくらせた。（　　）

(6) 厚くて黒かっ色をした土器がつくられていたが、低温で焼かれていたため、こわれやすかった。（　　）

2 次の写真を見て、あとの問いに答えなさい。（4点×8）

A

B

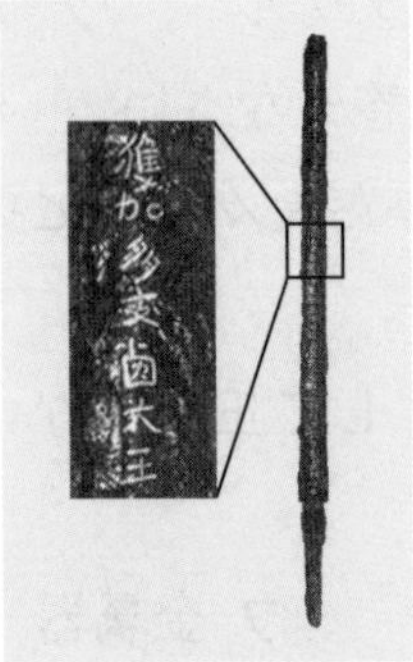

C

D

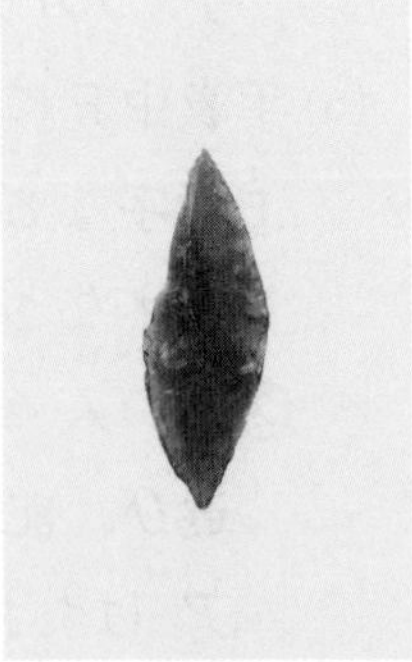

(1) Aについて、次の問いに答えなさい。

①この土製の人形を何といいますか。（　　）

②①などが多く出土する、この時代のごみ捨《す》て場を何というか、漢字2字で答えなさい。（　　）

(2) Bについて、次の問いに答えなさい。

①この鉄剣《てっけん》には「ワカタケル大王」の文字が刻《きざ》まれていました。この鉄剣が出土した埼玉《さいたま》県の遺跡《いせき》を次から選び、記号で答えなさい。（　　）

ア 大仙古墳《だいせんこふん》　イ 三内丸山《さんないまるやま》遺跡　ウ 稲荷山《いなりやま》古墳

②これと同じような文字が刻まれた鉄刀が熊本《くまもと》県の遺跡からも出土しています。このことから、どのようなことがわかるかを簡潔《かんけつ》に答えなさい。

（　　　　　　　　）

(3) Cについて、次の問いに答えなさい。

①この道具の種類を何というか、次から選び、記号で答えなさい。（　　）

ア 青銅器　イ 銀　器　ウ 骨角器《こっかくき》　エ 鉄　器

②この道具がつくられた時代について説明した文として正しいものを次から選び、記号で答えなさい。（　　）

ア　日本は大陸と陸続きだった。

イ　日本は小国に分立し、争いがひんぱんにおきていた。

ウ　主にどんぐりなどの木の実を保存《ほぞん》し、食べていた。

エ　大陸から仏教《ぶっきょう》や漢字が伝わった。

(4) Dについて、この石器が最初に発見された遺跡を何といいますか。（　　）

(5) A～Dを時代順に並《なら》べかえ、記号で答えなさい。

（　→　→　→　）

時間 15分	得点
合格 35点	50点

標準レベル 61

飛鳥～平安時代

社会⑦

1 次の年表を見て、あとの問いに答えなさい。

年代	できごと	
593	聖徳太子《しょうとくたいし》が摂政《せっしょう》となる…A	
630	第一回遣唐使《けんとうし》が派遣《はけん》される	↑
645	大化《たいか》の改新《かいしん》…B	
710	平城京《へいじょうきょう》に都が移る	
752	大仏の開眼式《かいげんしき》が行われる…C	D
794	平安京《へいあんきょう》に都が移る	
894	遣唐使が停止される	↓
1016	藤原道長《ふじわらのみちなが》が摂政となる…E	
1167	平 清盛《たいらのきよもり》が(　X　)となる…F	

〔図Ⅰ〕

〔図Ⅱ〕

(1) 年表中Aについて、次の問いに答えなさい。(4点×2)

①聖徳太子が定めた次の役人の心構えを何といいますか。

第一条　人の和を第一にしなさい。
第二条　仏教《ぶっきょう》をあつく信仰《しんこう》しなさい。

(　　　　　)

②聖徳太子が建立《こんりゅう》したといわれる、現存《げんそん》する世界最古の木造建築物である寺院を答えなさい。(　　　　　)

(2) 年表中Bについて、次の問いに答えなさい。(4点×2)

①中心となって政治改革《かいかく》を行った人物を次から2人選び、記号で答えなさい。(　　・　　)

ア 大海人皇子《おおあまのおうじ》　イ 中大兄皇子《なかのおおえのおうじ》　ウ 蘇我馬子《そがのうまこ》
エ 中臣鎌足《なかとみのかまたり》　オ 小野妹子《おののいもこ》

②この改革によって、人々が課せられた税のうち、特産物を納《おさ》める税を次から選び、記号で答えなさい。(　　　)

ア 租《そ》　イ 調《ちょう》　ウ 庸《よう》　エ 防《さき》人《もり》

(3) 年表中Cについて、次の問いに答えなさい。(4点×3)

①大仏造立を命じた天皇《てんのう》を選び、記号で答えなさい。(　　　)

ア 天智《てんじ》天皇　イ 天武《てんむ》天皇　ウ 聖武《しょうむ》天皇　エ 桓武《かんむ》天皇

②大仏づくりに協力した僧《そう》の名を次から選びなさい。(　　　)

ア 鑑《がん》真《じん》　イ 空《くう》海《かい》　ウ 最《さい》澄《ちょう》　エ 行《ぎょう》基《き》

③本尊《ほんぞん》として大仏が置かれた寺院を答えなさい。(　　　　　)

(4) 年表中Dの期間の遣唐使について、次の問いに答えなさい。(4点×2)

①遣唐使がもち帰った図Ⅰのような宝物が納められた、(3)③にある建築物を何というか、漢字3字で答えなさい。(　　　　　)

②苦難《くなん》の末に、遣唐使船によって来日を果たした図Ⅱの唐の高僧の名を(3)②のア～エから選び、記号で答えなさい。(　　　)

(5) 年表中Eについて、次の問いに答えなさい。

①道長の娘《むすめ》に仕えた紫式部《むらさきしきぶ》が書いた小説を何というか、漢字で答えなさい。(4点)(　　　　　)

②道長がよんだ歌を次から選び、記号で答えなさい。(4点)(　　　)

ア　天の原 ふりさけ見れば 春日《かすが》なる 三笠《みかさ》の山に 出し月かも
イ　この世をば わが世とぞ思ふ 望月《もちづき》の かけたることも なしと思えば
ウ　東風《こちふ》吹かば 匂《にお》いおこせよ 梅の花 主《あるじ》なしとて 春な忘れそ

③道長の子である藤原頼通《よりみち》が宇治《うじ》に建てた阿弥陀堂《あみだどう》を次から選び、記号で答えなさい。(3点)(　　　)

ア 平等院鳳凰堂《びょうどういんほうおうどう》　イ 中尊寺金色堂《ちゅうそんじこんじきどう》　ウ 唐招提寺金堂《とうしょうだいじこんどう》

(6) 年表中Fについて、(　X　)にあてはまる役職を次から選び、記号で答えなさい。(3点)(　　　)

ア 摂 政　イ 関《かん》白《ぱく》　ウ 太政大臣《だいじょうだいじん》　エ 征夷大将軍《せいいたいしょうぐん》

上級レベル 62 飛鳥～平安時代

社会⑧

時間 15分	得点
合格 35点	50点

1 次の文を読んで、あとの問いに答えなさい。

A：「私《わたし》」は正しい仏教《ぶっきょう》の教えを伝えるために、苦難《くなん》を乗りこえ、来日しました。そのときには「私」の目は見えなくなっていたのです。
B：「私」は天皇《てんのう》中心の政治を行うには、蘇我《そが》氏が邪魔《じゃま》であると感じ、たおしました。その後、天皇となり政治改革《かいかく》に取り組んだのです。
C：「私」は武士として初めて太政大臣《だいじょうだいじん》という地位にまでのぼりつめました。仏教を深く信仰《しんこう》し、厳島《いつくしま》神社を修築したのも「私」です。
D：「私」は国の使いとして、隋《ずい》に国書をもって行きました。この国書を読んだ隋の皇帝《こうてい》が不機嫌《ふきげん》になられたので、心配になりました。
E：「私」は天皇のきさきであった定子《ていし》様にお仕えしました。そのときに見聞きしたことなどを、『枕草子《まくらのそうし》』という随筆《ずいひつ》に書きました。

(1) A～Eの「私」の名まえを、それぞれ漢字で答えなさい。（4点×5）
A(　　　)　B(　　　)　C(　　　)
D(　　　)　E(　　　)

(2) Aの「私」が建立《こんりゅう》した寺院を次から選びなさい。（3点）(　　　)

ア

イ

ウ

(3) Bの「私」が行った改革について、次の問いに答えなさい。（3点×2）
①この政治改革を何といいますか。(　　　)
②この改革ですべての土地や人は国のものとなりました。これを何というか、漢字4字で答えなさい。(　　　)

(4) Cの「私」について、次の問いに答えなさい。（3点×2）
①「私」について説明した文として正しくないものを次から選び、記号で答えなさい。(　　　)
ア　宋《そう》と貿易を行うために、大輪田泊《おおわだのとまり》を修築した。
イ　娘《むすめ》を天皇のきさきとし、生まれた子を天皇に立てた。
ウ　蝦夷《えみし》を平定するために、坂上田村麻呂《さかのうえのたむらまろ》を東北《とうほく》地方に派遣《はけん》した。

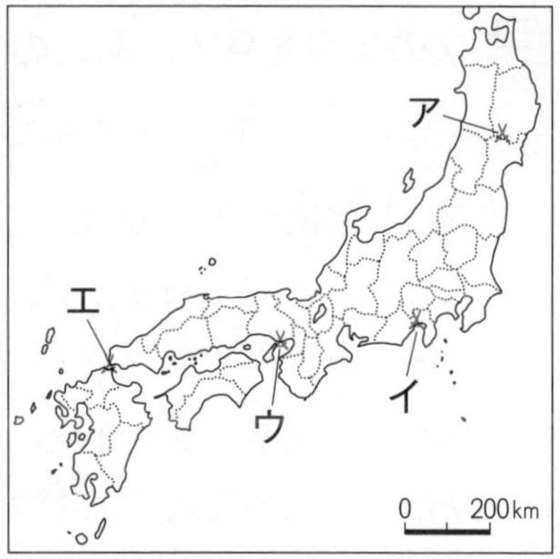

②「私」の一族が滅亡《めつぼう》した戦いのおきた場所を、上の地図中から選び、記号で答えなさい。(　　　)

(5) Dの「私」を派遣した人物について説明した文として正しいものを次から選び、記号で答えなさい。（2点）(　　　)
ア　推古《すいこ》天皇の摂政《せっしょう》として、天皇中心の政治を目ざした。
イ　国民が守るべき定めとして、十七条《じゅうしちじょう》の憲法《けんぽう》を制定した。
ウ　豪族《ごうぞく》たちに対し、家柄《いえがら》に応じて位をあたえる冠位十二階《かんいじゅうにかい》を定めた。
エ　仏教の力で国を守るために、国ごとに国分寺《こくぶんじ》を建てさせた。

(6) Eの「私」が活躍《かつやく》した時代の文化について、次の問いに答えなさい。
①このころ生まれた、漢字をくずしたり、漢字の一部を省略したりしてつくられた文字を何といいますか。（3点）(　　　)
②このころの貴族《きぞく》の住居の建築様式を何というか、漢字3字で答えなさい。（4点）(　　　)
③このころの貴族の女性の正式な衣装《いしょう》を何というか、漢字3字で答えなさい。（3点）(　　　)

(7) A～Eの「私」を時代順に並《なら》べかえ、記号で答えなさい。（3点）
(　　→　　→　　→　　→　　)

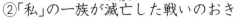

標準レベル 63 社会⑨

鎌倉～安土桃山時代

時間 15分　合格 35点　得点　　/50点

1 次の年表を見て、あとの問いに答えなさい。

年代	できごと
1192	源《みなもとの》　頼朝《よりとも》が征夷大将軍《せいいたいしょうぐん》になる…A
1221	承久《じょうきゅう》の乱《らん》がおこる…B
1274	元《げん》がせめてくる…C
1368	足利義満《あしかがよしみつ》が征夷大将軍になる…D
1467	応仁《おうにん》の乱が始まる…E
1543	鉄砲《てっぽう》が伝わる…F
1573	(　Z　)が室町幕府《むろまちばくふ》をほろぼす…G
1590	豊臣秀吉《とよとみひでよし》が全国を統一する…H

〔図Ⅰ〕

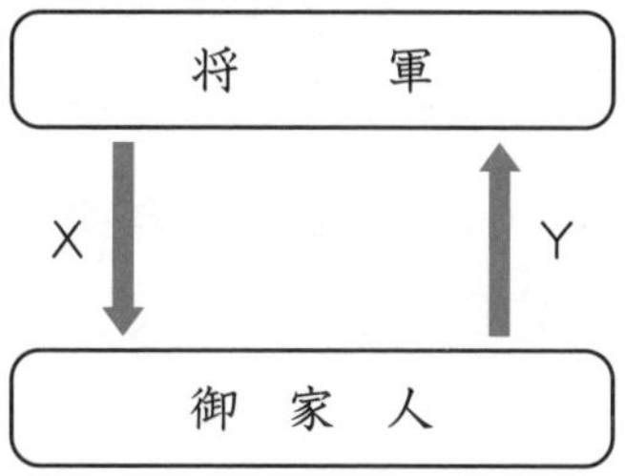

〔図Ⅱ〕

(1) 年表中Aについて、頼朝と家来の武士の関係を表した図ⅠのXとYにあてはまる語句を次から選びなさい。（3点×2）　X(　　　　)　Y(　　　　)

ア 奉《ほう》 公《こう》　イ 義 務　ウ 御《ご》 恩《おん》　エ 権《けん》 利《り》

(2) 年表中Bについて、次の問いに答えなさい。（4点×2）

①このとき、武士たちに団結をうったえ、幕府勝利のきっかけをつくった人物の名を答えなさい。(　　　　)

②この後つくられた、武士の裁判《さいばん》の基準となる法律《ほうりつ》を何というか、漢字で答えなさい。(　　　　)

(3) 年表中Cについて、次の問いに答えなさい。（4点×2）

①このときの執権《しっけん》を次から選び、記号で答えなさい。(　　　　)

ア 北条時宗《ほうじょうときむね》　イ 竹崎季長《たけざきすえなが》　ウ 北条時頼《ときより》　エ 畠山重忠《はたけやましげただ》

②二度目の襲来《しゅうらい》に備えた対策《たいさく》を次から選びなさい。(　　　　)

ア　集団戦法や火薬兵器を開発した。　イ　九州《きゅうしゅう》に防人《さきもり》を配備した。

ウ　石を積んで、防塁《ぼうるい》をつくった。　エ　先に恩賞《おんしょう》をわたした。

(4) 年表中Dの足利義満について説明した文として正しくないものを次から選び、記号で答えなさい。（4点）(　　　　)

ア　南北に分かれていた朝廷《ちょうてい》を一つにまとめた。

イ　能《のう》を大成した観阿弥《かんあみ》・世阿弥《ぜあみ》親子を保護した。

ウ　大輪田泊《おおわだのとまり》を修築して、中国の宋《そう》と貿易を行った。

エ　京都《きょうと》の北山《きたやま》に金閣《きんかく》をつくった。

(5) 年表中Eについて、次の問いに答えなさい。（4点×2）

①この乱のきっかけをつくった室町幕府8代将軍の名を漢字で答えなさい。(　　　　)

②図Ⅱは、①の人物がつくった銀閣《ぎんかく》のとなりの東求堂《とうぐどう》の内部を表しています。この様式を何といいますか。(　　　　)

(6) 年表中Fについて、次の問いに答えなさい。（4点×2）

①鉄砲を初めて伝えたのはどこの国の人物ですか。次から選び、記号で答えなさい。(　　　　)

ア スペイン　イ イギリス　ウ ポルトガル　エ オランダ

②日本で初めて大量の鉄砲を使用した戦いを次から選び、記号で答えなさい。(　　　　)

ア 本能寺《ほんのうじ》の変《へん》　イ 桶狭間《おけはざま》の戦い

ウ 山城《やましろ》の国一揆《くにいっき》　エ 長篠《ながしの》の戦い

(7) 年表中Gの(　Z　)にあてはまる人物の名を漢字で答えなさい。

（4点）(　　　　)

(8) 年表中Hの豊臣秀吉について説明した文として正しくないものを次から選び、記号で答えなさい。（4点）(　　　　)

ア　延暦寺《えんりゃくじ》を焼きうちにした。　イ　刀狩令《かたながりれい》を出した。

ウ　太閤検地《たいこうけんち》を行った。　エ　朝鮮《ちょうせん》に大軍を送った。

社会

学習日〔　　月　　日〕

時間 15分	得点
合格 35点	50点

上級レベル 64 鎌倉～安土桃山時代

社会⑩

1 A～Eの図について、次の問いに答えなさい。

A

B

C
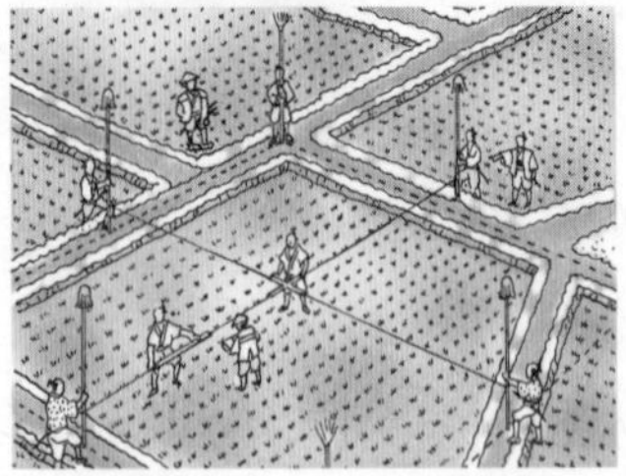

D
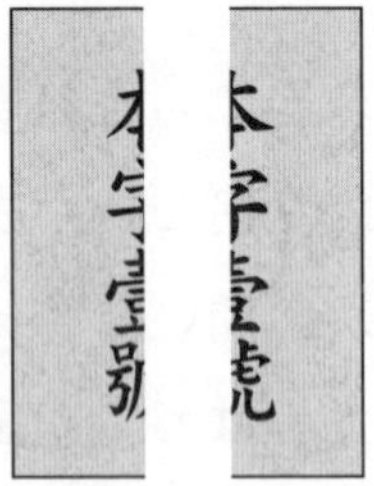

E

(1) Aの図について、次の問いに答えなさい。（4点×2）

①この図をえがいた人物の名を漢字で答えなさい。（　　　　）

②この図がえがかれたころの文化として正しくないものを次から選び、記号で答えなさい。（　　　　）

ア 石　庭　　イ 祇園祭《ぎおんまつり》　　ウ 東大寺金剛力士像《とうだいじこんごうりきしぞう》　　エ 銀《ぎん》　閣《かく》

(2) Bの図について説明した文として正しいものを次から選び、記号で答えなさい。（4点）（　　　　）

ア　当時の執権北条時宗《しっけんほうじょうときむね》が日本の勝利を記録するためにえがかせた。

イ　元《げん》軍が馬で上陸するのを、日本は集団で阻止《そし》しようとしている。

ウ　絵の中央で爆発《ばくはつ》しているのは「てつはう」という火薬兵器である。

エ　この戦乱《せんらん》に勝利したことで、幕府《ばくふ》は支配力をさらに強めた。

(3) Cの図について、次の問いに答えなさい。（4点×2）

①このような調査を最初に全国的に命じた人物の名を漢字で答えなさい。（　　　　）

②①の人物が命じたこの調査について説明した文として正しくないものを次から選び、記号で答えなさい。（　　　　）

ア　ものさしやますを統一し、全国同じ基準で調査した。

イ　人々に土地を耕作する権利《けんり》を保障《ほしょう》した。

ウ　年貢《ねんぐ》を確実に取り立てることができるようになった。

エ　調査の結果、荘園《しょうえん》制度が確立した。

(4) Dの図について、次の問いに答えなさい。

①この合い札を用いた貿易を明《みん》との間で始めた人物の名を漢字で答えなさい。（4点）（　　　　）

②明との貿易で合い札を用いた理由を簡潔《かんけつ》に答えなさい。（8点）

（　　　　　　　　　　　　　　　　）

③明銭《みんせん》が大量に輸入された、このころの経済《けいざい》について説明した文として正しくないものを次から選びなさい。（4点）（　　　　）

ア　土倉《どそう》や酒屋《さかや》などが高利貸しを行った。

イ　各地で楽市《らくいち》・楽座《らくざ》が開かれ、商業活動が活発化した。

ウ　馬借《ばしゃく》や車借《しゃしゃく》などの運送業者が、商品を輸送した。

エ　二毛作《にもうさく》が広まり、商品作物の栽培《さいばい》も活発になった。

(5) Eの図について、次の問いに答えなさい。

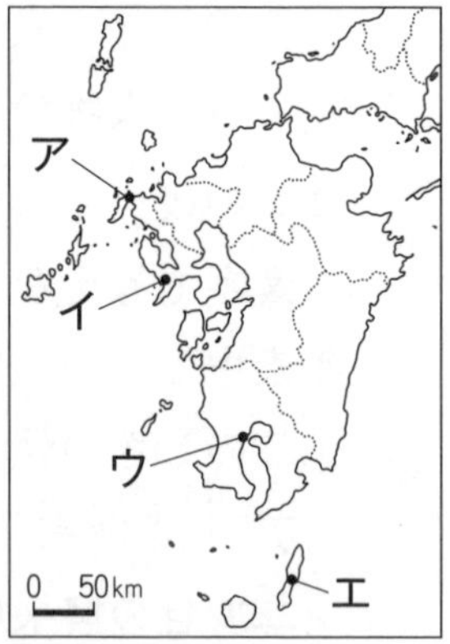

①この人物の名を答えなさい。（4点）

（　　　　　　　　）

②キリスト教を布教するために、この人物が初めて上陸した土地を右の地図中から選び、記号で答えなさい。（3点）（　　　　）

(6) A～Eの図を時代順に並《なら》べかえなさい。（7点）

（　　→　　→　　→　　→　　）

時間	得点
15分	
合格 35点	50点

標準レベル 65 江戸時代

社会⑪

1 次の年表を見て、あとの問いに答えなさい。

年代	できごと
1615	武家諸法度《ぶけしょはっと》が定められる…A
1641	鎖国《さこく》の体制が固まる…B
	大阪《おおさか》を中心に町人文化が栄える…C
1774	『解体新書《かいたいしんしょ》』が出版される…D
	江戸《えど》を中心に町人文化が栄える…E
1853	ペリーが浦賀《うらが》に来る…F
1867	幕府《ばくふ》が政権《せいけん》を朝廷《ちょうてい》に返す…G

〔図Ⅰ〕

(1) 年表中Aについて、次の問いに答えなさい。（3点×2）

①この法律《ほうりつ》で統制《とうせい》される大名のうち、もっとも新しく徳川《とくがわ》家に従《したが》った大名を何というか、漢字2字で答えなさい。（　　　）

②この法律に参勤交代《さんきんこうたい》を制度として追加した人物を次から選び、記号で答えなさい。（　　　）

ア 徳川家光《いえみつ》　イ 徳川綱吉《つなよし》　ウ 徳川吉宗《よしむね》　エ 徳川慶喜《よしのぶ》

(2) 年表中Bについて、次の問いに答えなさい。

①鎖国の体制が固まった後も貿易船の出入りを許可されたヨーロッパの国を次から選び、記号で答えなさい。（3点）（　　　）

ア スペイン　イ フランス　ウ ロシア　エ オランダ

②朝鮮《ちょうせん》との交流の仲立ちを行った藩《はん》を漢字で答えなさい。（3点）

（　　　）

③17世紀半ば、不正な取り引きを行う松前《まつまえ》藩に抵抗《ていこう》した、蝦夷地《えぞち》のアイヌの首長の名を答えなさい。（4点）（　　　）

(3) 年表中Cについて、人々の人気を集めた歌舞伎《かぶき》や人形浄瑠璃《にんぎょうじょうるり》の脚本《きゃくほん》を書いた人物を次から選び、記号で答えなさい。（3点）（　　　）

ア 松尾芭蕉《まつおばしょう》　イ 井原西鶴《いはらさいかく》　ウ 雪《せっ》　舟《しゅう》　エ 近松門左衛門《ちかまつもんざえもん》

(4) 年表中Dについて、次の問いに答えなさい。（4点×3）

①前野良沢《まえのりょうたく》らとともに翻訳《ほんやく》、出版を行った小浜《おばま》藩の医師の名を答えなさい。（　　　）

②オランダ語で西洋の学術や文化を研究する学問を何というか、漢字2字で答えなさい。（　　　）

③②と同じころにさかんになった、日本古来の考え方を研究する学問を何というか、漢字2字で答えなさい。（　　　）

(5) 年表中Eについて、次の問いに答えなさい。（3点×3）

①図Ⅰのような庶民《しょみん》の風俗画《ふうぞくが》を何というか、漢字3字で答えなさい。

（　　　）

②図Ⅰをえがいた絵師を次から選び、記号で答えなさい。（　　　）

ア 葛飾北斎《かつしかほくさい》　イ 喜多川歌麿《きたがわうたまろ》

ウ 歌川広重《うたがわひろしげ》　エ 東洲斎写楽《とうしゅうさいしゃらく》

〔図Ⅱ〕

③このころ広がった、町人や百姓《ひゃくしょう》の子どもたちが学ぶために通った、図Ⅱのような施設《しせつ》を何というか、漢字3字で答えなさい。（　　　）

(6) 年表中Fについて、この翌年《よくねん》に結ばれた、アメリカと国交を開くことを定めた条約を何というか、答えなさい。（4点）（　　　）

(7) 年表中Gについて、外国との戦いに敗れ、幕府をたおす運動の中心となった藩を次から2つ選び、記号で答えなさい。（3点×2）

（　　　）（　　　）

ア 長州《ちょうしゅう》藩　イ 彦根《ひこね》藩　ウ 水戸《みと》藩　エ 薩摩《さつま》藩

上級レベル 66 江戸時代

社会⑫

時間 15分	得点
合格 35点	50点

1 経済活動《けいざい》について、次の問いに答えなさい。（3点×3）

(1) 江戸《えど》時代の農業について説明した文として正しいものを次から選び、記号で答えなさい。（　　）

ア　肥料として草木灰《そうもくばい》が全国的に広まり、収穫《しゅうかく》量が増えた。

イ　児島湾《こじまわん》の干拓《かんたく》など、積極的に新田開発を行った。

ウ　千歯《せんば》こきによって、深く耕すことができるようになった。

エ　近畿《きんき》地方を中心に二毛作《にもうさく》が行われるようになった。

(2) 各藩《かくはん》が年貢《ねんぐ》米や特産物を売りさばくために、大阪《おおさか》などに置いた倉庫を何というか、答えなさい。（　　）

(3) 東北《とうほく》・北陸《ほくりく》の米などを大阪に運ぶ西廻《まわ》り航路で使った船を次から選び、記号で答えなさい。（　　）

ア 朱印船《しゅいんせん》　イ 南蛮船《なんばんせん》　ウ 北前船《きたまえぶね》　エ 菱垣廻船《ひがきかいせん》

2 右の年表を見て、あとの問いに答えなさい。

年代	主な政治家
17世紀前期	徳川家光…A
18世紀前期	徳川吉宗《よしむね》…B
18世紀後期	田沼意次《たぬまおきつぐ》…C
	松平定信《まつだいらさだのぶ》…D
19世紀中期	水野忠邦《みずのただくに》…E
	井伊直弼《いいなおすけ》…F

(1) 表中Aの徳川家光《とくがわいえみつ》は鎖国《さこく》の体制を固めました。鎖国に関する次のことがらをおきた順に並《なら》べかえ、記号で答えなさい。（4点）

（　→　→　→　）

ア　オランダ人を出島《でじま》に集める。

イ　島原《しまばら》・天草《あまくさ》一揆《いっき》がおきる。

ウ　ポルトガル船の来航を禁止する。

エ　日本人の海外渡航《とこう》と帰国を禁止する。

(2) 次の改革《かいかく》を行った人物を表中から選び、それぞれA～Fの記号で答えなさい。（3点×3）

①寛政《かんせい》の改革（　　）　②天保《てんぽう》の改革（　　）

③享保《きょうほう》の改革（　　）

(3) 次のことがらを行った人物を表中から選び、それぞれA～Fの記号で答えなさい。（3点×5）

①朱子学《しゅしがく》以外の学問を教えることを禁じた。（　　）

②庶民《しょみん》の意見を取り入れるために目安箱《めやすばこ》を設置した。（　　）

③商人の経済力を利用しようと株仲間《かぶなかま》を奨励《しょうれい》した。（　　）

④幕府《ばくふ》を批判《ひはん》する者を処罰《しょばつ》する安政《あんせい》の大獄《たいごく》を行った。（　　）

⑤株仲間を解散させ、江戸・大阪周辺の土地を幕府のものにしようとした。（　　）

(4) 表中Fがアメリカと結んだ日米修好通商《にちべいしゅうこうつうしょう》条約について説明した文として正しいものを次から選び、記号で答えなさい。（4点）（　　）

ア　函館《はこだて》・下田《しもだ》・神奈川《かながわ》・兵庫《ひょうご》・長崎《ながさき》で貿易が行われることになった。

イ　日本からの輸出品に関税《かんぜい》をかける権利《けんり》は認《みと》められていなかった。

ウ　外国人は日本で犯罪《はんざい》を犯《おか》しても、罪《つみ》に問われることはなかった。

エ　生糸《きいと》や茶が大量に輸出されて品不足になり、物価は上がった。

3 文化や学問について、次の問いに答えなさい。（3点×3）

(1) 右の絵画は「東海道《とうかいどう》五十三次《ごじゅうさんつぎ》」の中の「日本《にほん》橋《ばし》」です。この絵をえがいた絵師の名を漢字で答えなさい。（　　）

(2) 江戸時代後期、幕府から全国の測量を命じられ、正確な地図を作成した人物の名を漢字で答えなさい。（　　）

(3)『古事記《こじき》』を研究し、国学《こくがく》を大成した人物の名を漢字で答えなさい。（　　）

標準レベル 67 明治～大正時代

社会⑬

時間	得点
15分	
合格 35点	50点

1 次の年表を見て、あとの問いに答えなさい。

年代	できごと
1873	徴兵令《ちょうへいれい》が出される…A
	自由民権《じゆうみんけん》運動がさかんになる…B
1889	大日本帝国憲法《ていこくけんぽう》が制定される…C
1894	日清《にっしん》戦争がおこる…D
1904	日露《にちろ》戦争がおこる…E
	民主主義の風潮《ふうちょう》が高まる…F
1914	第一次世界大戦がおこる

〔図Ⅰ〕

(1) 年表中Aについて、次の問いに答えなさい。(4点×3)

①これと同じ年に改められた、土地に対する税のしくみを何というか、漢字４字で答えなさい。（　　　）

②このころフランス人技術者を招き、群馬《ぐんま》県に建設された官営工場を何というか、漢字で答えなさい。（　　　）

③徴兵令や①・②を行うことで、欧米《おうべい》に追いつこうとした政策《せいさく》を何というか、漢字４字で答えなさい。（　　　）

(2) 年表中Bの自由民権運動の中心となった人物を次から選び、記号で答えなさい。(4点)（　　　）

ア 木戸孝允《きどたかよし》　イ 西郷隆盛《さいごうたかもり》　ウ 板垣退助《いたがきたいすけ》　エ 大久保利通《おおくぼとしみち》

(3) 年表中Cについて、次の問いに答えなさい。(4点×4)

①大日本帝国憲法の草案を作成し、初代内閣《ないかく》総理大臣にも任命された人物の名を漢字で答えなさい。（　　　）

②大日本帝国憲法が手本とした国を次から選びなさい。（　　　）

ア アメリカ　イ イギリス　ウ フランス　エ ドイツ

③憲法制定の翌年《よくねん》に開催《かいさい》された帝国議会にあたって、選挙権を手にした人について書かれた次の文の（　X　）・（　Y　）にあてはまる数字をそれぞれ答えなさい。　X（　　　）　Y（　　　）

満（　X　）歳《さい》以上で、直接国税（　Y　）円以上納《おさ》める男子

(4) 年表中D・Eについて、次の問いに答えなさい。(5点×2)

①D・Eの戦争について説明した文として正しくないものを次から選び、記号で答えなさい。（　　　）

ア　日清戦争に勝った日本は朝鮮《ちょうせん》半島を日本の植民地にした。

イ　ロシアは日本に対し、日清戦争で獲得《かくとく》した領土の一部を清に返させた。

ウ　与謝野晶子《よさのあきこ》は「君死にたまふ《（う）》ことなかれ」を発表し、日露戦争に反対する気持ちを表現した。

エ　東郷平八郎《とうごうへいはちろう》は、日本海海戦《にほんかいかいせん》でロシアの艦隊《かんたい》を破り、日本を勝利に導いた。

②日清戦争直前に不平等条約の一部改正に成功し、日清戦争の講和会議にも出席した外務大臣を次から選びなさい。（　　　）

ア 岩倉具視《いわくらともみ》　イ 陸奥宗光《むつむねみつ》
ウ 小村寿太郎《こむらじゅたろう》　エ 新渡戸稲造《にとべいなぞう》

(5) 年表中Fについて、次の問いに答えなさい。(4点×2)

①市川房枝《いちかわふさえ》らとともに女性の地位向上を目ざす運動をおし進めた右の写真の女性の名を答えなさい。（　　　）

②長く身分差別に苦しめられてきた人々が差別をなくすためにつくった組織を何というか、漢字５字で答えなさい。（　　　）

1回 20回 40回 60回 80回 100回 120回 GOAL

学習日〔　月　日〕

時間 15分	得点
合格 35点	50点

上級レベル 68 明治～大正時代

社会⑭

1 次の図を見て、あとの問いに答えなさい。

A

B

C

(1) Aについて、次の問いに答えなさい。

①この使節団に同行した最年少女子留学生の名を漢字で答えなさい。（3点）（　　）

②使節団の目的でもあった条約改正について説明した文として正しいものを次から選び、記号で答えなさい。（4点）（　　）

ア　鹿鳴館《ろくめいかん》で毎夜のように舞踏会《ぶとうかい》を開くなど、極端《きょくたん》な欧化政策《おうかせいさく》をとった時期があった。

イ　ノルマントン号事件がおこり、関税自主権《かんぜいじしゅけん》の回復を求める国民の声が高まった。

ウ　日清《にっしん》戦争に勝利したことによって、イギリスが領事裁判権《りょうじさいばんけん》をなくすことを認《みと》めた。

エ　条約改正を完全実現したことで、欧米諸国《おうべいしょこく》と対等な関係となり、韓国併合《かんこくへいごう》に結びついた。

(2) Bについて、次の問いに答えなさい。（4点×2）

①板垣退助《いたがきたいすけ》とともに政府を去り、九州《きゅうしゅう》で西南《せいなん》戦争をおこした人物の名を漢字で答えなさい。（　　）

②B以降《いこう》の次のできごとをおきた順に並《なら》べかえ、記号で答えなさい。

（　→　→　→　）

ア　第一回帝国《ていこく》議会が開催《かいさい》される。

イ　伊藤博文《いとうひろぶみ》が内閣《ないかく》総理大臣に任命される。

ウ　板垣退助が自由党《じゆうとう》を結成する。

エ　大日本帝国憲法《ていこくけんぽう》が発布される。

(3) Cについて、次の問いに答えなさい。

①魚として表されている国の名を答えなさい。（4点）（　　）

②この後の戦争で結ばれた講和条約の内容として正しいものを次から選び、記号で答えなさい。（4点）（　　）

ア　樺太《からふと》の南半分を日本が得る。　イ　千島《ちしま》と樺太を交換《こうかん》する。

ウ　朝鮮《ちょうせん》が独立国であると認める。エ　山東《さんとう》《シャントン》半島の権益を得る。

③戦争で獲得《かくとく》した賠償金《ばいしょうきん》の一部を使って日本が北九州に建設したものを漢字5字で答えなさい。（3点）（　　）

2 次の文にあてはまる人物をあとから選び、記号で答えなさい。あてはまる人物がいない場合は、人物の名を漢字で答えなさい。（3点×6）

①『学問のすゝ《(す)》め』を著《あらわ》した。　②破傷風《はしょうふう》の治療《ちりょう》法を発見した。

③条約改正を完成させた。　④足尾《あしお》銅山鉱毒事件を問題化した。

⑤日本美術の復興に尽力《じんりょく》した。　⑥国際連盟《れんめい》事務局次長についた。

①（　　）　②（　　）　③（　　）

④（　　）　⑤（　　）　⑥（　　）

ア　志賀潔《しがきよし》　イ　陸奥宗光《むつむねみつ》　ウ　新渡戸稲造《にとべいなぞう》　エ　大隈重信《おおくましげのぶ》

オ　岡倉天心《おかくらてんしん》　カ　北里柴三郎《きたさとしばさぶろう》　キ　小村寿太郎《こむらじゅたろう》　ク　野口英世《のぐちひでよ》

3 大正《たいしょう》時代について、次の問いに答えなさい。（3点×2）

(1) 1923年におきた大きな自然災害を何というか、答えなさい。（　　）

(2) 1925年に普通《ふつう》選挙法と同時期に成立した社会主義運動を取りしまるための法律《ほうりつ》を何というか、答えなさい。（　　）

1回　20回　40回　60回　80回　100回　120回　GOAL

学習日〔　　月　　日〕

標準レベル 69 社会⑮

昭和～平成時代

時間 15分	得点
合格 35点	50点

1 次の年表を見て、あとの問いに答えなさい。

年代	できごと
1933	日本が国際連盟《れんめい》を脱退《だったい》する…A
1937	日中《にっちゅう》戦争がおこる…B
1941	太平洋《たいへいよう》戦争がおこる…C
1945	日本が戦争に敗北する…D
1951	サンフランシスコ平和条約…E
1964	オリンピック東京《とうきょう》大会が開かれる…F
1972	(　Y　)と国交が回復する…G
2011	(　Z　)がおこる…H

〔図Ⅰ〕

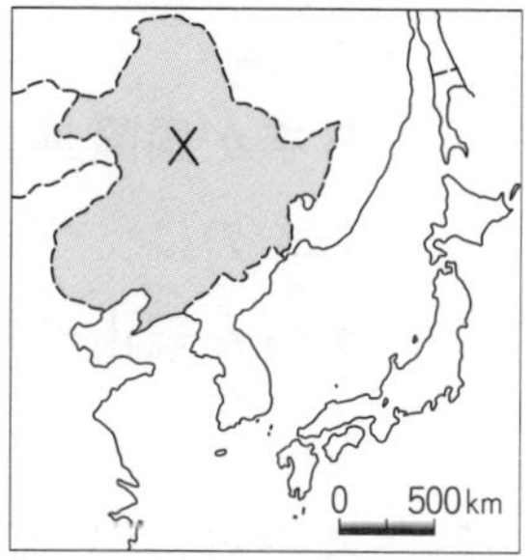

(1) 年表中Aについて、脱退の理由は、図ⅠのXの地域《ちいき》につくられた国が認《みと》められなかったことです。日本の生命線と考えられたXの地域を何というか、漢字２字で答えなさい。(4点)　(　　　　)

(2) 年表中Bについて、この戦争中に日本が同盟を結んだ国を次から２つ選び、記号で答えなさい。(3点×2)　(　　　　)(　　　　)

ア イギリス　　イ ロシア　　ウ ドイツ　　エ イタリア

(3) 年表中Cについて、次の問いに答えなさい。

①この戦争は日本がアメリカのどの地域を攻撃《こうげき》したことから始まりましたか。カタカナで答えなさい。(3点)　(　　　　)

②この戦争中の国民生活について説明した文として正しくないものを次から選び、記号で答えなさい。(4点)　(　　　　)

ア　米や衣料が自由に買えなくなった。

イ　中学生も徴兵《ちょうへい》検査を受けなければならなくなった。

ウ　都市部の小学生は、集団で地方に疎開《そかい》した。

エ　女子学生も工場などで働くようになった。

(4) 年表中Dについて、次の問いに答えなさい。

①この年の４月、連合国軍が上陸し、住民を巻《ま》きこむ地上戦となった現在の都道府県名を漢字で答えなさい。(3点)　(　　　　)

②この年の８月、原子爆弾《げんしばくだん》が投下された２つの都市名を、投下された順に漢字で答えなさい。(3点×2)　(　　　　)(　　　　)

③連合国軍による民主化政策《せいさく》について説明した文として正しくないものを次から選び、記号で答えなさい。(4点)　(　　　　)

ア　満20歳《さい》以上のすべての男女に選挙権《けん》があたえられた。

イ　小作農に土地を安く売りわたす地租改正《ちそかいせい》が行われた。

ウ　教科書の軍国主義の内容には墨《すみ》がぬられた。

エ　軍隊が解散させられた。

(5) 年表中Eについて、このとき同時に結ばれた、アメリカ軍の日本駐《ちゅう》留《りゅう》を認めた条約を何というか、答えなさい。(4点)

(　　　　)

(6) 年表中Fについて、次の問いに答えなさい。(4点×2)

①このころ、日本の産業は急速に発展《はってん》しています。これを特に何というか、漢字６字で答えなさい。　(　　　　)

②このころ普及《ふきゅう》した「３Ｃ」といわれるものを次から３つ選び、記号順に答えなさい。　(　　・　　・　　)

ア 洗濯機《せんたくき》　　イ カラーテレビ　　ウ 電子レンジ

エ 自家用車　　オ 冷蔵庫《れいぞうこ》　　カ クーラー

(7) 年表中Gについて、(　Y　)にあてはまる国の名を答えなさい。

(4点)(　　　　)

(8) 年表中Hについて、(　Z　)にあてはまる大きな災害を何というか、答えなさい。(4点)　(　　　　)

社会

学習日〔　月　日〕

時間 15分	得点
合格 35点	/50点

上級レベル 70 昭和～平成時代

社会⑯

1 昭和《しょうわ》時代の戦争について、次の問いに答えなさい。

(1) 満州《まんしゅう》事変のきっかけを説明した文として正しいものを次から選び、記号で答えなさい。（4点）（　　）

ア　ペキン近くで、日本軍と中国《ちゅうごく》軍が衝突《しょうとつ》した。

イ　甲午《こうご》農民戦争をしずめるために、日中《にっちゅう》両軍が出動した。

ウ　日本軍が南満州鉄道を爆破《ばくは》し、中国のしわざとした。

エ　ペキンの外国公使館を包囲する義和団《ぎわだん》事件がおこった。

(2) 満州事変から日中戦争までの間のできごとをおきた順に並《なら》べかえ、記号で答えなさい。（4点）（　→　→　）

ア　五《ご》・一五《いちご》事件がおこる。　イ　二《に》・二六《にろく》事件がおこる。

ウ　国際連盟《れんめい》を脱退《だったい》する。

(3) 日中戦争が長期化する中で制定された、政府が国民生活や国家経済《けいざい》を統制することを認《みと》めた法律《ほうりつ》を何というか、漢字６字で答えなさい。（3点）（　　）

(4) 第二次世界大戦中に、ドイツによって数百万人の人々が殺害された民族を何といいますか。（3点）（　　）

(5) 太平洋戦争について、次の問いに答えなさい。

①次のできごとをおきた順に並べかえ、記号で答えなさい。（4点）（　→　→　→　）

ア 広島《ひろしま》への原爆《げんばく》投下　　イ ミッドウェー海戦

ウ マレー半島への攻撃《こうげき》　　エ ソ連の宣戦《せんせん》布告

②日本に無条件降伏《こうふく》をすすめた宣言を何というか、答えなさい。（3点）（　　）

2 戦後の国際社会と日本について、次の問いに答えなさい。

年代	できごと
1945	国際連合が成立する…A
1950	朝鮮《ちょうせん》戦争が始まる…B
1965	ベトナム戦争が激《はげ》しくなる…C
1989	ベルリンの壁《かべ》がなくなる…D

(1) 右の年表中Aについて、次の問いに答えなさい。

①本部がある都市名を答えなさい。（3点）（　　）

②日本が国際連合に加盟したのは、ソ連との国交が回復した後です。それまで加盟できなかった理由を簡潔《かんけつ》に答えなさい。（4点）

（　　）

(2) 年表中Bについて、次の問いに答えなさい。

①この年、連合国軍の指令によって創設《そうせつ》が命じられた組織を次から選び、記号で答えなさい。（3点）（　　）

ア 保安隊《ほあんたい》　イ 機動隊《きどうたい》　ウ 警察予備隊《けいさつよびたい》　エ 自衛隊《じえいたい》

②この翌年《よくねん》に日本と連合国の間で結ばれた第二次世界大戦の講和条約を何といいますか。（3点）（　　）

③②の条約を結んだ首相《しゅしょう》は、日本国憲法《けんぽう》公布時の首相でもあります。その人物を次から選び、記号で答えなさい。（4点）（　　）

ア 吉田茂《よしだしげる》　イ 田中角栄《たなかかくえい》　ウ 池田勇人《いけだはやと》　エ 佐藤栄作《さとうえいさく》

(3) Cの前年、日本でのオリンピック大会の開催《かいさい》にあわせて開通したものを次から選び、記号で答えなさい。（3点）（　　）

ア 青函《せいかん》トンネル　イ 東海道《とうかいどう》新幹線　ウ 瀬戸大橋《せとおおはし》

(4) 次の①～③は年表中のどの時期におきましたか。あとから選び、記号で答えなさい。（3点×3）①（　）②（　）③（　）

①沖縄《おきなわ》の本土復帰　②バブル経済《けいざい》の崩壊《ほうかい》　③第五福竜丸《だいごふくりゅうまる》事件

ア AとBの間　イ BとCの間　ウ CとDの間　エ Dの後

標準レベル 71 社会⑰

世界の国々と日本

学習日［　　月　　日］

時間 15分　合格 35点　得点　　／50点

1 4つの国について、次の問いに答えなさい。

(1) 4つの国を比較《ひかく》した次の表の（ ① ）～（ ⑥ ）にあてはまる語句をあとから選び、それぞれ記号で答えなさい。（3点×6）

	ありがとう	有名な料理	衣《い》装《しょう》
韓《かん》国《こく》	カムサハムニダ	（ ③ ）	（ ⑤ ）
ブラジル	（ ① ）	（ ④ ）	——
アメリカ	（ ② ）	ハンバーガー	ジーンズ
サウジアラビア	シュクラン	カブサ	（ ⑥ ）

①（　　）②（　　）③（　　）
④（　　）⑤（　　）⑥（　　）

ア サンキュー　イ アバヤ　ウ ギョウザ　エ オブリガード
オ フェイジョアーダ　カ チマチョゴリ　キ キムチ

(2) 韓国について説明した文として正しいものを次から選び、記号で答えなさい。（3点）（　　）

ア　日本人の移民が多くくらしている。
イ　人口が多く、一人っ子政策《せいさく》がとられている。
ウ　儒教《じゅきょう》の教えを大切にし、目上の人を敬《うやま》う。
エ　学校では男子と女子は別々の教室で学ぶ。

(3) ブラジルが公用語としている、かつてブラジルを植民地としていた国の言語を次から選び、記号で答えなさい。（3点）（　　）

ア ポルトガル語　イ 英　語　ウ アラビア語　エ ドイツ語

(4) アメリカには国際連合の本部が置かれています。本部のある都市名を答えなさい。（4点）（　　）

(5) サウジアラビアについて、次の問いに答えなさい。（3点×2）

①日本がサウジアラビアから主に輸入しているものを答えなさい。（　　）

②サウジアラビアで深く信仰《しんこう》されている宗教《しゅうきょう》を答えなさい。（　　）

2 国際連合や国際協力について、次の問いに答えなさい。

(1) 国際連合の加盟《かめい》国数にもっとも近い数字を次から選び、記号で答えなさい。（3点）（　　）

ア 50　イ 100　ウ 150　エ 200

(2) 次の文が説明する国際連合の機関の略称《りゃくしょう》を答えなさい。（3点×2）

①人類が守るべき文化遺産《いさん》や自然の景観を世界遺産として登録し、保護している国連教育科学文化機関の略称。（　　）

②戦争や貧しさから、厳《きび》しいくらしを強いられている子どもたちを救う活動をしている国連児童基金の略称。（　　）

(3) 国際協力や国際交流について説明した文として正しくないものを次から選び、記号で答えなさい。（3点）（　　）

ア　発展《はってん》途《と》上国《じょうこく》の支援《しえん》を、先進国の政府や政府機関が国単位で援助する活動をODA《オーディーエー》という。
イ　自分のもつ知識や技術を発展途上国の人々のために役立てたいという海外ボランティア活動を青年海外協力隊という。
ウ　AMDA《アムダ》や国境なき医師団など、専門《せんもん》的な分野で、政府から独立して活動する民間団体をNGO《エヌジーオー》という。
エ　夏季オリンピックと共同開催《かいさい》組織が運営する障《しょう》がい者によるスポーツの世界大会をスペシャルオリンピックスという。

(4) 持続可能な社会を実現するために、2030年までに達成することを目ざした17の目標を何というか、アルファベットで答えなさい。（4点）（　　）

社会

学習日〔　月　日〕

時間 15分	得点
合格 35点	50点

上級レベル 72 世界の国々と日本

社会⑱

1 国際連合や国際協力について、次の問いに答えなさい。

(1) 国際連合の本部があるニューヨークの位置を右の地図中から選び、記号で答えなさい。(4点)　(　　　)

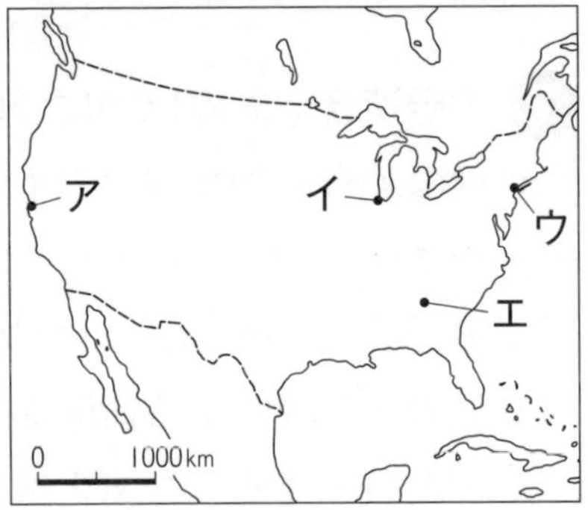

(2) 国際連合の安全保障《ほしょう》理事会について、次の問いに答えなさい。(5点×2)

①安全保障理事会の常任《じょうにん》理事国ではない国を次から選び、記号で答えなさい。　(　　　)

ア アメリカ　イ イギリス　ウ ドイツ　エ ロシア

②安全保障理事会の常任理事国は多数決をくつがえすことのできる権利《けんり》をもっています。この権利を何というか、漢字3字で答えなさい。　(　　　)

(3) 地球環境《かんきょう》問題に対処《たいしょ》するためにも、国際連合は活動を行っています。右の地図は環境破《は》壊《かい》の分布を示したものです。それぞれの地域《ちいき》でおきている問題を次から選び、記号で答えなさい。(4点×3)

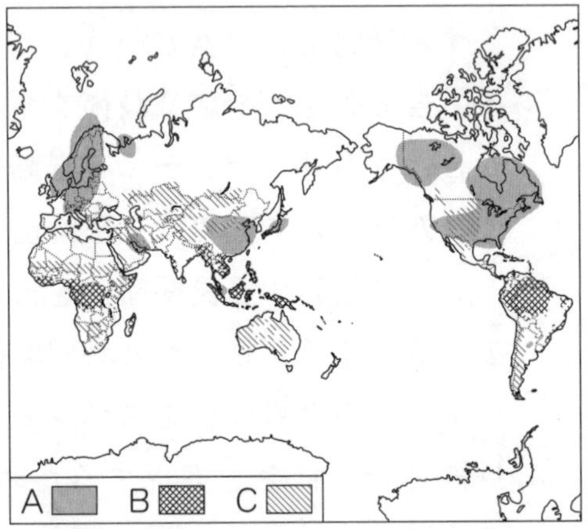

A(　　　)　B(　　　)　C(　　　)

ア 地球温暖《おんだん》化　イ 酸性雨　ウ 砂漠《さばく》化　エ 熱帯林の破壊

(4) 国連の分担金《ぶんたんきん》は各国の経済規模《けいざいきぼ》に応じて負担率が決まります。右のグラフは2022～2024年の分担率を表したものです。日本はどれか、記号で答えなさい。(4点)　(　　　)

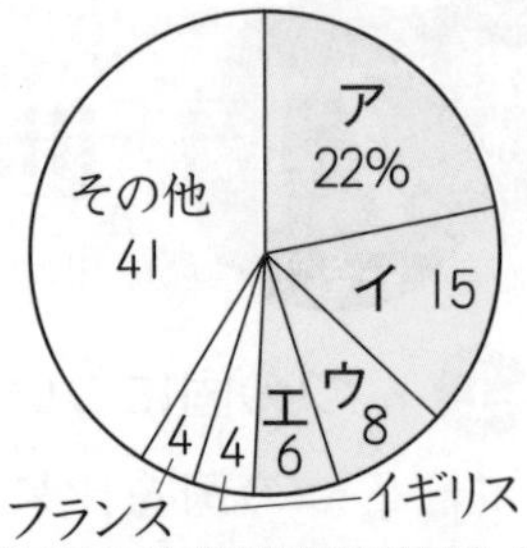

(2023/24年版「世界国勢図会」)

2 次の地図を見て、あとの問いに答えなさい。(4点×5)

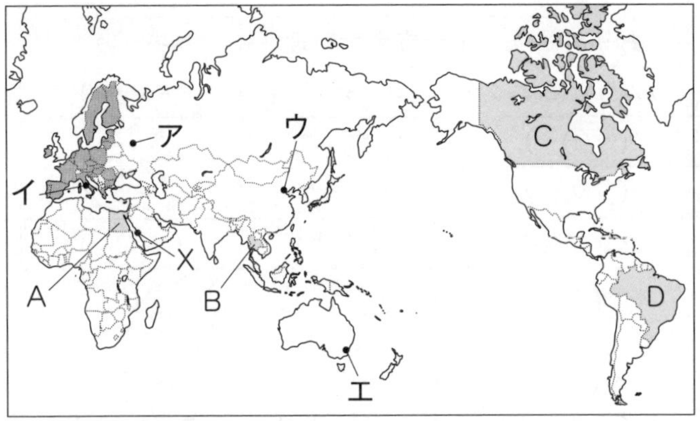

〔図Ⅰ〕

〔図Ⅱ〕

(1) 図Ⅰは地図中A～Dのいずれの国のものですか。地図中の記号で答えなさい。　(　　　)

(2) 図Ⅱはカーバ神殿《しんでん》で、地図中Xのイスラム教の聖地《せいち》メッカに位置しています。イスラム教が重んじる聖典を何というか、カタカナで答えなさい。　(　　　)

(3) 右の気候グラフにあたる都市を地図中ア～エから選び、記号で答えなさい。　(　　　)

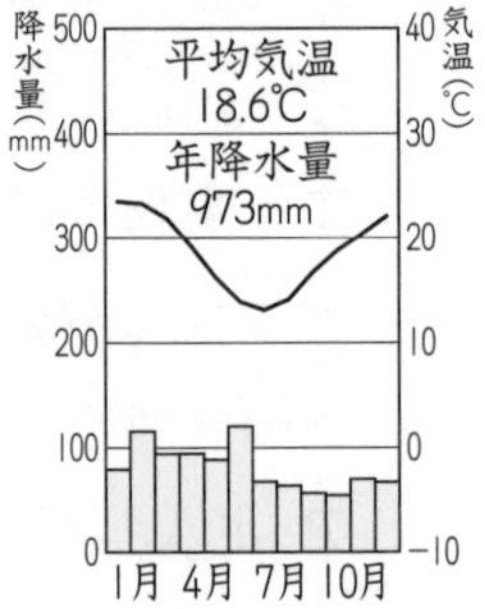

(2023年版「理科年表」)

(4) 地図中の▭の国々について、次の問いに答えなさい。

①これらの国々が加盟《かめい》している組織の略称《りゃくしょう》をアルファベットで答えなさい。　(　　　)

②加盟国の多くで使われている共通通貨を何というか、カタカナで答えなさい。　(　　　)

73 最上級レベル ①

社会⑲

時間	得点
20分	
合格 35点	50点

1 次の憲法《けんぽう》の条文を読んで、あとの問いに答えなさい。（3点×5）

〔関西大一中一改〕

> 第3条　①天皇《てんのう》の国事に関するすべての行為《こうい》には、②内閣《ないかく》の助言と承認《しょうにん》を必要とし、内閣が、その責任を負う。
>
> 第96条1項　この憲法の改正は、各議院の総議員の（　A　）の賛成で、③国会がこれを発議し、国民に提案してその承認を経なければならない。この承認には、特別の国民投票または国会の定める選挙の際行われる投票において、その（　B　）の賛成を必要とする。

(1) 条文中の（　A　）・（　B　）にあてはまる割合《わりあい》をそれぞれ答えなさい。　A（　　　）　B（　　　）

(2) 下線部①について、天皇の国事行為として正しくないものを次から選び、記号で答えなさい。（　　　）

ア　国務大臣を任命する。　イ　法律《ほうりつ》や条約を公布する。
ウ　栄典を授与《じゅよ》する。　エ　衆議院《しゅうぎいん》を解散する。

(3) 下線部②について、内閣の仕事として正しくないものを次から選び、記号で答えなさい。（　　　）

ア　外国との条約を承認する。イ　予算を作成して国会に提出する。
ウ　政令を制定する。　エ　最高裁判所《さいばんしょ》長官を指名する。

(4) 下線部③について、国会の仕事として正しくないものを次から選び、記号で答えなさい。（　　　）

ア　内閣総理《そうり》大臣を任命する。　イ　予算を議決する。
ウ　弾劾《だんがい》裁判を行う。　エ　憲法改正を発議する。

2 人権《じんけん》に関する右の年表を見て、次の問いに答えなさい。

〔横浜中一改〕

年代	できごと
1789	フランス人権宣言《せんげん》
1889	大日本帝国憲法発布…A
1945	国際連合創設《そうせつ》…B
1947	日本国憲法施行《しこう》…C
1948	世界人権宣言
1965	人種差別撤廃《てっぱい》条約…D

(1) Aの大日本帝国《ていこく》憲法に関する文が正しければ○、まちがっていれば×と答えなさい。（3点×4）

①フランスの憲法を手本としてつくられた。（　　　）
②主権は国民にあった。（　　　）
③発布されたのは1889年2月11日だった。（　　　）
④発布されたときの内閣総理大臣は伊藤博文《いとうひろぶみ》だった。（　　　）

(2) Bの本部がある都市名を答えなさい。（3点）（　　　）

(3) Cの三原則の一つに「基本的人権《きほんてきじんけん》の尊重《そんちょう》」がある。次の文に関係のある人権をあとから選び、記号で答えなさい。（2点×4）

①貸したお金を返してもらうため、裁判所にうったえた。（　　　）
②おばあさんは国から支給される年金でくらしている。（　　　）
③姉は運転手で、男の人と同じ夜中まで働いている。（　　　）
④兄は家業の本屋をつがず、警察官《けいさつかん》になった。（　　　）

ア 平等権　イ 自由権　ウ 社会権　エ 参政権　オ 請求権《せいきゅうけん》

(4) Dについて、かつて南アフリカ共和国で行われていた人種隔離政策《かくりせいさく》をカタカナで答えなさい。（3点）（　　　）

3 次の説明文にあてはまる組織の略称《りゃくしょう》をあとから選びなさい。

（3点×3）〔桜蔭中一改〕

(1) 発展途上国《はってんとじょうこく》の児童に食料・医療品《いりょうひん》の提供《ていきょう》を行う。（　　　）
(2) 貿易に関する国際ルールが守られているか監視《かんし》する。（　　　）
(3) 労働条件の改善《かいぜん》を国際的に実現することを目ざす。（　　　）

ア UNESCO《ユネスコ》　イ UNICEF《ユニセフ》　ウ WTO《ダブリューティーオー》　エ ILO《アイエルオー》　オ ODA《オーディーエー》

74 最上級レベル ②

社会⑳

時間 15分	得点
合格 35点	50点

1 次の史料を読んで、あとの問いに答えなさい。（5点×10）〔日本大中一改〕

A　私の祖先は、よろいかぶとに身をかため、山野をかけめぐり…海をわたって朝鮮《ちょうせん》半島の95か国を従《したが》えました。

B　日の出《い》づる国の天子《てんし》が、日のしずむ国の天子に手紙を送ります。

C　天下の富をもつものは「私」である。天下を支配する力をもつ者も「私」である。この富と力で尊《とうと》い像をつくる。

D　この世をば わが世とぞ思ふ 望月《もちづき》の かけたることも なしと思えば

E　みな心を一つにして聞きなさい。頼朝《よりとも》公が幕府《ばくふ》を開いてからは、みなに官職や土地をあたえてくださった。その御恩《ごおん》は山よりも高く、海よりも深い。朝廷《ちょうてい》方と戦って、その御恩にむくいなさい。

F　一、村に保証人がいなければ、よそ者を村においてはならない。

G　白河《しらかわ》の　清きに魚《うお》の　すみかねて　元の濁《にご》りの　田沼恋《たぬまこい》しき

H　一、下田《しもだ》・函館《はこだて》の他に神奈川《かながわ》・長崎《ながさき》・新潟《にいがた》・兵庫《ひょうご》を開港する。

I　七、軍国主義がなくなるまで、連合国軍が日本を占領《せんりょう》する。

(1) Aの時期の状況《じょうきょう》として正しいものを次から選びなさい。（　　）

ア　朝廷は百済《くだら》の求めに応じて、朝鮮《ちょうせん》半島に大軍を送った。

イ　大王《おおきみ》は九州《きゅうしゅう》から関東《かんとう》までの豪族《ごうぞく》を従えるようになった。

ウ　仏教《ぶっきょう》の受け入れをめぐって有力な豪族が対立するようになった。

エ　卑弥呼《ひみこ》は中国の皇帝《こうてい》から親魏倭王《しんぎわおう》の称号《しょうごう》と銅鏡を授《さず》けられた。

(2) Bの「日のしずむ国」にあたる王朝を次から選びなさい。（　　）

ア 魏《ぎ》　イ 漢《かん》　ウ 隋《ずい》　エ 唐《とう》

(3) Cの「私」の名を漢字で答えなさい。（　　）

(4) Dの歌をよんだ人物に代表される藤原《ふじわら》氏について説明した文として正しくないものを次から選び、記号で答えなさい。（　　）

ア　娘《むすめ》を天皇《てんのう》に嫁《とつ》がせ、天皇の親戚《しんせき》となって勢力をのばした。

イ　浄土教《じょうどきょう》の教えにもとづいて、阿弥陀堂《あみだどう》をつくった。

ウ　天皇が幼いときは関白《かんぱく》、成人後は摂政《せっしょう》として天皇を補佐《ほさ》した。

エ　11世紀前半、道長《みちなが》・頼通《よりみち》父子のときにもっとも栄えた。

(5) Eの演説が行われた戦いを次から選びなさい。（　　）

ア 平治《へいじ》の乱《らん》　イ 壇ノ浦《だんのうら》の戦い　ウ 承久《じょうきゅう》の乱　エ 文永《ぶんえい》の役《えき》

(6) Fのころの説明として正しいものを次から選びなさい。（　　）

ア　農民は荘園領主《しょうえんりょうしゅ》と地頭《じとう》の二重支配に苦しんだ。

イ　地方政治は国司《こくし》に任され、農民にうったえられる国司もいた。

ウ　年貢《ねんぐ》を確実に取り立てるため、農民に五人組《ごにんぐみ》を組織させた。

エ　有力農民を中心に団結し、寄合《よりあい》を開いて自治を行った。

(7) Gで風刺《ふうし》された政治改革《かいかく》にあてはまらないものを次から選び、記号で答えなさい。（　　）

ア　公事方御定書《くじかたおさだめがき》という裁判《さいばん》基準を定め、裁判の公平に努めた。

イ　幕府の学校では朱子学《しゅしがく》以外の学問を教えることを禁じた。

ウ　農村の立て直しに努め、ききんに備えて大名に米を蓄《たくわ》えさせた。

エ　旗本《はたもと》・御家人《ごけにん》を救うために、商人に借金の帳消しを命じた。

(8) Hの条約の改正交渉《こうしょう》として正しくないものを次から選び、記号で答えなさい。（　　）

ア　井上馨《いのうえかおる》は鹿鳴館《ろくめいかん》で舞踏会《ぶとうかい》を開くなど、極端《きょくたん》な欧化政策《おうかせいさく》をとった。

イ　フェートン号事件がおき、領事裁判権撤廃《りょうじさいばんけんてっぱい》の世論《よろん》《せろん》が高まった。

ウ　陸奥宗光《むつむねみつ》がイギリスとの間で領事裁判権の撤廃に成功した。

エ　小村寿太郎《こむらじゅたろう》がアメリカとの間で関税自主権《かんぜいじしゅけん》の回復に成功した。

(9) Iを発表した国にあたらない国を次から2つ選び、記号で答えなさい。（　　）（　　）

ア アメリカ　イ イギリス　ウ ソ連　エ 中華民国《ちゅうかみんこく》　オ フランス

学習日〔　　月　　日〕

標準レベル 75 自己紹介をしてみよう

英語①

時間 20分	得点
合格 40点	50点

1 次の日本語を表す単語を下の□から選んで書きなさい。（2点×6）

(1) 1　月

(2) 4　月

(3) 7　月

(4) 9　月

(5) 10　月

(6) 12　月

April	October	January
July	September	December

2 次の日本語を表す単語を下の□から選んで書きなさい。（3点×6）

(1) 1番目の、1日

(2) 2番目の、2日

(3) 3番目の、3日

(4) 5番目の、5日

(5) 10番目の、10日

(6) 12番目の、12日

second	twelfth	third
tenth	first	fifth

3 自然な会話になるように、下の□から選んで ＿＿ に単語を書きなさい。（4点×5）

(1) When is your ＿＿＿＿＿＿＿＿？

It's September 7th.

(2) What ＿＿＿＿＿＿＿＿ do you like?

I like P.E.

(3) What ＿＿＿＿＿＿＿＿ do you like?

I like white.

(4) What is your ＿＿＿＿＿＿＿＿？

It's "Nao-chan".

(5) What is your favorite ＿＿＿＿＿＿＿＿？

It's basketball.

sport	food	color	subject
name	nickname	birthday	fruit

英語

1回 20回 40回 60回 80回 100回 120回 GOAL

学習日〔　月　日〕

時間 20分	得点
合格 40点	50点

上級レベル 76 自己紹介をしてみよう

英語②

1 次の絵に合う内容になるように、（　）の英語を正しい順番にならべて ＿＿ に書きなさい。文頭にくる単語も小文字にしています。

（(1)(2) 4点×2、(3)(4) 5点×2）

(1)

What (do / fruit / you / like)?

I like bananas.

What ＿＿＿＿＿＿＿＿ ?

(2)

What (favorite / is / your) subject?

I like Japanese.

What ＿＿＿＿＿＿＿＿

＿＿＿＿＿＿＿＿ subject?

(3)

(your / when / is) birthday?

My birthday is March 1st.

＿＿＿＿＿＿＿＿ birthday?

(4)

I'm Mariko.

I (at / good / am) singing.

I ＿＿＿＿＿＿＿＿ singing.

2 みんなが自己紹介《しょうかい》しています。例にならって、メモの内容を伝える英語を完成させなさい。（4点×8）

(例)

（名前：Rin）
特技：サッカー
好きな食べ物：すし
好きな教科：英語

Hello. Nice to meet you.
I'm Rin.
I can play soccer.
I like sushi.
My favorite subject is English.

(1)

（名前：Sho）
特技：野球
好きな食べ物：おにぎり
好きな教科：算数

Hello. Nice to meet you.
＿＿＿＿ Sho.
＿＿＿＿ baseball.
＿＿＿＿ rice balls.
＿＿＿＿ is math.

(2)

（名前：Akiko）
特技：料理
好きな果物：りんご
好きな色：青

Hello. Nice to meet you.
＿＿＿＿ Akiko.
＿＿＿＿ cook well.
＿＿＿＿ is apple.
＿＿＿＿ is blue.

標準レベル 77 家族や友だちを紹介してみよう

英語③

時間 20分	得点
合格 40点	/50点

1 下の絵を表す英単語が表の中にかくれています。
例にならって、英単語を探し出して○を付けなさい。（6点×5）

w	s	t	u	d	y	l	r
r	x	a	i	p	t	s	e
k	v	i	o	l	i	n	c
v	g	y	z	f	o	m	o
s	w	i	m	i	m	a	r
b	n	e	j	s	v	t	d
v	m	q	f	h	q	h	e
s	o	c	c	e	r	p	r

2 女の子が自分の家族を紹介《しょうかい》しています。次の絵に合うように＿＿＿に英語を書きなさい。（5点×4）

(1)

This is Kaho.
＿＿＿＿＿ is my sister.

(2)

This is Akira.
＿＿＿＿＿ is my brother.

(3)

This is my mother.
＿＿＿＿＿ cook well.

(4)

This is my father.
＿＿＿＿＿ well.

学習日〔　　月　　日〕

上級レベル 78 英語④

家族や友だちを紹介してみよう

時間	得点
20分	
合格 40点	50点

1 次の絵に合う内容になるように、（　　）の単語を正しい順番にならべかえて書きなさい。文頭にくる単語も小文字にしています。（5点×4）

(1)

She (run / fast / can).

↓

She ＿＿＿＿＿＿＿＿ .

(2)

He (badminton / play / well / can).

↓

He ＿＿＿＿＿＿＿＿ .

(3)

(likes / she / cats) very much.

↓

＿＿＿＿＿＿＿＿ very much.

(4)

(lunch / he / make / can) very well.

↓

＿＿＿＿＿＿＿＿ very well.

2 男の子が自分の家族についてスピーチしています。下の(1)～(3)が、スピーチと同じ内容なら○、ちがう内容なら×を（　　）に書きなさい。（10点×3）

Hello, everyone.
I'm Yamato.
I want to talk about my family.
This is my mother.
She can play the piano well.
This is my father.
He is good at sports.
He can ski well.
Thank you.

(1) ヤマトのお母さんはバイオリンが上手だ。

（　　　）

(2) ヤマトのお父さんはスキーが上手だ。

（　　　）

(3) ヤマトのお母さんはスポーツが得意だ。

（　　　）

1回 20回 40回 60回 80回 100回 120回 GOAL

学習日〔　　月　　日〕

標準レベル 79 英語⑤ 自分の町を紹介してみよう

時間	得点
20分	
合格 40点	50点

1 次の絵に合う単語になるよう□にアルファベットを書きなさい。

（4点×8）

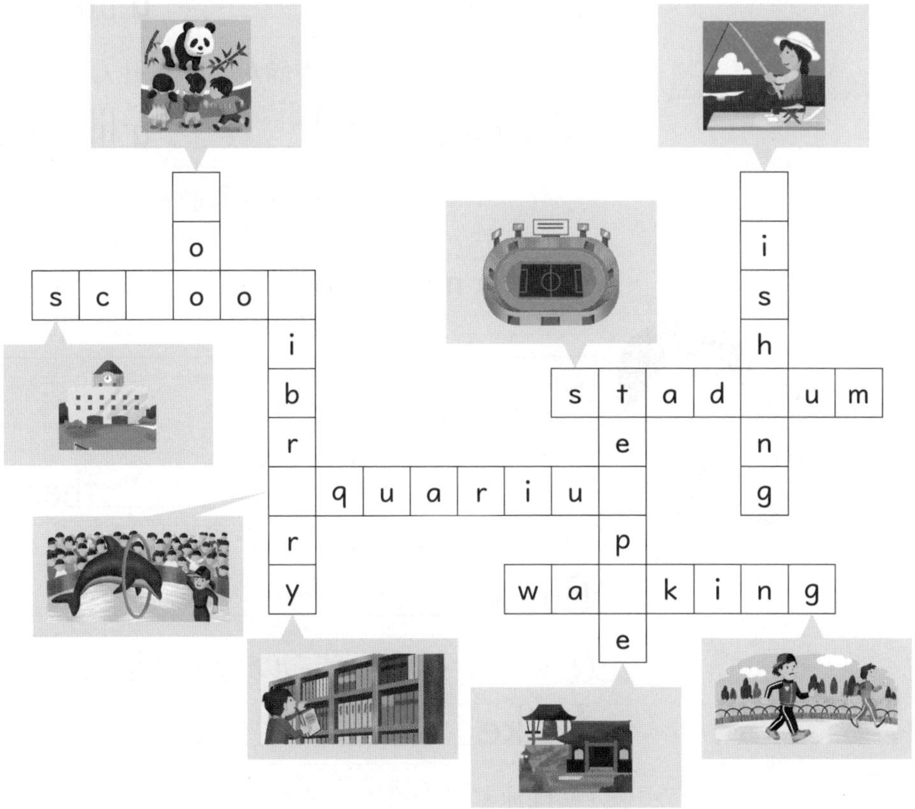

2 みんなが自分の住む町について説明しています。町の写真に合う英文をア～ウから１つ選びなさい。（6点×3）

(1)

ア We have an aquarium.
イ We have a temple.
ウ We have an amusement park.

(2)

ア We can enjoy fishing.
イ We can enjoy jogging.
ウ We can enjoy shopping.

(3)

ア We don't have an aquarium.
イ We don't have a library.
ウ We don't have a zoo.

英語

1回　20回　40回　60回　80回　100回　120回　GOAL

学習日［　　月　　日］

上級レベル 80 英語⑥ 自分の町を紹介してみよう

時間	得点
20分	
合格 40点	50点

1 ＿＿＿にあてはまる英語を下の□から選んで書きなさい。

（（1）（4）（5）2点×3、（2）（3）4点×2）

(1) We have a ＿＿＿＿＿＿＿＿＿＿.

We can see many animals there.

(2) We have an ＿＿＿＿＿＿＿＿＿＿.

We can see dolphins' show there.

(3) We have an ＿＿＿＿＿＿＿＿＿＿.

I like the roller coaster there.

(4) We have a ＿＿＿＿＿＿＿＿＿＿.

We can watch a baseball game there.

(5) We have a ＿＿＿＿＿＿＿＿＿＿.

We can read a lot of books there.

zoo	library	stadium
aquarium	amusement park	

2 みんなが自分の住む町について発表しています。日本語に合う英文を完成しなさい。（4点×9）

(1)

This is my town.

＿＿＿＿＿＿＿＿ a department store.

（私《わたし》たちにはデパートがあります）

＿＿＿＿＿＿＿＿ shopping there.

（そこで買い物を楽しめます）

But we ＿＿＿＿＿＿＿＿ a library.

（しかし私《わたし》たちには図書館がありません）

I like books, so I ＿＿＿＿＿＿＿＿ a library.

（私《わたし》は図書館がほしいです）

(2)

This is my town.

＿＿＿＿＿＿ a ＿＿＿＿＿＿.

（私《わたし》たちには公園があります）

＿＿＿＿＿＿＿＿ there.

（そこでは野球をすることができます）

But we ＿＿＿＿＿＿＿＿.

（しかし私《わたし》たちにはプールがありません）

I like ＿＿＿＿＿＿,

（私《わたし》は泳ぐのが好きです）

so I ＿＿＿＿＿＿＿＿.

（私《わたし》はプールがほしいです）

学習日〔　　月　　日〕

標準レベル 81 英語⑦

自分の思い出を話してみよう

時間 20分	得点
合格 40点	50点

1 次の絵に合う行事の名前を線で結びなさい。（3点×4）

・school trip　　・drama festival　　・sports day　　・graduation ceremony

2 次の絵を表す単語になるように、最初のアルファベットに続けて文字を書きなさい。（4点×4）

(1) 
m

(2)  美しい
b

(3)  わくわくした
e

(4)  おいしい
d

3 日本語に合うように、（　　）の語を正しい形に変えて ＿＿ に書きなさい。（(1)～(3) 4点×3、(4)(5) 5点×2）

(1) 京都で歴史あるお寺を観光した。

I (see) the old temple in Kyoto.

↓

(2) 昨日アイスクリームを食べた。

I (eat) ice cream yesterday.

↓

(3) 友だちとつりを楽しんだ。

I (enjoy) fishing with my friend.

↓

(4) それは楽しかった。

It (is) fun.

↓

(5) 家族と動物園に行った。

I (go) to the zoo with my family.

↓

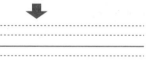

学習日〔　　月　　日〕

上級レベル 82 自分の思い出を話してみよう

英語⑧

時間 20分	得点
合格 40点	50点

1 みんなが夏休みの思い出を話しています。下の写真はそれぞれだれのものですか。写真の下の（　　）にそれぞれの名前を書きなさい。（5点×4）

(1)

（　　　）

(2)

（　　　）

(3)

（　　　）

(4)

（　　　）

Yuki

I went to my grandparents' house.
It was fun!

I enjoyed watching fireworks.
It was beautiful!

Jack

Beth

I saw a baby panda.
It was cute!

I ate French food.
It was delicious!

Chin

2 先生の質問の答えになるように、日本語を手がかりに英文を完成しなさい。（5点×6）

(1)

What's your best memory of school life?

(私《わたし》の一番の思い出は修学旅行です)

My best memory is school trip.

(私《わたし》は～へ行きました)

________________ Kyoto.

I like Kiyomizu-dera Temple.(私《わたし》は清水寺が好きです)

(それはきれいでした)

________________ .

(2)

What's your best memory of summer vacation?

(ぼくの一番の思い出は～です)

________________ the summer festival.

(ぼくは～を楽しみました)

________________ dancing.

(ぼくは～を食べました)

________________ shaved ice.

(それは楽しかったです)

________________ .

標準レベル 83 自分の夢について話してみよう

英語⑨

時間	得点
20分	
合格 40点	50点

1 みんながしょうらいの夢について話しています。それぞれの夢に合う絵を線で結びなさい。（5点×6）

(1)

I want to be a florist.

I want to be a dentist.

I want to be a zookeeper.

(2)

I want to be a flight attendant.

I want to be a singer.

I want to be a police officer.

2 次の絵に合う内容になるように、（　　）の単語を正しい順番にならべて書きなさい。（(1)(2) 6点×2、(3) 8点）

(1)

What (do / want / you / to) be?

What ＿＿＿＿＿＿＿＿ be?

I want to be an astronaut.

(2)

I (be / to / want / a nurse).

I ＿＿＿＿＿＿＿＿.

That's good. Good luck.

(3)

I want to be a pianist.
I (good / am / playing / at) the piano.

I ＿＿＿＿＿＿＿＿ the piano.

Wow! Sounds nice!

英語

1回 20回 40回 60回 80回 100回 120回 GOAL

学習日〔　　月　　日〕

上級レベル 84 自分の夢について話してみよう

英語⑩

時間 20分	得点
合格 40点	50点

1 日本語に合うように、＿＿＿に英語を書きなさい。（5点×4）

(1) I want to be a zookeeper ＿＿ ＿＿ ＿＿＿＿＿.
（しょうらい）
I like animals.

(2) I want to be a doctor.
— That's great! ＿＿＿＿ ＿＿＿＿.
（幸運をいのるよ）

(3) I want to be a figure skater.
I ＿＿＿ ＿＿＿ ＿＿＿ skating.
（～が得意です）

(4) I want to be a train conductor.
＿＿＿ ＿＿＿ ＿＿＿.
（私《わたし》は電車が好きです）

2 先生の質問の答えになるように、日本語を手がかりに英文を完成しなさい。（5点×6）

(1)

What do you want to be in the future?

（私《わたし》は客室乗務員になりたいです）
＿＿＿＿＿＿＿＿＿ a flight attendant.
（私《わたし》は外国へ行きたいです）
＿＿＿＿＿＿＿＿＿ foreign countries.
（私《わたし》は旅行が好きです）
＿＿＿＿＿＿＿＿＿ traveling.

(2)

What do you want to be in the future?

（ぼくは野球選手になりたいです）
＿＿＿＿＿＿＿＿＿ a baseball player.
（ぼくはスポーツが得意です）
＿＿＿＿＿＿＿＿＿ sports.
（ぼくは有名になりたいです）
＿＿＿＿＿＿＿＿＿ famous.

学習日［　　月　　日］

標準レベル 85 英語⑪

中学校での生活について話してみよう

時間 20分	得点
合格 40点	50点

1 それぞれの子におすすめの部活動の絵を線で結びなさい。（5点×3）

I like running.

I am good at dancing.

I want to play the drum.

2 中学校でしたいことを話しています。セリフの内容に合う絵を線で結びなさい。（5点×3）

I want to study hard.

I want to make many friends.

I want to join the basketball club.

3 次の絵に合う内容になるように、（　　）の単語を正しい順番にならべて書きなさい。（5点×4）

(1)

I can run fast.
(to / I / join / want) the track and field club.

____

the track and field club.

(2)

(want / enjoy / to / I) school trip.

______________________________ school trip.

(3)

I like math.
(to / I / want / study / math) hard.

______________________________ hard.

(4)

Volleyball club.

What (do / club / you / join / want / to)?

What ______________________________ ?

英語

学習日〔　　月　　日〕

上級レベル 86 中学校での生活について話してみよう

英語⑫

時間	得点
20分	
合格 40点	50点

1 自然な会話になるように、質問に合う答えを1つ選びなさい。

（4点×3）

(1) What event do you want to enjoy at junior high school?

ア The soccer club.

イ Sports day.

ウ English.

(2) What club do you want to join at junior high school?

ア School trip.

イ Sports day.

ウ The swimming club.

(3) What subject do you want to study hard at junior high school?

ア Social studies.

イ The brass band club.

ウ School festival.

2 みんなが中学校でしたいことについて発表しています。日本語を手がかりに英文を完成させなさい。（(1)(2) 6点×4、(3) 7点×2）

(1)

(私《わたし》は友だちとお話しすることが好きです)

______ talking with my friends.

(私《わたし》は中学校ではたくさん友だちをつくりたいです)

______ at junior high school.

(2)

(ぼくはしょうらい科学者になりたいです)

______ a scientist in the future.

(ぼくは中学校で理科を一生けんめい勉強したいです)

______ at junior high school.

(3)

(私《わたし》は中学校では運動会を楽しみたいです)

______ at junior high school.

(私《わたし》は速く走ることができます)

______

漢字の読み・書き

時間 15分　合格 40点　得点 　／50点

学習日〔　月　日〕

1 次の――線のカタカナを漢字で書きなさい。（1点×10）

① 人類はノウコウを始めた。（　　）
② 楽器をエンソウする。（　　）
③ 新しいジュウキョに入る。（　　）
④ ウチュウ飛行士を目指す。（　　）
⑤ センゾのお墓。（　　）
⑥ 人類のイサン。（　　）
⑦ スイジョウキがつく。（　　）
⑧ 牛のシイク。（　　）
⑨ ケイサツを呼ぶ。（　　）
⑩ セキニンを果たす。（　　）

2 次の――線のカタカナを漢字で書きなさい。（1点×10）

① アタタかな気候。（　　）
② 荷物をトドける。（　　）
③ 用事をスます。（　　）
④ ごみをステる。（　　）
⑤ 母にニた女の子。（　　）
⑥ 心がユタかだ。（　　）
⑦ 道にマヨう。（　　）
⑧ ムズカしい問題だ。（　　）
⑨ あやまちをセめる。（　　）
⑩ 馬がアバれる。（　　）

3 次の――線の漢字の読みがなを書きなさい。（1点×10）

① 健やかに育つ。（　　）
② 石を取り除く。（　　）
③ 目上の人を敬う。（　　）
④ 食料を補う。（　　）
⑤ 潮風が気持ちよい。（　　）
⑥ 心地よい空気。（　　）
⑦ 著名な作家。（　　）
⑧ 干潮の時間になる。（　　）
⑨ 雑穀を使った料理。（　　）
⑩ 解熱剤《ざい》を飲む。（　　）

4 次の――線のカタカナを漢字で書きなさい。（1点×10）

① ア 紙がヤブれる。（　　）
　 イ 敵にヤブれる。（　　）
② ア 水深をハカる。（　　）
　 イ 重さをハカる。（　　）
　 ウ 時間をハカる。（　　）
　 エ 改善をハカる。（　　）
③ ア 五歳《ごさい》がタイショウの本。（　　）
　 イ タイショウ的な兄弟。（　　）
④ ア 野球にカンシンをもつ。（　　）
　 イ カンシンな子ども。（　　）

5 例にならって、次の□に共通してあてはまる漢字を書きなさい。（2点×5）

例 □日　□止　□戦　□学　答え（休）

① □角　□面　□向　□法（　　）
② □山　□薬　□力　□災（　　）
③ 大□　元□　□圧　□分（　　）
④ □席　□場　□発　□現（　　）
⑤ □生　□習　□校　□問（　　）

上級レベル 88 国語②

漢字の読み・書き

1 20 40 60 80 100 120(回)

学習日〔　月　日〕

時間 15分　合格 40点　得点　　50点

1

次の――線のカタカナは漢字で、漢字はその読みを書きなさい。（書きとりで送りがなが必要なものはそれも書きなさい。）（2点×10）

① 彼《かれ》はユウトウセイだ。（　　）

② ヘイゼイの練習が大切だ。（　　）

③ 神社のケイダイに集まる。（　　）

④ 国をオサメル。（　　）

⑤ 式がオゴソカに始まる。（　　）

⑥ 鐘《かね》の響《ひび》きがココロヨイ。（　　）

⑦ 案の定、失敗した。（　の　）

⑧ 家屋を移築する。（　　）

⑨ おそろしい形相だった。（　　）

⑩ 朗らかな性格。（　　）

2

次の――線のカタカナを漢字で書くと、ア、イの――線のどちらの熟語《じゅくご》にふくまれる漢字になりますか。記号で答えなさい。（2点×5）

① 宿題をカす。（　　）
ア いいケッカが出る。
イ ニッカをやり終える。

② 機械をナオす。（　　）
ア 相手にチョクセツ言う。
イ チアンの良い所だ。

③ 大きな窓《まど》から光をトる。（　　）
ア 昆虫《こんちゅう》サイシュウに行く。
イ 事件のシュザイでいそがしい。

④ 船は神戸《こうべ》をへて大分《おおいた》へ向かう。（　　）
ア 人口がゲンショウする。
イ 時間がケイカする。

⑤ 仕事にツく。（　　）
ア 社長にシュウニンした。
イ 目的地にトウチャクした。

3

次の――線ア～エの中で、読み方の異《こと》なるものはどれですか。記号で答えなさい。（2点×5）

① ア 興奮　イ 興亡　ウ 興業　エ 興味（　　）

② ア 下流　イ 下水　ウ 下品　エ 下校（　　）

③ ア 収納　イ 納得　ウ 納税　エ 納期（　　）

④ ア 限度　イ 態度　ウ 支度　エ 密度（　　）

⑤ ア 作者　イ 作用　ウ 作文　エ 不作（　　）

4

次の文章には誤《あやま》って使われている漢字が五つあります。例にならって誤った字をぬき出し、正しい字を書きなさい。（2点×5）

例 原画を縮少する。（誤 少 → 正 小）

私の父は、大学に努めており、海洋生物を専問に研究しています。魚が好きだった子どものころの純心な気持ちを忘れずにもっているようです。

先日は船の操従を習いにも行っていました。時間があるときには、海にはまだまだ不思議なことがたくさんあると、話をしてくれます。

（誤　→正　）
（誤　→正　）
（誤　→正　）
（誤　→正　）
（誤　→正　）

漢字の音訓・部首

1　2　40　60　80　100　120（回）

国語

学習日（　月　日）

時間	合格	得点
15分	40点	/50点

1 次の漢字は訓読みが複数あるものです。**それぞれの送りがなにあうように、読みを答えなさい。（送りがなのない読みもあります。）**（1点×15）

① 省（　　）みる・（　　）く
② 初（　　）めて・（　　）
③ 映（　　）す・（　　）える
④ 和（　　）やか・（　　）らぐ
⑤ 幸（　　）い・（　　）せ
⑥ 冷（　　）やす・（　　）める
⑦ 治（　　）める・（　　）す
⑧ 結（　　）ぶ・（　　）う
⑨ 過（　　）ぎる・（　　）ち
⑩ 優（　　）しい・（　　）れる
⑪ 並（　　）べる・（　　）
⑫ 盛（　　）る・（　　）ん
⑬ 閉（　　）じる・（　　）める
⑭ 割（　　）る・（　　）く
⑮ 訪（　　）れる・（　　）ねる

2 次の漢字の部首名をひらがなで答えなさい。（1点×14）

① 銅（　　）
② 預（　　）
③ 牧（　　）
④ 街（　　）
⑤ 犯（　　）
⑥ 熟（　　）
⑦ 忠（　　）
⑧ 郷（　　）
⑨ 断（　　）
⑩ 鏡（　　）
⑪ 器（　　）
⑫ 刷（　　）
⑬ 続（　　）
⑭ 運（　　）

3 熟語《じゅくご》は、A「上の字も下の字も訓読み」、B「上の字も下の字も音読み」、C「上の字は音読み、下の字は訓読み」、D「上の字は訓読み、下の字は音読み」という四つの組み合わせに分類されます。**次の①～⑯を漢字にしたとき、どの組み合わせになりますか。A～Dに分類してそれぞれ漢字で答えなさい。**（1点×16）

① けしいん
② ゆうかん
③ やくば
④ れんしゅう
⑤ みほん
⑥ まきば
⑦ じょうりく
⑧ だんご
⑨ ばんぐみ
⑩ にくや
⑪ かわべ
⑫ よてい
⑬ きぬいと
⑭ こめだわら
⑮ せけん
⑯ のじゅく

A（　　）
B（　　）
C（　　）
D（　　）

4 次の①～⑤の漢字にあとの□にある部首を選んで組み合わせると、別の漢字ができます。**その別の漢字を書きなさい。（部首は一度しか使えません。）**（1点×5）

① 寸（　　）
② 支（　　）
③ 子（　　）
④ 交（　　）
⑤ 米（　　）

ちから　おんなへん　しんにょう てへん　くにがまえ

漢字の音訓・部首

学習日（　月　日）

時間 15分　合格 40点　得点 /50点

1 次の①～⑥の漢字の部首名をひらがなで書きなさい。また、その部首についての説明としてふさわしいものをあとから選び、記号で答えなさい。（2点×6）

① 郡（　　）・（　　）
② 液（　　）・（　　）
③ 照（　　）・（　　）
④ 買（　　）・（　　）
⑤ 秋（　　）・（　　）
⑥ 仕（　　）・（　　）

ア 水を意味する。
イ お金を意味する
ウ いねを意味する。
エ 人を意味する。
オ 火を意味する。
カ 町や村を意味する。

2 次の①～⑥の各組の（　）には同じ音読みをもった別の漢字が入ります。あとの□の中からあてはまるものを選び、それぞれの熟語《じゅくご》を完成させなさい。答えはあてはまる漢字だけを書きなさい。（1点×12）

① 気（　）／期（　）　（　　）（　　）
② （　）候／（　）会　（　　）（　　）
③ （　）校／（　）計　（　　）（　　）
④ 想（　）／内（　）　（　　）（　　）
⑤ 確（　）／担（　）　（　　）（　　）
⑥ （　）説／（　）岸　（　　）（　　）

ゾウ　タイ　キ　エン　ニン　トウ

3 次の①～⑥の漢字に共通の部首を加えると、別の漢字になります。それぞれに共通する部首は何ですか。例にならって、ひらがなで答えなさい。（2点×6）

例 士・亡・今・自 → 志・忘・念・息　答え（こころ）

① 玉・各・谷・女（　　）
② 干・半・貝・倉（　　）
③ 十・貝・未・門（　　）
④ 寸・中・牛・立（　　）
⑤ 青・寺・月・音（　　）
⑥ 子・未・市・台（　　）

4 次の①～⑭の熟語の読みは、ア～エのどれにあてはまりますか。ふさわしいものを選び、記号で答えなさい。（1点×14）

① 人里（　　）
② 絵筆（　　）
③ 氷山（　　）
④ 道順（　　）
⑤ 台所（　　）
⑥ 衣服（　　）
⑦ 家路（　　）
⑧ 屋根（　　）
⑨ 雨具（　　）
⑩ 景気（　　）
⑪ 布地（　　）
⑫ 客間（　　）
⑬ 空白（　　）
⑭ 目薬（　　）

ア 音音読み（上も下も音）
イ 訓訓読み（上も下も訓）
ウ 湯桶《ゆとう》読み（上が訓、下が音）
エ 重箱《じゅうばこ》読み（上が音、下が訓）

対義語・類義語・熟語の構成

時間 15分　合格 40点　得点 ／50点

学習日（　月　日）

1 次の言葉の対義語（反対の意味の語）を漢字で書きなさい。（1点×15）

① 心配（　　）
② 悪意（　　）
③ 起点（　　）
④ 間接（　　）
⑤ 感情（　　）
⑥ 減少（　　）
⑦ 支出（　　）
⑧ 自然（　　）
⑨ 生産（　　）
⑩ 積極（　　）
⑪ 解散（　　）
⑫ 結果（　　）
⑬ 賛成（　　）
⑭ 複雑（　　）
⑮ 赤字（　　）

2 次の言葉の類義語（よく似た意味の語）をあとの□のカタカナから選び、その漢字を書きなさい。（1点×10）

① 天然（　　）
② 決意（　　）
③ 体験（　　）
④ 改善（　　）
⑤ 志願（　　）
⑥ 気象（　　）
⑦ 心配（　　）
⑧ 方法（　　）
⑨ 衣類（　　）
⑩ 公正（　　）

カイリョウ	テンコウ	コウヘイ
ケイケン	シゼン	フアン
イフク	ケッシン	シボウ
シュダン		

3 次の①～⑮の熟語《じゅくご》はどのような組み立てになっていますか。ふさわしいものをあとのア～カから選び、記号で答えなさい。（1点×15）

① 黒板（　）
② 頭痛（　）
③ 遠近（　）
④ 読書（　）
⑤ 特急（　）
⑥ 流水（　）
⑦ 明暗（　）
⑧ 地震《じしん》（　）
⑨ 乗車（　）
⑩ 寒冷（　）
⑪ 森林（　）
⑫ 歩道（　）
⑬ 貧富《ひんぷ》（　）
⑭ 登山（　）
⑮ 残暑（　）

ア 似た意味の漢字を重ねたもの。
イ 反対の意味の漢字を重ねたもの
ウ 上の字が下の字を修飾《しゅうしょく》しているもの。
エ 下の字が上の字の目的にあたるもの。
オ 上の字が主語、下の字が述語になっているもの。
カ 長い語を短くした略語。

4 次の①～⑩の三字熟語はどのような組み立てになっていますか。ふさわしいものをあとのア～ウから選び、記号で答えなさい。（1点×10）

① 体育祭（　）
② 再発見（　）
③ 衣食住（　）
④ 新幹線（　）
⑤ 裁判官（　）
⑥ 洋菓子《ようがし》（　）
⑦ 市町村（　）
⑧ 無分別（　）
⑨ 総力戦（　）
⑩ 日本史（　）

ア 上の一字と下の二字が結びついたもの。
イ 上の二字と下の一字が結びついたもの。
ウ 三字が対等に並べられたもの。

上級 レベル 92 国語⑥

対義語・類義語・熟語の構成

1 20 40 60 80 100 120（回）

学習日（　月　日）

時間 15分　合格 40点　得点　/50点

1 次の熟語《じゅくご》を打ち消しの形にするには最初に「不・非・無・未」のうち、どれをつけるとよいですか。例にならって答えを書きなさい。（1点×13）

例　正確→不正確　答え（不）

① 意識（　）　② 解決（　）
③ 常識（　）　④ 関係（　）
⑤ 安定（　）　⑥ 完成（　）
⑦ 条件（　）　⑧ 公式（　）
⑨ 注意（　）　⑩ 関心（　）
⑪ 自然（　）　⑫ 意味（　）
⑬ 開発（　）

2 次の熟語の下に意味をそえるには、「的・性・化」のうち、どれをつけるとよいですか。例にならって答えを書きなさい。（1点×12）

例　人間→人間性　答え（性）

① 画期（　）　② 確実（　）
③ 少子（　）　④ 効果（　）
⑤ 可能（　）　⑥ 本能（　）
⑦ 小型（　）　⑧ 心理（　）
⑨ 主観（　）　⑩ 安全（　）
⑪ 危険《きけん》（　）　⑫ 原始（　）

3 次の①～⑬の言葉について、類義語か対義語にあたる言葉があとの□の中にあります。例にならってそれぞれ選び、漢字に直して書きなさい。（1点×13）

例　志願

※ 対義語になるものはなく、「シボウ」が類義語として答えになります。

答え（志望）

① 原料（　）
② 好意（　）
③ 絶対（　）
④ 風景（　）
⑤ 形式（　）
⑥ 拡大《かくだい》（　）
⑦ 有名（　）
⑧ 保守（　）
⑨ 準備（　）
⑩ 進歩（　）
⑪ 失敗（　）
⑫ 不平（　）
⑬ 点火（　）

シボウ　ヨウイ　ザイリョウ
チョメイ　ナイヨウ　フマン
テキイ　カクシン　ケシキ
シュクショウ　ショウカ　コウジョウ
ソウタイ　セイコウ

4 次の①～⑫の熟語と同じ組み立ての熟語をあとから選び、記号で答えなさい。（同じ記号を何度使ってもかまいません。）（1点×12）

① 往復（　）　② 無罪（　）
③ 県立（　）　④ 高価（　）
⑤ 納税《のうぜい》（　）　⑥ 豊富（　）
⑦ 損得（　）　⑧ 競争（　）
⑨ 綿花（　）　⑩ 国営（　）
⑪ 作文（　）　⑫ 勝敗（　）

ア 連続　イ 苦楽
ウ 海水　エ 年長
オ 開会　カ 不便

主語・述語・修飾語

時間 15分　合格 40点　得点　　／50点

学習日［　　月　　日］

1 次の文の主語と述語にあたる言葉をそれぞれ（　）に書きなさい。なお、主語や述語にあたるものがない場合は×印を書きなさい。（1点×20）

① きれいな　星が　夜空に　かがやく。
主語（　　　）述語（　　　）

② これは　父が　大切に　している　本だ。
主語（　　　）述語（　　　）

③ 植木に　水を　やるのは　私《わたし》の　仕事です。
主語（　　　）述語（　　　）

④ さきほど　君に　わたした　手紙ですが。
主語（　　　）述語（　　　）

⑤ 美しく　雄大《ゆうだい》な　富士山《ふじさん》こそ　日本の　宝《たから》だ。
主語（　　　）述語（　　　）

⑥ 母も　やはり　バラの　花が　好きです。
主語（　　　）述語（　　　）

⑦ なかなか　終わらないね、先生の　話は。
主語（　　　）述語（　　　）

⑧ 私と妹は　こっそり　家を　ぬけ出した。
主語（　　　）述語（　　　）

⑨ そのことに　ついては　話さない。
主語（　　　）述語（　　　）

⑩ 明日から　ようやく　楽しい　夏休みが　始まる。
主語（　　　）述語（　　　）

2 次の文の＝線が修飾《しゅうしょく》する言葉の横に、例にならって―線を引きなさい。（2点×7）

例 自分の　部屋を　きれいに　かたづける。

① 重々しく　鐘《かね》の　音が　鳴りひびいた。

② 山の　向こうに　夕日が　しずんだ。

③ もっと　早く　走りなさい。

④ かわいい　白い　犬が　公園に　いる。

⑤ どうやら　午後には　雨が　やむらしい。

⑥ 母は　毎日、自転車で　近くの　スーパーに　買い物に　行く。

⑦ 透《す》き通った　水が　流れる　清らかな　小川に　入って　みる。

3 次の①～⑧の文は、あとのア～ウのどの形にあてはまりますか。ふさわしいものを選び、記号で答えなさい。（2点×8）

① 美しい花がさく。（　　）

② 日本は自然の豊かな国です。（　　）

③ あの人の表情はおだやかだ。（　　）

④ 全員が大声で笑う。（　　）

⑤ 彼女《かのじょ》が得たのは成功だった。（　　）

⑥ 会場はとほうもなく広い。（　　）

⑦ 必要なのは自分を信じることだ。（　　）

⑧ 朝から雨が降《ふ》り続く。（　　）

ア 何が（は）ドウスル。
イ 何が（は）ドンナダ。
ウ 何が（は）ナンダ。

上級レベル

94 国語⑧

主語・述語・修飾語

1 次の①～⑤の文について、あとのア～ウから最もふさわしいものを選び、記号で答えなさい。（2点×5）

① あの人さえこの難《むずか》しい仕事を断った。

② よく見てごらん、桜の花を。

③ 静かにゆっくりと近づいてくる。

④ ここに置いた本は？

⑤ 春が来るのはいつになるのだろう。

ア 主語と修飾語《しゅうしょくご》からできている。

イ 述語と修飾語からできている。

ウ 主語・述語・修飾語からできている。

①（　　）②（　　）③（　　）④（　　）⑤（　　）

2 次の①～⑦の文を主語―述語の関係から分類すると、単文、重文、複文のどれに分類されますか。例を参考に、ア～ウの記号で答えなさい。（3点×7）

例
ア 赤い花がさいた。（単文）
イ 鳥が鳴き、花がさく。（重文）
ウ 赤い花がさく草原に、私《わたし》たちはでかけた。（複文）

① 森があり、小さな泉《いずみ》がある。（　　）

② 私《わたし》は姉の作った弁当を食べた。（　　）

③ 向こうに見えるあの白い建物が、私たちの学校です。（　　）

④ 人工衛星が打ち上げられたことが人々を喜ばせた。（　　）

⑤ 雨や雪の観察が冬休みの課題です。（　　）

⑥ 昨日《きのう》見たのは、生物が救われるドラマだ。（　　）

⑦ 海は波が荒《あら》く、空も天気が悪かった。（　　）

3 次の文章について、あとの問いに答えなさい。（2点×5）

昨日まで二泊三日《にはくみっか》の修学旅行だった。様々《さまざま》なところを訪《おとず》れたが、①雄大《ゆうだい》さで私たちを感動させたのは、何といっても、世界遺産《せかいいさん》に登録された富士山《ふじさん》だった。横浜《よこはま》では、おいしい②中《ちゅう》華料理《かりょうり》が私たちの舌《した》を満足させてくれた。宿で過ごした③時間も、いつもはあまり話さないクラスメートと話すことができて、とても有意義だった。私は④決して、楽しかったこの三日間を忘《わす》れないだろう。大人になってもずっと心に残っていると⑤思う。

(1) ①と④が修飾する言葉を答えなさい。
①（　　）④（　　）

(2) ②と③に対する述語を答えなさい。
②（　　）③（　　）

(3) ⑤に対する主語を答えなさい。
（　　）

4 次の文は、主語に対して述語の表現が正しくありません。――線部分を正しく書き直しなさい。（3点×3）

① 私の好きな教科は国語を勉強することです。
（　　）

② 彼《かれ》が行きたいのはアメリカに行きたいです。
（　　）

③ 事故で止まっていた電車がやっと動かしました。
（　　）

時間	合格	得点
15分	40点	/50点

学習日〔　月　日〕

指示語・接続語

時間 15分　合格 40点　得点 ／50点

学習日〔　月　日〕

1 次の①～⑧の文の（　）にあてはまる接続語をあとのア～クから選び、記号を書きこみなさい。（同じ記号は一度しか使えません。）（2点×8）

① 彼《かれ》は次々と難事件《なんじけん》を解決していく。（　）、名探偵《めいたんてい》だと言えるだろう。

② かばんにお財布《さいふ》を入れ、（　）、ハンカチも入れた。

③ 強くしかることができなかった。（　）、相手がかわいそうだったからだ。

④ 勉強は終わった。（　）、次は何をしようか。

⑤ 映画《えいが》にあわてて出かけた。（　）、まだ始まっていなかった。

⑥ レモン、（　）、ミルクを入れてお召《め》し上がりください。

⑦ 私《わたし》はすっぱい果物《くだもの》が好きです。（　）、オレンジやグレープフルーツなどです。

⑧ 本気で勉強しなかった。（　）、テストでいい点が取れなかったのだろう。

ア そして　イ だから
ウ しかし　エ あるいは
オ なぜなら　カ たとえば
キ さて　ク つまり

2 次の文の――線の指示語のさす内容を決められた字数で答えなさい。（句点はふくみません。）（5点×4）

① 机《つくえ》の上の本は大切なものです。それは祖父のくれたものだからです。（5字）

② 幼《おさな》いころからずっと童話が好きだった。それは私を空想の世界へ連れていってくれた。（2字）

③ 仕事がいそがしく、三日間ほど不眠不休《ふみんふきゅう》でがんばった。あれは本当につらかった。（12字）

④ 駅前に公園がある。そこで待っていてほしい。（7字）

3 あとのア～キの接続語を働きによって①～⑤に分類し、記号で答えなさい。（2点×7）

① 順接…前が原因で後が結果になる。（　）（　）

② 逆接…前と後が反対の内容になる。（　）

③ 並立《へいりつ》…似た内容を並《なら》べる。（　）

④ 選択《せんたく》…前のことと後のことのどちらかを選ぶ。（　）

⑤ 説明…後が言いかえ、例、理由などになる。（　）（　）

ア すなわち　イ したがって
ウ それとも　エ また
オ それで　カ ところが
キ なぜなら

指示語・接続語

時間 15分　合格 40点　得点 ／50点

学習日（　月　日）

1

次の文の――線の指示語がさしている内容を決められた字数で答えなさい。（句点はふくみません。）（5点×6）

① 料理の話がみなさんの興味をひきそうなので、それを題材に意見を交換《こうかん》したいと思います。（4字）

② 少年たちはようやく目的地にたどり着いた。すると、思ってもみないほど、そこは豊かな土地だった。（14字）

③ 自然は美しい。それを表現するために多くの画家は努力を重ねてきた。（6字）

④ まだまだ難病《なんびょう》を治せるまでになってはいませんが、医学がどんどん進歩すれば、やがてそうしたことも十分可能になってくるでしょう。（7字）

⑤ 私《わたし》たちは、普通《ふつう》は、漢字やひらがな、カタカナを交ぜて文を書くのですが、文学作品などになると、ひらがなだけで表現したり、カタカナだけで表現したりする場合があります。前者[A]はやわらかな感じを出せますし、後者[B]は意味よりも音を強調させることができるようです。（A、Bどちらも13字）

A

B

2

次の①～⑤の文の（　）にあてはまる言葉をあとのア～オから選び、記号を書きなさい。（同じ記号は一度しか使えません。）（4点×5）

① かれは父を怒《おこ》らせるようなことをした。（　）、母を悲しませるようなこともした。

② ぼくは一人で、昔住んでいた家を見に行った。（　）、思い出をじっくり味わいたいと思ったからだ。

③ もう二度とこのようなチャンスはないだろう。（　）、逃《のが》した魚は大きかったといっそうくやまれる。

④ その木はとほうもなく大きく、ごつごつしていた。（　）、不思議な温かさを感じさせるのだ。

⑤ 肝臓《かんぞう》が悪ければ怒る夢を見る。肺《はい》が悪ければ声を上げて泣く夢を見る。（　）、昔の中国の人たちは、体の不調は夢に現れると考えていた。

ア　というのは
イ　にもかかわらず
ウ　さらに
エ　このように
オ　それゆえに

動詞・形容詞・形容動詞

学習日〔　月　日〕

時間	合格	得点
15分	40点	／50点

1 次の①～⑤の文について、——線の言葉を、例にならって言い切りの形に直しなさい。（2点×5）

例　その話は聞いた。　答え（聞く）

① 彼女《かのじょ》はおだやかに笑った。（　　）

② 昔住んでいた街だ。（　　）

③ 草原は広かった。（　　）

④ 暗くなってしまった。（　　）

⑤ 一人で来ました。（　　）

2 例にならって、次の（　）にあてはまる言葉を書きなさい。（2点×5）

例　動く —— 動かす

①（　　）—— 燃やす

②（　　）—— 起こす

③（　　）—— 流す

④ 静まる ——（　　）

⑤ 進む ——（　　）

3 次の①～⑩の文の——線の言葉は、ア動詞《どうし》、イ形容詞、ウ形容動詞のどれになりますか。記号で答えなさい。（2点×10）

① だんだん暖《あたた》かくなってくる。（　　）

② 夜になって雨が降《ふ》り出した。（　　）

③ 白い壁《かべ》の家が見える。（　　）

④ 祖母は元気に働いている。（　　）

⑤ もう少し大きければいいのに。（　　）

⑥ 娘《むすめ》の健《すこ》やかな成長を祈《いの》る。（　　）

⑦ もっとこわくなってきた。（　　）

⑧ 彼《かれ》もきっとつらかろう。（　　）

⑨ あなたに会うために来ました。（　　）

⑩ 机《つくえ》の上の本がない。（　　）

4 例にならって、次の（　）にあてはまる言葉を書きなさい。（2点×5）

例　歌う —— 歌える

① 遊ぶ ——（　　）

② 読む ——（　　）

③ 話す ——（　　）

④（　　）—— 行ける

⑤（　　）—— 飛べる

動詞・形容詞・形容動詞

学習日（　月　日）

時間	15分
合格	40点
得点	／50点

1 次の文章について、あとの問いに答えなさい。（2点×10）

昨日《きのう》泳ぎに行ったのは、波のとても静かな浜《はま》辺《べ》だった。砂浜《すなはま》もきれいで、白い雲と青く広がる海原を見ると、心がすがすがしくなる。いい気分だった。

① 動詞《どうし》を四つ書きぬきなさい。
（　）（　）（　）（　）

② 形容詞を四つ書きぬきなさい
（　）（　）（　）（　）

③ 形容動詞を二つ書きぬきなさい。
（　）（　）

2 次の①～⑩の文の――線の言葉を、ア動詞、イ形容詞、ウ形容動詞、エその他に分け、それぞれ記号で答えなさい。（2点×10）

① 昨日とちがい、今日は晴れた。（　）
② この仕事は簡単《かんたん》だから、すぐできる。（　）
③ 彼《かれ》はとてものんきな人だ。（　）
④ 毎日ひどい事件が報道される。（　）
⑤ 特に異議《いぎ》はありません。（　）
⑥ 妹は一人でケーキを食べてしまい、母にしかられた。（　）
⑦ 重い荷物を一人で背負《せお》うのは苦しかろう。（　）
⑧ 祖母から大きなスイカが届《とど》いた。（　）
⑨ 悪事を見過ごすのはよくない。（　）
⑩ 彼はとても器用で、犬小屋を作ってくれた。（　）

3 次の各組の言葉の中で、種類の異《こと》なるものはどれですか。それぞれ記号で答えなさい。（2点×5）

① ア かわいく　イ あまく　ウ なげく　エ 大きく（　）
② ア おかしな　イ おろかな　ウ あざやかな　エ 正直な（　）
③ ア 変だ　イ 少女だ　ウ 元気だ　エ きらいだ（　）
④ ア 答える　イ 食べる　ウ 歩ける　エ はなれる（　）
⑤ ア しめやかに　イ 軽《かろ》やかに　ウ 細やかに　エ 本当に（　）

標準レベル

99 国語⑬

助詞・助動詞

時間	15分
合格	40点
得点	/50点

学習日（　月　日）

1

次の①～⑤の文について、——線の言葉と同じ意味・用法のものをあとのア～エから一つずつ選び、記号で答えなさい。（4点×5）

① そこに読みたい本はない。
ア 一人では行かない。
イ もう暗いので遊べない。
ウ 夢など見ない。
エ メロンは好きではない。
（　）

② 先生が料理を作られる。
ア 社長が飛行機に乗られる。
イ 藪《やぶ》で、蚊《か》に刺《さ》される。
ウ 人々に愛される。
エ 亡《な》き祖父がしのばれる。
（　）

③ まだまだ寒くなるそうだ。
ア 明日は雨になりそうだ。
イ 船は欠航になるそうだ。
ウ 机《つくえ》から本が落ちそうだ。
エ あの木は倒《たお》れそうだ。
（　）

④ 冬なのに春のように暖《あたた》かい。
ア 母のように優《やさ》しい人になりたい。
イ 彼《かれ》は一人で行ったようだ。
ウ 氷のように冷たい手だった。
エ 弟はどうやら眠《ねむ》いようだ。
（　）

⑤ 壁《かべ》にかけられた時計を見た。
ア もう、映画《えいが》は始まっていた。
イ 曲がりくねった坂道だった。
ウ たった今、宿題が終わった。
エ 五年前の出来事だった。
（　）

2

次の①～⑦の文の□にあてはまる、もっともふさわしい言葉をあとのア～キから選び、記号で答えなさい。（同じ記号は一度しか使えません。）（3点×7）

① 私□欲《ほ》しいのは赤いかさだ。（　）
② 鉛筆《えんぴつ》□絵を描《か》いてみる。（　）
③ 弟□私《わたし》はつりに行った。（　）
④ 難《むずか》しいことは彼□まかせよう。（　）
⑤ 明日□待ってみよう。（　）
⑥ そういうこと□早く言ってください。（　）
⑦ 力のある君□この役はできない。（　）

ア に　イ と　ウ で　エ しか
オ が　カ は　キ まで

3

次の①～③の各組の——線について、意味・用法が異《こと》なるものがそれぞれあります。異なるものを記号で答えなさい。（3点×3）

①
ア 私のカバンがない。
イ 探《さが》すのは苦手だ。
ウ 委員の役目を果たす。
（　）

②
ア 彼はやがて音楽家となった。
イ 私と買い物に行ったのは妹だ。
ウ この間、画家と話をした。
（　）

③
ア かぜで学校を休んだ。
イ 電車が事故《じこ》で遅《おく》れた。
ウ 大豆で味噌《みそ》を作った。
（　）

助詞・助動詞

時間 15分　合格 40点　得点　　/50点

学習日（　月　日）

1 次の①～⑤の文について、——線の言葉と同じ意味・用法のものをあとのア～エから一つずつ選び、記号で答えなさい。（4点×5）

① 担任《たんにん》の先生から職員室に呼《よ》び出された。
ア バターは牛乳《ぎゅうにゅう》からつくられる。
イ 関西空港から直通の飛行機が出ている。
ウ 恐怖《きょうふ》から泣き出してしまう。
エ 係員から手続きの説明を受けた。
（　　）

② あの人はいつもほがらかで明るい。
ア あっちの方角が北で、こっちが南だ。
イ 静かで落ち着いたところで休みたい。
ウ デパートでカバンを買った。
エ あそこで本を読んでいるのは太郎《たろう》君だ。
（　　）

③ 校庭の桜の木がいっせいに花開いた。
ア それではすぐに対処《たいしょ》いたします。
イ 毎日おだやかに過ごすことができる。
ウ その仕事は私《わたし》にさせてください。
エ あれだけ言ったのにどうしてやらないの。
（　　）

④ その映画《えいが》は私も見たが、とても感動した。
ア 一生懸命《いっしょうけんめい》練習したが、試合には負けてしまった。
イ 弟は水が飲みたいと言っています。
ウ ケーキを作ったのですが、召《め》し上がりませんか。
エ 子どもが犬と遊んでいる。
（　　）

⑤ マンガばかり読まないようにしよう。
ア それほどおなかはすいていない。
イ 美しくない景色なので写真には撮《と》らない。
ウ 午後からは授業がないので早く帰れる。
エ 花の命ははかないとよく言われる。
（　　）

〔帝塚山学院泉ヶ丘中—改〕

2 次の①～⑤の文について、（　）にふさわしい言葉を決められた字数で書きなさい。（3点×5）

① おそらく彼女《かのじょ》は遅《おく》れてくる（ 三字 ）。
② 私もぜひ参加し（ 二字 ）ものだ。
③ たとえ失敗し（ 二字 ）、悔《く》いはない。
④ 彼女は、まるで鳥の（ 三字 ）身が軽い。
⑤ もし雨が降《ふ》っ（ 二字 ）、遠足は中止だ。

①［　　　］　②［　　］　③［　　］　④［　　　］　⑤［　　］

3 次の①～⑤の文の——線の言葉の意味として最もふさわしいものをあとのア～オから選び、記号で答えなさい。（3点×5）

① 賞味期限が来ていないので、このクッキーはまだ食べられる。（　　）
② こんな難《むずか》しい問題は誰《だれ》も正解できまい。（　　）
③ 集合時間なので、もうすぐ彼《かれ》も来よう。（　　）
④ 彼のような強い人になりたい。（　　）
⑤ 彼女も展覧会《てんらんかい》に行くそうだ。（　　）

ア 推量《すいりょう》を表す。
イ 人から聞いたということを表す。
ウ 打ち消しの推量を表す。
エ 可能を表す。
オ 例であることを表す。

ことわざ・慣用句・故事成語・敬語

学習日〔　月　日〕

時間 15分　合格 40点　得点 /50点

1 次の①～⑤のことわざの（　）の中に入れるのにふさわしい言葉をあとのア～オから選び、また、その意味をあとのA～Eから選び、それぞれ記号で答えなさい。（3点×5）

① （　）の手も借りたい　（言葉　・意味　）

② 立て板に（　）　（言葉　・意味　）

③ （　）が合う　（言葉　・意味　）

④ （　）を売る　（言葉　・意味　）

⑤ 一寸《いっすん》の（　）にも五分の魂《たましい》　（言葉　・意味　）

ア 馬　イ 水　ウ 油　エ 虫　オ 猫《ねこ》

A つまることなくすらすらと話すこと。

B 仕事の途中《とちゅう》でむだ話などをしてなまけること。

C 相手とよく気持ちが通じ合うこと。

D どんなに小さいものにも意地があるから、ばかにしてはいけないということ。

E とても忙《いそが》しいこと。

2 次の①～⑤の故事成語の意味をあとのア～オから選び、記号で答えなさい。（2点×5）

① 五十歩百歩（　）　② 蛇足《だそく》（　）

③ 漁夫《ぎょふ》の利（　）　④ 矛盾《むじゅん》（　）

⑤ 背水《はいすい》の陣《じん》（　）

ア つじつまがあわないこと。

イ むだなもの。よけいなもの。

ウ 全力をつくしてことにあたること。

エ 第三者が利益を横取りすること。

オ あまりちがいがないこと。

3 次の①～⑤の（　）に、それぞれの意味に合うようにあとの□の中から言葉を選んで書き入れ、慣用句を完成させなさい。（2点×5）

① （　）をぬく。
意味…仕事などをいいかげんにする。

② （　）を割《わ》る。
意味…かくさず本心をさらけだす。

③ （　）をのばす。
意味…さらに遠くまで行く。

④ （　）がない。
意味…非常に好きである。

⑤ （　）にかける。
意味…自慢《じまん》して、得意になる。

首　目　鼻　足　腹《はら》　手

4 正しい敬語《けいご》の使い方として、次の各文の（　）に入る最も適切な言葉を、あとのア～ウからそれぞれ選び、記号で答えなさい。（3点×5）

① 先生はいつも学校に何時に（　）か？
ア 来ます　イ 参ります
ウ いらっしゃいます

② 社長、（　）いることが昨日《きのう》とちがいます。
ア 申して　イ 言って
ウ おっしゃって

③ どうぞお先に（　）ください。
ア 食べて　イ いただいて
ウ めし上がって

④ 美しいお皿ですね。（　）よろしいでしょうか。
ア 見られて　イ 拝見《はいけん》して
ウ ご覧《らん》になって

⑤ 私《わたし》の（　）をご存《ぞん》じなのですか？
ア 母　イ お母様　ウ お母さん

〔報徳学園中―改〕

ことわざ・慣用句・故事成語・敬語

時間 15分　合格 40点　得点 　/50点

学習日〔　月　日〕

1 次の①～⑤のことわざ・故事成語について、似た意味になるものをあとのア～クから一つずつ選び、記号で答えなさい。（3点×5）

① 紺屋《こうや》の白袴《しろばかま》（　）

② 棚《たな》からぼたもち（　）

③ 蛇《じゃ》の道は蛇《へび》（　）

④ ぬかにくぎ（　）

⑤ 二階から目薬（　）

ア 豆腐《とうふ》にかすがい　イ あぶ蜂《はち》とらず

ウ 木によりて魚を求む　エ 医者の不養生《ふようじょう》

オ 濡《ぬ》れ手で粟《あわ》　カ 猿《さる》も木から落ちる

キ もちはもち屋　ク 頭の上のはえを追え

2 次の各文の（　）にあてはまる言葉として、最もふさわしいものをあとのア～エから選び、それぞれ記号で答えなさい。（3点×5）

① 勉強も運動もよくできる高木君は、クラスでも（　）おり、学級委員に選ばれた。

ア 大目に見られて　イ 一目置かれて

ウ 目をつけられて　エ 目をうばわれて（　）

② 彼《かれ》とぼくとは子どものころからの親友で、何でも話せる（　）仲なんだ。

ア 気が利《き》かない　イ 気がぬけない

ウ 気が気でない　エ 気が置けない（　）

③ 社長の（　）で、今後の方針《ほうしん》が決まった。

ア 袋《ふくろ》のねずみ　イ 張り子の虎《とら》

ウ つるの一声　エ 猫《ねこ》にかつおぶし（　）

④ 最後の算数の問題が難《むずか》しすぎて、とうとう（　）を投げてしまいました。

ア 銭《ぜに》　イ ふた　ウ 筆　エ さじ（　）

⑤ 十点も差をつけられていたから、最終回のホームランも（　）だったね。

ア 焼け石に水　イ 身から出たさび

ウ けがの功名《こうみょう》　エ のれんにうでおし（　）

〔雲雀丘学園中―改〕

3 次の①～⑤の文の――線の表現には敬語《けいご》の上から誤《あやま》りがあります。**決められた字数で、正しい敬語に直しなさい。**（4点×5）

① お父様はどのように言ったのですか。（五字）

② どうぞごえんりょなくいただいてください。（五字）

③ 父が先生の作品をご覧《らん》になっている。（三字）

④ 母は先生にお会いになりたいそうです。（六字）

⑤ お客様がお土産《みやげ》をくれた。（四字）

詩

時間 20分
合格 40点
得点 /50点

学習日（　月　日）

1 次の詩を読んで、あとの問いに答えなさい。

待ちぼうけ、待ちぼうけ。
ある日、せっせと、野良《のら》かせぎ、
そこへ兎《うさぎ》が飛んで出て、
ころり、ころげた
木のねっこ。

待ちぼうけ、待ちぼうけ。
しめた、これから寝《ね》て待とうか、
待てば獲《え》ものは駆《か》けて来る。
兎ぶつかれ、
木のねっこ。

待ちぼうけ、待ちぼうけ。
昨日鍬《くわ》とり、畑仕事、
今日は頬《ほお》づえ、日向《ひなた》ぼこ。
うまい伐《き》り株《かぶ》、
木のねっこ。

待ちぼうけ、待ちぼうけ。
□は□はで待ちぼうけ、
明日は明日はで森のそと、
兎待ち待ち、
木のねっこ。

待ちぼうけ、待ちぼうけ。
もとは涼《すず》しい黍畑《きびはたけ》。
いまは荒《あ》れ野《の》の箒草《ほうきぐさ》。
寒い北風、
木のねっこ。

（北原白秋《きたはらはくしゅう》「待ちぼうけ」）

(1) 詩には、昔の言葉で書かれた「文語詩」、今の言葉で書かれた「口語詩」があります。また、決まった音の数（五・七・五など）で書かれた「定型詩」と、音の数にこだわらない「自由詩」があります。
それでは、この「待ちぼうけ」は次の四つの分類のうち、どれにあてはまりますか。（5点）

ア 文語定型詩
イ 文語自由詩
ウ 口語定型詩
エ 口語自由詩

（　　）

(2) この詩で使われている技法は、次のうちどれですか。また、その技法が使われている部分を二つ書きぬきなさい。（5点×3）

ア 倒置法《とうちほう》（言葉の順序を置きかえる）
イ 擬人法《ぎじんほう》（人でないものを人にたとえる）
ウ 反復法（同じ言葉をくり返す）
エ 呼《よ》びかけ

使われている技法は（　　）
技法が使われている部分は
（　　）
（　　）

(3) 「待ちぼうけ」にはもう一つ、よく似た言葉を対（ペア）として並べた「対句法《ついくほう》」が使われています。□に入る同じ言葉を詩の中から書きぬきなさい。（5点）

（　　）

(4) （　）に入る言葉をア〜オから選んで記号を書き入れなさい。（5点×5）

ある日、まんまとウサギを手に入れたことから、すっかりなまけ者になった農夫の（①）を五（②）の詩にしている。「せっせ」や「ころり」などの（③）、「待ちぼうけ」や「木のねっこ」などの（④）を多く用いることで楽しい（⑤）ができている。

ア リズム　イ 連　ウ 体言止め
エ 物語　オ 擬態語《ぎたいご》

①（　　）②（　　）③（　　）
④（　　）⑤（　　）

上級 レベル

104

国語⑱

詩

時間 20分

合格 40点

得点　　　／50点

学習日〔　　月　　日〕

1 次の詩を読んで、あとの問いに答えなさい。

山の重さが私《わたし》を攻《せ》め囲んだ
私は大地のそそり立つ力をこころに握《にぎ》りしめて
山に向った
山はみじろぎもしない
山は四方から森厳《しんげん》な静寂《せいじゃく》をこんこんと噴《ふ》き出した

たまらない恐怖《きょうふ》に
私の魂《たましい》は満ちた
とつ、とつ、とつ、とつ、とつ、と
底の方から脈うち始めた私の全意識は
忽《たちま》ちまっぱだかの山脈に押《お》し返した

「無窮《むきゅう》」の力をたたえろ
「無窮」の生命をたたえろ
私は山だ
私は空だ
又《また》あの狂《くる》った種牛だ
又あの流れる水だ
私の心は山脈のあらゆる隅隅《すみずみ》をひたして
其処《そこ》に満ちた
みちはじけた

山はからだをのして波うち
際限のない虚空《こくう》の中へはるかに
又ほがらかに
ひびき渡《わた》った
秋の日光は一ぱいにかがやき
私は耳に天空の勝鬨《かちどき》をきいた

山にあふれた血と肉のよろこび！
底にほほえむ自然の慈愛《じあい》！
私はすべてを抱《だ》いた
涙《なみだ》がながれた

（高村光太郎《たかむらこうたろう》「山」）

---

(1) この詩は次の四つのうち、どれにあてはまりますか。記号で答えなさい。（5点）

ア 文語定型詩　イ 文語自由詩

ウ 口語定型詩　エ 口語自由詩

（　　）

(2) 次の詩の鑑賞文《かんしょうぶん》（作品の情景や作品の良さを説明し、感想を述べたもの）の（　）には ア〜オの記号を、【　】には詩から言葉を書きぬいて答えなさい。（5点×9）

この詩は、（ あ ）という大自然を前にした、小さな人間である（ い ）の思いを詩にしている。第一連の【 ① 】という（ う ）を使った表現に、堂々《どうどう》とした自然の大きなスケールが伝わってくる。

第二連では、【 ② 】と脈打ち始めた意識を、（ え ）であらわしている。ここでも【 ③ 】という擬人法《ぎじんほう》が使われている。

第三連の「無窮」とは、果てしがないという意味。山だけでなく（ お ）も果てしがない。

最後の連では、【 ④ 】という擬人法で、山の景色の優《やさ》しさを語っている。

ア 山　イ 空

ウ 私　エ 擬態語《ぎたいご》　オ 擬人法

あ（　　）い（　　）う（　　）

え（　　）お（　　）

①【　　　　】

②【　　　　】

③【　　　　】

④【　　　　】

短歌・俳句

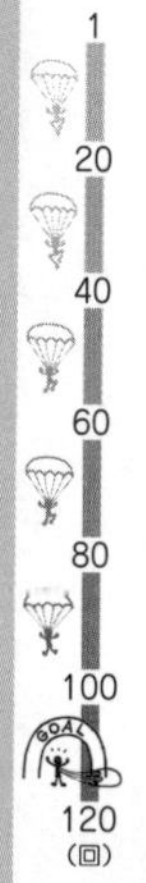

時間 20分　合格 40点　得点 ／50点

学習日（　月　日）

1

次の表は、短歌と俳句《はいく》の特徴《とくちょう》を比べながらまとめたものです。①～⑩にあてはまる言葉をあとから選び、記号を書き入れなさい。（2点×10）

	短歌	俳句
句数	①	②
音数	③	④
音数の組み合わせ	⑤	⑥
数え方	⑦	⑧
作者	⑨	⑩

ア 二　イ 三　ウ 四　エ 五
オ 十七　カ 三十一　キ 五十
ク 五・七・五　ケ 五・七・七
コ 五・七・五・七・七　サ 一歌・二歌…
シ 一句・二句…　ス 一首・二首…
セ 一種・二種…　ソ 詩人　タ 短人
チ 歌人　ツ 俳人《はいじん》　テ 句人

2

次の短歌を読んで、あとの問いに答えなさい。（2点×8）

霜《しも》やけの／ア小さき手して／イみかんむく／ウ我《わ》が子しのばゆ／エ風の寒きに　落合直文《おちあいなおぶみ》

しもやけのできた小さな手でみかんをむいているわが子のことが、しみじみと思い出されるよ。風のつめたい、こんな寒い日なので。

① この短歌によまれている季節は、いつですか。漢字一字で答えなさい。（　　）

② この短歌は、どこで分けることができますか。斜線《しゃせん》ア～エの記号で答えなさい。（　　）
また、そのことを何と言いますか。（　　）句切れ

③ この短歌に使われている表現技法を次から選び、記号で答えなさい。
ア 倒置法《とうちほう》　イ 体言止め　ウ 擬人法《ぎじんほう》（　　）

いつしかに／ア春の名残《なごり》と／イなりにけり／ウ昆布干場《こんぶほしば》の／エたんぽぽの花　北原白秋《きたはらはくしゅう》

□春は去ってしまったのだなあ。たんぽぽの花が昆布干場のすみに、ひっそりとさいている。

④ □にあてはまる言葉として、ふさわしいものを次から選び、記号で答えなさい。
ア いつまでも　イ いつのまにか
ウ いつかきっと（　　）

⑤ この短歌は、どこで分けることができますか。斜線ア～エの記号で答えなさい。（　　）
また、そのことを何と言いますか。（　　）句切れ

⑥ この短歌に使われている表現技法を次から選び、記号で答えなさい。
ア 倒置法　イ 体言止め　ウ 擬人法（　　）

3

次の俳句を読んで、あとの問いに答えなさい。（2点×7）

雪だるま　星のおしゃべり　ぺちゃくちゃと　松本《まつもと》たかし

① この俳句の、季語と季節を答えなさい。
季語（　　）　季節（　　）

② この俳句は、一日のうちのいつの様子をよんだものですか。朝・昼・夜で答えなさい。（　　）

③ この俳句に使われている表現技法を次から選び、記号で答えなさい。
ア 倒置法　イ 体言止め　ウ 擬人法（　　）

④ この俳句の、季語と季節を答えなさい。
柿《かき》くへ《え》ば　鐘《かね》が鳴るなり　法隆寺《ほうりゅうじ》　正岡《まさおか》子規《しき》
季語（　　）　季節（　　）

⑤ この俳句に使われている表現技法を次から選び、記号で答えなさい。
ア 倒置法　イ 体言止め　ウ 擬人法（　　）

上級レベル
106 国語⑳ 短歌・俳句

学習日〔　月　日〕

時間	合格	得点
20分	40点	/50点

1 次に挙げた特徴《とくちょう》が、短歌のことならア、俳句《はいく》のことならイ、両方にあてはまる場合は○、どちらにもあてはまらない場合は×を書きなさい。（2点×7）

① 音数の決まった「定型詩」である。
② 音数の決まっていない「自由詩」である。
③ 季節を表す語を入れることになっている。
④ 千年以上も昔から作られている。
⑤ 「や」「かな」などの切れ字で、感動を表すことがある。
⑥ 「一首・二首」と数える。
⑦ 代表的な作者に、藤原定家《ふじわらのさだいえ》や小野小町《おののこまち》がいる。

①（　　）②（　　）③（　　）④（　　）⑤（　　）⑥（　　）⑦（　　）

2 次の短歌について、あとの問いに答えなさい。（3点×4）

A ひまわりは　金の油を　身にあびて
　ゆらりと高し　月のちひ《い》ささよ

B 石がけに　子ども七人　こしかけて
　河豚《ふぐ》を釣《つ》りを《お》り　夕焼け小焼け

C 薬のむことを忘《わす》れて　ひさしぶりに
　母にしかられしを　うれしと思へる

D 妹の　小さき歩み　いそがせて
　千代紙買いに行く　月夜かな

E この里に　手まりつきつつ　子どもらと
　遊ぶ春日は　暮《く》れずともよし

① 子どもが登場する短歌を三つ選びなさい。
② 四句切れの短歌を二つ選びなさい。
③ 字余りのある短歌を二つ選びなさい。
④ 体言止めの短歌を一つ選びなさい。

①（　・　・　）②（　・　）③（　・　）④（　）

3 次の俳句について、あとの問いに答えなさい。（3点×4）

A 梅一輪　いちりんほどの　暖《あたた》かさ
B 行水の　捨《す》てどころなし　虫の声
C たたかれて　昼の蚊《か》をはく　木魚かな
D 残雪や　ごうごうと吹《ふ》く　松の風
E おりとりて　はらりとおもき　すすきかな

① 春の俳句を二つ選びなさい。
② 切れ字の使われている俳句を三つ選びなさい。
③ 初句切れの俳句を二つ選びなさい。
④ 体言止めの俳句を三つ選びなさい。

①（　・　）②（　・　・　）③（　・　）④（　・　・　）

4 次の短歌・俳句についての鑑賞文《かんしょうぶん》をあとから選び、それぞれ記号で答えなさい。（3点×4）

① 青蛙《あおがえる》　おのれもペンキ　塗《ぬ》りたてか（　　）
② やれ打つな　蠅《はえ》が手をすり　足をする（　　）
③ 金色《こんじき》の　ちひ《い》さき鳥の　形して
　銀杏《いてふ(いちょう)》ちるなり　夕日の岡《をか(おか)》に（　　）
④ 遠足の　小学生徒　うちょうてんに
　大手ふりふり　往来とほ《お》る（　　）

ア 晩秋の夕方をよんだ作品。二つの色が鮮《あざ》やかに想像され、一枚の絵画を見ているような美しさを覚える。たとえと倒置法《とうちほう》が使われている。

イ 生き物の色を、たとえを使って色彩《しきさい》豊かに表現している。生き物に対して話しかけている様子もユーモラスである。

ウ 生き物の習性をうまくとらえ、それをたとえを使ってユーモラスに表している。作者の、小動物に対する愛情がにじみ出ている。

エ 楽しいイベントをむかえた者たちの、元気いっぱいな様子がよまれている、何ともむじゃきでほほえましい作品である。

物語（1）

学習日〔　月　日〕

時間	20分
合格	40点
得点	/50点

1 次の文章を読んで、あとの問いに答えなさい。

〔あらすじ　最近ミスをするようになった祖父と、助手の父は、その夜限りの花電車（きれいに飾《かざ》り立てた電車）を撮影《さつえい》に行く。〕

「撮《と》れたの、おじいちゃん」
　僕《ぼく》は祖父に駆《か》け寄った。
「焼いてみりゃわかる。まちがったって暗室のドア開けたりすんじゃねえぞ」
　祖父はライカ[*1]をケースに収《おさ》めると、ツイード[*2]の背広《せびろ》の肩《かた》に斜《なな》めにかけ、雪と霧《きり》に染《そ》まった墓地下の舗道《ほどう》を、さっさと歩き出した。
「気が済《す》んだかな」
　三脚《さんきゃく》を畳《たた》みながら、父が悲しげに言った。
　祖父は誇《ほこ》らしくムネを反り返らせ、ブアイソウに、まるで花道をたどる役者のような足どりで、雪の帳《とばり》の中に歩みこんで行った。
「ペンタックス[*3]のフィルムは抜《ぬ》いておいた」
「え、どうして？」
「ペンタックスが写っていて、ライカが真黒だったら、おじいちゃんガッカリするだろう。おとうさんの方は失敗してたことにしとけ」
「おじいちゃん、やさしいね」
「おじいちゃんは、もっとやさしいよ。較《くら》べものにならないくらい」
　話しながら、僕と父はあっと声を上げた。ゲンゾウ液の中に、すばらしい花電車の姿《すがた》が浮《う》かび上がったのだった。
「すごい、絵葉書みたい」
　父は濡《ぬ》れた写真を目の前にかざすと、唇《くちびる》を慄《ふる》わせ、むねのつぶれるほどの溜息《ためいき》をついた。
「信じられねえ……すげえや、こりゃあ」
　暗室から転げ出て居間に行くと、祖父と母は勝手にケーキを食っていた。
　父と僕のあわてふためくさまをちらりと見て、祖父はひとこと、「メリー・クリスマス」と言った。
　家族が大騒《おおさわ》ぎをしている最中にも、まるで当然の結果だと言わんばかりに、①焼き上がった写真を見ようともしなかった。
「まあ座《すわ》れ。戦《いくさ》に勝ったわけでもあるめえに、万歳《ばんざい》はねえだろう」
　僕らは尊敬《そんけい》する②写真師、伊能夢影《いのうむえい》を中にして、炬燵《こたつ》にかしこまった。

（浅田次郎《あさだじろう》「霞町《かすみちょう》物語」）

＊1・＊3…どちらもカメラのブランド名。
＊2…毛織物の一種。

(1) この文章には場面が三つあります。文中の言葉で答えなさい。（6点×3）
（　　）（　　）（　　）

(2) 文中の——線「ムネ」「ブアイソウ」「ゲンゾウ」を漢字で書きなさい。（5点×3）
（　　）（　　）（　　）

(3) なぜ父はペンタックスのフィルムを抜いておいたのですか。（7点）
（　　）から。

(4) ——①で祖父が焼き上がった写真を見ようともしなかったのはなぜですか。次のア～ウから正しいものを選びなさい。（5点）
ア 内心、写真は失敗だったと思っているから。
イ 家族の前で写真を見るのは、照れくさかったから。
ウ 見なくても、すばらしい写真が撮れている自信があったから。
（　　）

(5) ——②「写真師、伊能夢影」とはだれのことですか。（5点）
（　　）

上級レベル 108 国語㉒

物語(1)

1 次の文章を読んで、あとの問いに答えなさい。

〔あらすじ　なつきと弟のよしひろは、夏休みをばあちゃんの家で過ごしている。ばあちゃんは海女《あま》をしており、なつきたちは、去年ばあちゃんが出たテレビの番組を見ている。〕

わたしは画面にくぎづけだ。いよいよウェットスーツに身を固めたばあちゃんが、海にとびこむ。ばあちゃんの話から想像するだけだった海の中の景色が、画面いっぱいに広がった。部屋全体が青くそまる。そっか、ばあちゃんがいつも見てる海の中って、こんな景色なんだ。自分がもぐってるわけじゃないのに①息が苦しくなって、わたしはハフハフといそがしく息をすった。海の中の映像《えいぞう》は美しく、まるでばあちゃんと一緒《いっしょ》に青い海の底深くもぐっていくような錯覚《さっかく》に、わたしの②胸《むね》はおどった。

水中に身をしずめたとたん、ばあちゃんの曲がっていた腰《こし》がすっとのびた。まるで魔法《まほう》だ。足ヒレをゆっくりと動かしながら、海の底へとむかっていく姿《すがた》は③人魚のように優雅《ゆうが》で、陸の上のばあちゃんからはまるで想像がつかなかった。海の中のほうが、ばあちゃんはずっとのびやかで、ずっと自由に見えた。

『今日の獲物《えもの》はアワビです。海の底の岩場にでてきたアワビは、身の危険《きけん》を感じるとすぐにはりついてとれなくなるので、気づかれないよう後ろからそっと近づきます。』④ばあちゃんの胸の鼓動《こどう》が画面をとおして聞こえてくるようだ。次の瞬間《しゅんかん》、ねらいすました一点にすばやく道具がうちおろされ、大きなアワビはばあちゃんの手の中にあった。

「すっごーい。」

思わず声に出た。

「うん。あれは大物だったたな。」

ばあちゃんの⑤鼻の穴《あな》がふくらんだ。

（八束澄子《やつかすみこ》「海で見つけたこと」）

(1) ――①のときの「わたし」が、「息が苦しく」なったのはなぜですか。（10点）

〔　　　　〕

(2) ――②のときの「わたし」の気持ちを表す言葉として適切でないものを次から選び、記号で答えなさい。（4点）

ア どきどき　イ ふらふら

ウ ぞくぞく　エ わくわく

（　　）

(3) ――③は、ばあちゃんのどのような様子を表していますか。（12点）

〔　　　　〕

(4) ――④は、ばあちゃんのどのような様子を表していますか。三十字以内で書きなさい。（12点）

(5) ――⑤には、ばあちゃんのどんな気持ちが表れていますか。（12点）

〔　　　　〕

学習日〔　月　日〕

時間 20分

合格 40点

得点　　　/50点

物語(2)

1 次の文章を読んで、あとの問いに答えなさい。

ミスラ君の部屋は質素な西洋間で、まん中にテエブルが一つ、壁側《かべがわ》に手ごろな書棚《しょだな》が一つ、それから窓《まど》の前に机《つくえ》が一つ——ほかにはただ我々《われわれ》の腰《こし》をかける、椅子《いす》が並《なら》んでいるだけです。しかもその椅子や机が、みんな古ぼけた物ばかりで、縁《ふち》へ赤く花模様《はなもよう》を織り出した派手《はで》なテエブル掛《かけ》でさえ、今にもずたずたに裂《さ》けるかと思うほど、糸目があらわになっていました。

「確かあなたの御使《おつか》いになる精霊《せいれい》は、ジンとかいう名前でしたね。するとこれから私《わたし》が拝見《はいけん》する魔術《まじゅつ》と言うのも、そのジンの力を借りてなさるのですか。」

ミスラ君は自分も葉巻《はまき》へ火をつけると、にやにや笑いながら、

「ジンなどという精霊があると思ったのは、もう何百年も昔のことです。アラビヤ夜話の時代のこととでも言いましょうか。私がハッサン・カンから学んだ魔術は、あなたでも使おうと思えば使えますよ。たかが進歩した催眠術《さいみんじゅつ》に過ぎないのですから。御覧《ごらん》なさい。この手をただ、こうしさえすれば好《よ》いのです。」

ミスラ君は手を挙げて、二三度私の目の前へ三角形のようなものを描《か》きましたが、やがてその手をテエブルの上へやると、縁へ赤く織り出した模様の花をつまみ上げました。私はびっくりして、思わず椅子をずりよせながら、よくよく①その花を眺《なが》めましたが、確かにそれは今の今まで、テエブル掛の中にあった花模様の一つに違《ちが》いありません。が、ミスラ君がその花を私の鼻の先へ持って来ると、ちょうど麝香《じゃこう》か何かのように重苦しい匂《におい》さえするのです。私はあまりの不思議さに、何度も感嘆《かんたん》の声を洩《もら》しますと、ミスラ君はやはり微笑《びしょう》したまま、また無造作にその花をテエブル掛の上へ落《おと》しました。もちろん落すともとの通り花は織り出した模様になって、つまみ上げることどころか、花びら一つ自由には動かせなくなってしまうのです。

（芥川龍之介《あくたがわりゅうのすけ》「魔術《まじゅつ》」）

(1) 魔術とは、どんなものだったでしょう。本文中の言葉を使って、指定された文字数で答えなさい。（5点×4）

①（ 五字 ）の中にあった②（ 四字 ）をつまみ上げた。それをミスラ君が私の③（ 三字 ）へ持って来ると、④（ 四字 ）匂いがした。

① ［　　　　　］　② ［　　　　］
③ ［　　　］　④ ［　　　　］

(2) ——①「その花」とはどんな花ですか。「ミスラ君が」という言葉を使って説明しなさい。（6点）

（　　　　　　）

(3) 魔術を目《ま》の当たりにした後の「私」のおどろきがわかるのは、どこですか。本文中から書きぬきなさい。（6点）

（　　　　　　）

(4) 不思議な魔術ですが、「私」にも使おうと思えば使えるとミスラ君は言います。それはなぜですか。（6点）

魔術は（　　　　　　）から。

(5) ミスラ君にとって、魔術がむずかしいものではないことがわかる「表情」を漢字二字で、また、「態度」を漢字三字で、それぞれ答えなさい。（6点×2）

表情 ［　　］　態度 ［　　　］

時間 20分
合格 40点
得点 　　/50点
学習日［　月　日］

物語（2）

時間 20分　合格 40点　得点 ／50点

学習日〔　　月　　日〕

1 次の文章を読んで、あとの問いに答えなさい。

「どうです。訳《わけ》はないでしょう。今度は、このランプをご覧《らん》なさい。」

ミスラ君はこう言いながら、ちょいとテエブルの上のランプを置き直しましたが、その拍子《ひょうし》にどういう訳か、ランプはまるで独楽《こま》のように、ぐるぐる廻《まわ》り始めました。それもちゃんと一つ所に止ったまま、ホヤを心棒《しんぼう》のようにして、勢いよく廻り始めたのです。はじめの内は私《わたし》も胆《きも》をつぶして、万一火事にでもなっては大変だと、何度もひやひやしましたが、ミスラ君は静かに紅茶《こうちゃ》を飲みながら、一向騒《さわ》ぐ様子もありません。そこで私もしまいには、すっかり度胸《どきょう》が据《すわ》ってしまって、だんだん早くなるランプの運動を、眼《め》も離《はな》さず眺《なが》めていました。

また実際ランプの蓋《ふた》が風を起《おこ》して廻る中に、黄いろい焔《ほのお》がたった一つ、瞬《まばた》きもせずにともっているのは、何とも言えず美しい、不思議な見物だったのです。が、その内にランプの廻るのが、いよいよすみやかになって行って、とうとう廻っているとは見えないほど、澄《す》み渡《わた》ったと思いますと、いつの間にか、前のようにホヤ一つ歪《ゆが》んだ気色もなく、テエブルの上に据っていました。

「驚《おどろ》きましたか。こんなことはほんの子供《こども》だましですよ。それともあなたが御望《おのぞ》みなら、もう一つ何か御覧《ごらん》に入れましょう。」

ミスラ君は後ろを振返《ふりかえ》って、壁側《かべがわ》の書棚《しょだな》を眺《なが》めましたが、やがてその方へ手をさし伸《の》ばして、招《まね》くように指を動かすと、今度は書棚に並《なら》んでいた書物が一冊《いっさつ》ずつ動き出して、自然にテエブルの上まで飛んで来ました。そのまた飛び方が両方へ表紙を開いて、夏の夕方に飛び交う蝙蝠《こうもり》のように、ひらひらと宙《ちゅう》へ舞上《まいあが》るのです。私は呆気《あっけ》にとられて見ていましたが、書物はうす暗いランプの光の中に何冊も自由に飛び廻って、一々行儀《ぎょうぎ》よくテエブルの上へピラミッド形に積み上りました。しかも残らずこちらへ移ってしまったと思うと、すぐに最初来たのから動き出して、もとの書棚へ順々に飛びかえって行くじゃありませんか。

（芥川《あくたがわ》龍《りゅう》之介《のすけ》「魔術《まじゅつ》」）

(1) ランプを使った魔術《まじゅつ》で「私」が心配したのは何ですか。漢字二文字で答えなさい。（5点）

[　　]

(2) 「私」のおどろきと心配を表す言葉を本文中からそのまま書きぬきなさい。（6点×2）

おどろき（　　　　）

心配（　　　　）

(3) 私の心配がなくなったのは、ミスラ君のある様子を見たからです。その様子とはどんな様子ですか。（7点×3）

（　　　　）様子。

また、心配がなくなった後の「私」の心を表す言葉と、様子を表す言葉を本文中からそのまま書きぬきなさい。

心を表す言葉（　　　　）

様子を表す言葉（　　　　）

(4) ランプの魔術の様子を表す言葉を、たとえと擬態語《ぎたいご》について本文中からそのまま一つずつ書きぬきなさい。（6点×2）

たとえ＝（　　　　）

擬態語＝（　　　　）

随筆（1）

時間 20分
合格 40点
得点　　／50点

1 次の文章を読んで、あとの問いに答えなさい。

百人一首の中にある赤染衛門《あかぞめえもん》を男だと思っていた人がいる。

友人の男性だが、

「うむ、女か、本当に女か」

と唸《うな》っている。

やすらはで寝《ね》なましものを小夜《さよ》ふけて
傾《かたぶ》くまでの月を見しかな

という歌を男が詠《よ》むわけはないでしょというのだが、人生五十年、赤染衛門を男と思ってお正月を迎《むか》えてきたこの人は、俄《にわか》には納得《なっとく》しがたいといった風である。

□、そういわれて見ると、

明けぬれば暮《く》るるものとは知りながら
なほ恨《うら》めしき朝ぼらけかな

という藤原道信朝臣《ふじわらのみちのぶあそん》の歌も、男のくせに愚痴《ぐち》っぽいし、

月見れば千々《ちぢ》に物こそかなしけれ
わが身ひとつの秋にはあらねど

の作者大江千里《おおえのちさと》もレッキとした男性だが、このまま女性の歌としても不思議はないものがある。

①百人中女性は二十一人と聞いているが、昔も今も、②物書き歌詠む殿方《とのがた》は心やさしく、女流は男にまさる気性の烈《はげ》しさを持っているのだろうか。男がごく自然に人間本来の弱みをさらけ出しているのに引きかえ、女は気負い、いま流《は》行《や》りのことばでいえば「突《つ》っぱって」いたのかも知れないという気もする。

私《わたし》も、人なみに物のあわれのわかる年頃《としごろ》になったことだから、一度ゆっくりと歌のこころを噛《か》みしめながら、百人一首を取ってみたいと思いながらついつい果《は》たさずにお正月が終《お》わっている。

（向田邦子《むこうだくにこ》「父の詫《わ》び状《じょう》」）

(1) 随筆文《ずいひつぶん》は、ふだんの生活や会話の中で、筆者が気づいたり、発見したりしたことを書く文章です。この文章は、筆者とだれが、何について話したことから始まっていますか。また、この会話のおもしろいところは何でしょうか。（5点×5）

・会話をしたのは筆者と…（　　　　）。

・話題は…（　　　　）の中にある（　　　　）の（　　　　）について。

・会話のおもしろいところは…男性が（　　　　）こと。

(2) この文章には、「　」が付いていない会話文が一つあります。短歌の部分を外して十七字で答えなさい。（5点）

(3) □に入る言葉を次から選び、記号で答えなさい。（5点）（　　）

ア しかし　**イ** とはいえ
ウ なるほど　**エ** そして

(4) ――①「百人中女性は二十一人」とはどういう意味ですか。「歌」という言葉を使って説明しなさい。（5点）

（　　　　）という意味。

(5) ――②「物書き歌詠む殿方」の具体的な例を文中から二つそのまま書きぬきなさい。（5点×2）

（　　　　）
（　　　　）

随筆（1）

時間 20分
合格 40点
得点 　　50点

学習日〔　月　日〕

1 次の文章を読んで、あとの問いに答えなさい。

街を歩いていて、小学生の遠足に出くわすことがある。子供《こども》に縁《えん》のない暮《くら》しのせいか、そっとリュック・サックを触《さわ》ったり、

「何が入っているの」

と尋《たず》ねたりする。

「サンドイッチとサラダ！」

「チョコレートにおせんべとガム！」

「お菓子《かし》は二百円以内！」

子供達《たち》は弾《はず》んだ声で教えてくれる。水筒《すいとう》の中身もジュースが圧倒的《あっとうてき》に多い。

①リュックの形も中身も、私《わたし》の子供時代とは随《ずい》分《ぶん》変ってきているなと思う。

今のリュックは赤や黄色やブルーのナイロンやしなやかなズック地が多いが、戦前のリュックは、ゴワゴワしたゴム引きのようなズック製だった。私が持っていたのは②寝呆《ねぼ》けたような桃色《ももいろ》で、背中《せなか》にアルマイトのコップを下げる環《わ》がついていた。駆《か》け出すと、カラカラと音がして③晴れがましいような気分になった。

リュックの中身もおにぎりか海苔巻《のりまき》と茹《ゆ》で卵《たまご》。あとはせいぜいキャラメルと相場が決まっていた。水筒の中身も湯ざましか番茶、だった。

わが家の遠足のお弁当は、海苔巻であった。遠足の朝、④お天気を気にしながら起きると、茶の間ではお弁当作りが始まっている。一抱《ひとかか》えもある大きな瀬戸《せと》の火鉢《ひばち》で、祖母が海苔をあぶっている。黒光りのする海苔を二枚《にまい》重ねて丹《たん》念《ねん》に火取っているそばで、母は巻き簾《まきす》を広げ、前の晩《ばん》のうちに煮《に》ておいた干《かん》ぴょうを入れて太目の海苔巻を巻く。遠足にゆく子供は一人でも、海苔巻は七人家族の分を作るのでひと仕事なのである。

（向《むこう》田《だ》邦《くに》子《こ》「父の詫《わ》び状《じょう》」）

(1) ――①から、筆者が出くわした小学生の遠足と、筆者自身が子供時代の遠足が大きく異《こと》なることがわかります。どんな点が変わっているのか、次の文の（　）に入る言葉を本文中からそのまま書きぬいて完成させなさい。（5点×7）

【リュックの形は…】

今の小学生が持っているのは

色は（　　　）

素材は（　　　）

筆者が子供時代に持っていたものは

色は（　　　）

素材は（　　　）

そのほかの特徴《とくちょう》は（　　　）

【お弁当は…】

今の小学生は

（　　　）

筆者の子供時代は

（　　　）

(2) ――②③④のそれぞれには筆者の思いが表れています。順に色、目、雨を含《ふく》む言葉で説明しなさい。（5点×3）

②（　　　）

③（　　　）

④（　　　）

随筆(2)

1 次の文章を読んで、あとの問いに答えなさい。

乗り慣れた地下鉄だが、どうも①不思議な感覚になることがある。地下は景色が見えない。闇《やみ》がとび去るばかりである。闇の通路を抜《ぬ》けると、光に充《み》ちた駅が前方から現《あら》われる。明るいプラットホームは、まるで宇宙《うちゅう》に浮《う》かんでいるみたいだ。

地下鉄に乗っていると、空間が失われて今自分が何処《どこ》にいるかわからない。宙にほうりだされたようで頼《たよ》りないものだ。時計がなければ、昼か夜かもわからない。闇の底で点になってしまったような感覚である。

電車を降《お》りて改札口をくぐり、地上にでる。前後の関係がわからず地下道からいきなり歩道に立っても、自分の位置についての認識《にんしき》がないため、どちらに向かって歩きだしてよいやら見当がつかないのだ。

地下鉄は*1デジタル感覚だ。通路を歩くか走るかすればつねに前方と後方の認識があるため、*2アナログ的である。□だからこそ、道路の渋滞《じゅうたい》には巻《ま》き込《こ》まれないですむのだということもできる。(中略)

地下鉄は渋滞もなく正確に走りつづけ、私《わたし》たちは勤勉《きんべん》に働きつづける。束《つか》の間の眠《ねむ》りをむさぼってから、早朝に地下鉄が一斉《いっせい》に動きはじめる光景を私は想像することがある。眠っている地面の下で、強力なたくさんのモーターが回転して、金属の固まりの電車を走らせる。都市も②目覚めないわけにはいかないであろう。都市が大きく息をしはじめたのだ。

地下鉄に乗っていると、都市が人間の身体に似ていることに気づく。要するに地下鉄は都市の内臓《ないぞう》なのだ。人間の身体を支配しているのが内臓であると同様、都市の交通を見えないところで支えているのが地下鉄だ。血液も臓器《ぞうき》なのだから、地下鉄は都市の血液だというういい方もできる。

(立松和平《たてまつわへい》「象に乗って」)

＊1…数や量を数字、数値《すうち》で表す方法。たとえばデジタル時計など。アナログと対照的な言葉。
＊2…数や量を連続的な量で表す方法。たとえば針《はり》のある時計など。デジタルと対照的な言葉。

(1) ——線①「不思議な感覚」とありますが、それを説明した次の文の□に入る言葉を、本文中から四字で書きぬきなさい。(10点)

・自分がいる所、□の認識もできないような感覚。

□□□□

(2) 本文中の□に入る言葉を、本文中から漢字一字で書きぬきなさい。(10点)

□

(3) ——線②「目覚めないわけにはいかない」とありますが、この意味として最も適切なものを次から選び、記号で答えなさい。(10点)

ア 目覚めることができないということ。
イ 目覚めてしまうということ。
ウ 目覚める理由が見つからないこと。
エ 目覚めることができない理由が明確なこと。

(　　)

(4) 筆者にとって「地下鉄」はどのようなものですか。そのことが比ゆを用いて表現されているところを二か所、本文中からそれぞれ五字で書きぬきなさい。(5点×2)

□□□□□・□□□□□

(5) この文章の題名(タイトル)として最も適切なものを次から選び、記号で答えなさい。(10点)

ア 地下鉄の便利性
イ 地下鉄の駅―プラットホームの神秘《しんぴ》
ウ 大都市の交通渋滞の原因
エ 地下鉄はデジタル感覚

(　　)

〔東海大付属相模中―改〕

学習日〔　月　日〕
時間 20分
合格 40点
得点 　/50点

国語

随筆(2)

時間 20分
合格 40点
得点 ／50点

学習日〔　月　日〕

1 次の文章を読んで、あとの問いに答えなさい。

昭和二十年代のはじめ、わたしが小学校二・三年生の頃《ころ》、母親が病気がちであったので、よくお使いに行かされた。買い物だけではない。家と家とのつきあいにかかわる使者としての役《やく》割《わり》をもつお使いもあった。

（ⓐ）、父親の知り合いの家で祝い事があり、お赤飯の詰《つ》まった重箱を届《とど》けられたとしよう。重箱を返しに行くときには、きれいに洗《あら》った重箱に、＊1南天の一枝をそえて風呂敷《ふろしき》に包み、①わたしは＊2一張羅《いっちょうら》の服を着させられた。そして、相手の家を訪《おとず》れたときのおじぎのしかた、あいさつの口上《こうじょう》を教えられた。

「わたくしは、石毛から参りました。本日は、けっこうなものを頂戴《ちょうだい》いたしまして、まことにありがたく存《ぞん》じます……」、といったような、覚えたばかりの、形式ばった口上を、たどたどしく話す子どもの姿《すがた》は、先方にとって滑稽《こっけい》であったにちがいない。（ⓑ）、先方の小父《おじ》さんは笑いもせずに、「これは、これは、ご苦労さまでした」、と大人に対するのとおなじような口調で、□応対するのであった。「型どおり」にふるまったときには、子どもも一人前としてあつかわれたのである。（中略）

演技者は、はじめは先輩《せんぱい》に教えられた型にしたがって演技を学ぶ。そのうち、才能のある者は伝承《でんしょう》された型をさらに洗練《せんれん》させ、あたらしい型を創出《そうしゅつ》する。その「型やぶり」が好評であると、誰々《だれだれ》の型という名で次代に継承《けいしょう》されるのだ。天才的な演技者にとって、型は「型やぶり」をするために存在《そんざい》するのかもしれない。（中略）

日本における型の文化も、前近代的な形式主義として非難《ひなん》された。個性の表現や独創性《どくそうせい》に欠けた＊3マンネリズムだとされたのである。その結果、様式の美学が健在なのは古典芸能や武道、神事の儀式《ぎしき》などの分野に限られてしまった。それらは伝統文化なので、保存《ほぞん》する必要があるとの理由からである。保存の対象になると、文化財とおなじく現状変更《へんこう》が困難となり、「型やぶり」をすることがむずかしい。また、②型を知らない観客がおおくなったので、「型やぶり」をしても評価されなくなってしまった。

（石毛《いしげ》直道《なおみち》「型の美学」）

＊1…木の名前。「難《なん》を転じる」と言われ、縁起《えんぎ》の良いものとされる。
＊2…持っている着物の中で、いちばん上等なもの。
＊3…固定した型にはまっている傾向《けいこう》。マンネリ。

(1) ――①「わたしは……教えられた」のは何のためですか。二十五字程度で答えなさい。（15点）

(2) （ⓐ）・（ⓑ）に入る言葉を次から選び、それぞれ記号で答えなさい。（5点×2）

ア また　イ しかし
ウ つまり　エ たとえば

ⓐ（　）ⓑ（　）

(3) □に入る適切な言葉を次から選び、記号で答えなさい。（10点）

ア 大げさに　イ 機械的に
ウ 無愛想に　エ 真面目《まじめ》に

（　）

(4) ――②「型を知らない……評価されなくなってしまった」とありますが、「型を知らない観客がおおくな」ると、なぜ、「『型やぶり』をしても評価されなくな」るのですか。三十字程度で説明しなさい。（15点）

〔光塩女子学院中―改〕

論説文（1）

学習日〔　月　日〕

時間	合格	得点
20分	40点	／50点

1 次の文章を読んで、あとの問いに答えなさい。

トイレの便器にハエがとまっている。誰《だれ》が考えても清潔とはいえない風景であるが、①これが極《きわ》めて清潔なトイレの記号として用いられている例に遭遇《そうぐう》した。それも一度ならず二度も。

ドイツのハノーバー駅にあるトイレ。見るからに清潔そうな外観でこれは確か有料であった。男性用の便器の前で、いざ、という時に、はてさてハエが便器にとまっている。いっこうに飛び立つ気配もなく、真っ白な壁面《へきめん》にへばりついている。要するにこのハエは、リアルに原寸《げんすん》でプリントされたイラストレーションだったのである。

しかしなぜハエを？　わざわざ②こんなところに？　と考えを巡《めぐ》らせるうちにその理由が判明してくる。要するに③清潔さに対して自信があるのだ。常にぴかぴかに磨《みが》きあげてある場所だからこそ、逆にそういう余裕《よゆう》がめばえてくるのである。これはデザインの観点から言うところの「エレガントの法則」に則《のっと》っている。

そんな法則聞いたことがない、と言われるかもしれないが、これは僕《ぼく》が勝手に考えた法則だからあまり一般的《いっぱんてき》には知られていない。エレガントというものは懸命《けんめい》に努力して最高に良い状態を目指しても決して生まれてこない。むしろ美点や長所を知りぬいた上で誇示《こじ》せず、上手にそれを隠《かく》す。そういう状況《じょうきょう》の周辺にエレガントはふっと発生する。

だから磨きぬいた上に「ハエ」という余裕はたいしたもの。これはもうエレガント。したがって、再度このハエに出くわした時にはすっかり「あ、清潔なトイレだ」と素直に認識《にんしき》してしまった。

（原研哉《はらけんや》「デザインのめざめ」）

(1) ――①にある「これ」が指すものを文中から書きぬきなさい。（5点）

（　　　　　　）

(2) ――②にある「こんなところ」が指すものを文中から書きぬきなさい。（5点）

（　　　　　　）

(3) ――③で「清潔さに対して自信がある」と述べられているのはなぜですか。文中から書きぬいて答えなさい。（5点）

（　　　　　　）だから。

(4) 「エレガントの法則」という法則は、一般的にはあまり知られていない法則です。それはなぜですか。（5点）

（　　　　　　）だから。

(5) 筆者が考える「エレガントの法則」を説明する文を完成させるのに、（　）に入る適当な言葉をあとの**ア**～**カ**から選び、記号で答えなさい。（5点×6）

エレガントとは、（①）して（②）の状態を目指しても生まれるものではなく、それを（③）や長所を完全に理解していても、（④）することなくうまく（⑤）ことから周辺に（⑥）するものである。

ア 発生　**イ** 美点　**ウ** 最高　**エ** 隠す
オ 努力　**カ** 誇示

①（　　）②（　　）③（　　）
④（　　）⑤（　　）⑥（　　）

論説文（1）

時間 20分 合格 40点 得点 　　50点

学習日〔　月　日〕

1 次の文章を読んで、あとの問いに答えなさい。

マカロニにはなぜ穴《あな》があいているのか。理由は三点ある。

まず第一にマカロニはゆでて作るので、もし穴がなかったら、中央の芯《しん》の部分がゆでにくい。

第二にマカロニはそれ自身は無味なのでソースをたくさん付着させなくてはならない。だからソースが十分にからまる表面積が必要で、そのために穴をあけて内側にも表面を作る。

三番目には①これは工業製品であるから作りやすい形であることが大事。

□、美味《おい》しそうに見えることや、長くつきあっても飽《あ》きないシンプルさが大事で、穴あきマカロニはすべてを満たしている。こう考えると単純《たんじゅん》なマカロニも実は慎重《しんちょう》なデザインの成果であることがおわかりいただけよう。事実、イタリアでは著名《ちょめい》な建築家やデザイナーがマカロニを設計している。②貝、リボン、渦巻《うずま》き、アルファベットなど、そのバリエーションの豊富さはご存《ぞん》じのとおり。

マカロニは小麦を粉にしたあと、それを形にしていくわけであるから、基本的にはどんな形でもかまわない。

かくいう私《わたし》も、かつては日本の建築家やデザイナーを多数動員してマカロニの競作を実施《じっし》し、イタリアのミラノで「マカロニ展《てん》」を開催《かいさい》した経験がある。とても人気を博した展覧会《てんらんかい》だったが、残念ながら私たちのマカロニは一般《いっぱん》家庭のお皿の上で③賞味されるには至《いた》っていない。現在の市場で生き残っているマカロニはそれなりにテーブルの上で支持され、勝ち残ったデザインの強者であり傑作《けっさく》なのだ。イタリアは美味しいものを追求する明るい情熱でマカロニを進化させた。④これは尊敬《そんけい》に値《あたい》する。

（原研哉《はらけんや》「デザインのめざめ」）

(1) ――①にある「これ」が指すものを本文中から四文字で書きぬきなさい。（5点）

□□□□

(2) マカロニに穴があいていると、良いことが三つあると書かれています。①には本文の言葉の反対関係にある語を入れ、②③には本文中からそのまま書きぬいて答えなさい。（7点×3）

穴があいていると

①（　　　　）

②（　　　　）

③（　　　　）

(3) □に入る言葉を次から選び、記号で答えなさい。（5点）

ア けれど　**イ** つまり　**ウ** たとえば

エ すると　**オ** もちろん

（　　）

(4) ――②が表す内容を本文中から四文字ずつ書きぬいて完成させなさい。（6点）

□□□□の□□□□

(5) ――③にある「賞味される」と同じ意味の言葉を本文中からそのまま書きぬいて答えなさい。（7点）

（　　　　）される

(6) ――④にある「これ」とは何を指していますか。イタリアとマカロニを使って答えなさい。（6点）

イタリアが（　　　　）でマカロニを（　　　　）こと。

標準レベル

117 国語㉛

論説文(2)

時間 20分　合格 40点　得点 　/50点

学習日[　月　日]

1 次の文章を読んで、あとの問いに答えなさい。

絵は「見る」ということももちろん大切だけれども、できるだけ絵は「読まなければいけない」ということなんです。これが私《わたし》の美術史、美術批判《ひはん》の方法論《ほうほうろん》です。モナ・リザの展覧会《てんらんかい》を、一人五秒で見るなんていうのはたいへんな間違《まちが》いです。①モナ・リザを読むのには、一つの椅《い》子《す》がいります。

絵は「読まなければならない」。これが私の考え方です。さらに、読んでいく過程でまちがうことなのです。まちがって、ああ自分はまだやっぱり足りないんだと反省することです。

この間、クロード・モネという印象派《いんしょうは》の絵《え》描《か》きのある絵を見ていた。この人は、多くの場合左へ傾《かたむ》いたサインをする。その次に年号が入ってる。ところが、たまたまある一枚の絵に、右に傾いたサインをみつけた。私が調べたモネの画集では全部の作品が左へ傾いたサインだった。右へ傾いているのは、一点しかなかったんです。その作品は、カミューというモネの奥《おく》さんが死んだときの、奥さんの死顔を描いた作品なのです。絵描きというのは因果な商売だ。自分の奥さんの死顔まで描かなきゃならないと思ったんじゃないか。右に傾いたサインがそういうふうに読めた。このときやっぱりかなり深刻《しんこく》にサインしたんじゃないか、意識的に右に曲げて書いたのではないかと思ったんです。

（ A ）最近、クロード・モネの画集を見ていたら、そのほかに右に傾いた②サインのが二、三点見つかった。私の読み違いだったわけです。これはまだ本に書かなかったのでよかったと思いました。

（坂崎乙郎《さかざきおつろう》「絵とは何か」）

(1) ——①にある「モナ・リザを読むのには、一つの椅子がいります」を正しく説明する文を、あとの語群を使って完成しなさい。（5点×5）

絵を（ ① ）なら、わずか（ ② ）でも可能だろうが、それは（ ③ ）だ。絵こそ（ ④ ）。それには椅子にゆっくり座《すわ》るくらいの（ ⑤ ）が必要だという意味が込《こ》められている。

【語群】 時間・たいへんな間違い・見る・読まなければならない・五秒

①（　　）　②（　　）
③（　　）　④（　　）
⑤（　　）

(2) （ A ）に入る言葉を次から選び、記号で答えなさい。（5点）

ア もちろん　**イ** やはり
ウ つまり　**エ** ところが

（　　）

(3) ——②の「サインのが」を正しく表しているものを次から選び、記号で答えなさい。（5点）

ア サインが　**イ** サインの絵が
ウ サインの無い作品が

（　　）

(4) この文章には「絵を読む」という表現があります。これを説明する文を完成するように、（　）に入る言葉をそのまま本文から書きぬきなさい。（5点×3）

印象派の絵描きである（ ① ）の絵を前にしたとき、筆者は絵そのものだけでなく、（ ② ）にまで目を向けている。このときは残念にも（ ③ ）が、絵を描いたときの絵描きの心を知ることが、絵を読むということだ。

①（　　）
②（　　）
③（　　）

国語

上級レベル

118

国語㉜

論説文 (2)

時間	合格	得点
20分	40点	50点

学習日（　月　日）

1 次の文章を読んで、あとの問いに答えなさい。

高校生の作文のコンクール（文藝春秋《ぶんげいしゅんじゅう》がやっていた「文の甲子園《こうしえん》」）の審査員《しんさいん》をしていた時のこと、ある年の課題で、「百聞と一見」というのがあった。「百聞は一見に如《し》かず」ということわざをふまえて、①そのどっちがいいのか、ゲーム的にディベートしてごらん、という課題だ。

□そのテーマに対して、高校生の多くが、視覚《しかく》情報と聴覚《ちょうかく》情報はどっちが確かか、という論考《ろんこう》をするので驚《おどろ》いてしまった。テレビより、案外ラジオのほうが真実が伝わったりする、なんていう論だ。

②違《ちが》うんだけど、と私《わたし》は思った。聞く、というのは、ひとに聞くことであり、伝聞なのだ。そして見るというのは、自分がその目で見ることと。つまりあのことわざは、伝聞よりも実体験のほうがよくわかる、ということを言っているのである。テレビで戦争の様子を見るのは、むしろ（ⓐ）のほうであり、その戦地へ実際に行ってみるのが、（ⓑ）である。

しかしまあ、テレビのない時代のことわざにはテレビで見ることまでは考えられてなくて、ただ、目か耳か、という話になってしまうのも無理はない。そうやって、ことわざの意味もニュアンスが変《かわ》ってしまうのだ。

③美しい日本語を守る、というのは、そういう変っていく言葉を、どこまで昔のままに守るか、という話である。私たちは、言葉をどう変えてよく、どう変えてはいけないのか。

それに対する答《こたえ》は、ある国民、ある民族の文化は、なるべく守られているほうが美しい、というところにあるのだろう。

（清水義範《しみずよしのり》「行儀《ぎょうぎ》よくしろ。」）

(1) ——①とあるが、筆者はどういうことを問いかけているのですか。（10点）

（　　　　）

(2) □に入る言葉を次から選び、記号で答えなさい。（6点）

ア だから　イ つまり　ウ ところが　エ あるいは

（　　）

(3) ——②とあるが、筆者が「違う」と思ったのはなぜですか。指定された文字数で本文中から言葉を書きぬいて答えなさい。（4点×4）

まだテレビがない時代にできた①（四字）が表している本来の②（二字）ではなく、高校生の多くが現代の状況《じょうきょう》に当てはめて、③（四字）や④（四字）という側面で論じようとしているから。

① 　② 　③ 　④

(4) （ⓐ）と（ⓑ）に入る言葉を本文中からそれぞれ二字で書きぬきなさい。（4点×2）

ⓐ（　　）ⓑ（　　）

(5) ——③について、筆者はどのように考えていますか。（10点）

（　　　　）

最上級レベル 1

時間 15分
合格 40点
得点 /50点

学習日〔　月　日〕

国語

1

次の①～⑦の――線のカタカナを漢字に直しなさい。（2点×7）

① 情報のタイハンは真実を伝えている。（　　）
② ヨウリョウが悪くて時間がかかる。（　　）
③ さまざまな思い出が胸《むね》にキョライする。（　　）
④ 適切なショチをする。（　　）
⑤ 時代のチョウリュウをうまくとらえる。（　　）
⑥ 今は成り行きをセイカンするしかない。（　　）
⑦ 動物アイゴの精神をもとう。（　　）

2

次のことわざ・慣用句に近い意味をもつ言葉としてもっともふさわしいものを、あとのア～オから選び、記号で答えなさい。（2点×5）

① 尻《しり》に火がつく（　　）
② 渡《わた》りに船（　　）
③ 猫《ねこ》に小判（　　）
④ お茶をにごす（　　）
⑤ 藪《やぶ》から棒《ぼう》（　　）

ア 幸運　イ 無駄《むだ》　ウ 突然《とつぜん》
エ ごまかし　オ あせり

3

次の各文と文の構造が同じものをそれぞれあとのア～エから選び、記号で答えなさい。（同じ記号は一度しか使えません。）（5点×4）

① 私《わたし》は彼《かれ》がゆっくりとこちらに歩いてくるのを見た。（　　）
② 黒い毛の小さな子犬がかごの中でふるえていた。（　　）
③ 台風は夜半に大阪《おおさか》に近づき、雨や風が強くなり始めた。（　　）
④ 先生はペンを止め、ぼくの話を聞きました。（　　）

ア 彼は雨が降《ふ》っているのにかさをさそうとしない。
イ ぼくは早く寝《ね》て、翌日《よくじつ》の試験に備えた。
ウ ぼくは朝から体調を崩《くず》していた。
エ ぼくは友達の家に遊びに行ったが、彼は家にはいなかった。

〔明星中―改〕

4

次の各組の――線の中で種類・用法が異《こと》なるものを一つ選び、記号で答えなさい。（3点×2）

①（　　）
ア よくそのことに気づきましたね。
イ 新しく来た先生はとても優《やさ》しい。
ウ めっきり寒くなりました。
エ とうとう終わる時がきた。

②（　　）
ア 質問をしっかり聞き、答えなさい。
イ 彼女《かのじょ》は悲しみ、泣きわめいた。
ウ 人生には喜び、そして苦しみもある。
エ 彼とはよく、散歩しながら話をする。

最上級レベル ②

学習日〔　月　日〕

時間	合格	得点
20分	40点	50点

1 次の文章を読んで、あとの問いに答えなさい。

〔あらすじ　アメリカの黒船（蒸気船《じょうきせん》）が来日した翌年《よくとし》、宇和島《うわじま》の提灯屋嘉蔵《ちょうちんやよしぞう》は、殿様《とのさま》からとんでもない注文を受ける。〕

「桑折《こおり》さまから、話があってな。ちかごろは異《い》国《こく》に、櫓《ろ》を用いずして機関《からく》で走る火輪船《かりんせん》というものができているそうじゃ」

「去年、浦賀沖《うらがおき》にぺるりとか申すめりけんの水師提督《ていとく》が乗ってきた黒船とやら申すものでござりまするか」

「そうそう、黒船じゃ。あれがきたときには日本中がひっくりかえるくらいのさわぎじゃった。そこで殿様が申される」

「殿様でござりまするか、桑折さまではござりませぬので」

「①桑折さまに申されたのじゃ。あの黒船を伊《い》予宇和島藩《ようわじまはん》でつくろうではないか、と」

「ははあ」

「桑折さまは、出入《でいり》のわしに相談なされた。御《ご》領内《りょうない》に②たれかおらぬかとそう申される。わしはハタと手をたたき、おりまする、提灯屋嘉蔵がそれでござりまする、と答えておいた」

「③えっ」

真蒼《まっさお》になった。提灯の張りかえがいかにうまかろうと、それでもって蒸気軍艦《ぐんかん》がつくれるはずがない。ところが大旦那《おおだんな》というのは大あきんどだけに豪胆《ごうたん》なひとで、

「異人《いじん》が作るものを、宇和島の提灯屋がつくれぬはずがあるまい。嘉蔵ならやれる」

と④断言してしまった。嘉蔵は⑤戦慄《せんりつ》した。もし作れなければ、藩の御用商人の旦那の顔がつぶれ、同時に御家老の桑折さまが殿様に対して面目をうしなう、ということになるだろう。

（司馬遼太郎《しばりょうたろう》「伊予《いよ》の黒船」）

(1) ——①だれが、桑折さまにどんなことを言ったのでしょう。本文中から書きぬきなさい。（6点×2）

・だれが（　　　）

・どんなことを言った（　　　）

(2) ——②桑折さまが旦那に相談した「たれかおらぬか」とは、どんな人がいないか？　という意味ですか。（　）に適当な言葉を入れなさい。（7点）

（　　　）ことができる人

(3) ——③「えっ」という言葉には、嘉蔵のどんな気持ちが表れていますか。次から正しいものを選び、記号で答えなさい。（5点）

ア　自信　　イ　やる気がない

ウ　おどろき　　エ　関心がない

（　　）

(4) ——④旦那が断言した（言いきった）根拠《こんきょ》はどんなことですか。本文中から書きぬきなさい。（7点）

（　　　）

(5) ——⑤「戦慄した」とは、おそろしさに体がふるえたり、寒気を感じたりするという意味です。そのときの嘉蔵を表す言葉を、ひらがな八文字で答えなさい。（7点）

□□□□□□□□

また、それはなぜですか。（6点×2）

旦那は（　　　）、桑折さまは（　　　）から。

～算　数～

標準レベル 1 分数のかけ算とわり算 (1)

算数①

解答

❶ (1) $\frac{7}{3}\left(2\frac{1}{3}\right)$　(2) $\frac{7}{64}$　(3) $\frac{7}{65}$

(4) $\frac{1}{30}$　(5) $\frac{14}{87}$　(6) $\frac{4}{3}\left(1\frac{1}{3}\right)$

❷ (1) $\frac{3}{5}$　(2) $\frac{11}{3}\left(3\frac{2}{3}\right)$　(3) $\frac{17}{30}$　(4) $\frac{14}{99}$

(5) 14　(6) $\frac{19}{21}$

❸ $\frac{36}{7}\left(5\frac{1}{7}\right)$

❹ $\frac{7}{8}$kg

❺ 120ページ

解説

❶ (1) $\frac{7}{12}\times4=\frac{7}{12}\times\frac{4}{1}=\frac{7}{3}$

(4) $\frac{7}{10}\div21=\frac{7}{10}\times\frac{1}{21}=\frac{1}{30}$

(5) $\frac{35}{58}\div3\frac{3}{4}=\frac{35}{58}\times\frac{4}{15}=\frac{14}{87}$

(6) $\frac{28}{15}\div1\frac{2}{5}=\frac{28}{15}\times\frac{5}{7}=\frac{4}{3}$

❷ (1) $\frac{12}{35}\div4\times7=\frac{12}{35}\times\frac{1}{4}\times\frac{7}{1}=\frac{3}{5}$

(2) $\frac{11}{18}\div\frac{4}{15}\times1\frac{3}{5}=\frac{11}{18}\times\frac{15}{4}\times\frac{8}{5}=\frac{11}{3}$

(3) $\frac{14}{15}\times\frac{13}{42}\div\frac{26}{51}=\frac{14}{15}\times\frac{13}{42}\times\frac{51}{26}=\frac{17}{30}$

(4) $\frac{88}{57}\div\frac{121}{19}\div\frac{12}{7}=\frac{88}{57}\times\frac{19}{121}\times\frac{7}{12}=\frac{14}{99}$

(6) $4\frac{2}{9}\div1\frac{1}{3}\div3\frac{1}{2}=\frac{38}{9}\times\frac{3}{4}\times\frac{2}{7}=\frac{19}{21}$

❸ 49と175の最大公約数は7、4と18の最小公倍数は36より、求める答えは$\frac{36}{7}$

ポイント

$\frac{B}{A}$にかけても$\frac{D}{C}$にかけても整数になるもっとも小さい分数を$\frac{Q}{P}$とすると、

$\frac{Q}{P}=\frac{A\text{とCの最小公倍数}}{B\text{とDの最大公約数}}$

❹ $\left(11\frac{1}{6}-\frac{2}{3}\right)\div12=\left(10\frac{7}{6}-\frac{4}{6}\right)\div12$

$=\frac{21}{2}\times\frac{1}{12}=\frac{7}{8}$(kg)

❺ $1-\frac{1}{6}\times4-\frac{1}{3}$　$10\times4-40$(ページ)

これより、この本のページ数は　$40\div\frac{1}{3}=120$(ページ)

上級レベル 2 分数のかけ算とわり算 (1)

算数②

解答

1 (1) $\frac{92}{3}\left(30\frac{2}{3}\right)$　(2) $\frac{5}{8}$　(3) $\frac{4}{21}$

(4) $\frac{7}{3}\left(2\frac{1}{3}\right)$　(5) $\frac{46}{5}\left(9\frac{1}{5}\right)$　(6) $\frac{81}{8}\left(10\frac{1}{8}\right)$

2 (1) $\frac{31}{8}\left(3\frac{7}{8}\right)$　(2) $\frac{1}{21}$　(3) $\frac{32}{3}\left(10\frac{2}{3}\right)$

(4) $\frac{28}{29}$

3 Aさんが$\frac{25}{168}$kg多い

4 正方形のほうが$\frac{161}{400}$cm^{2}広い

5 2160円

解説

1 (1) $7\frac{1}{3}\times2\frac{5}{9}\times1\frac{7}{11}=\frac{22}{3}\times\frac{23}{9}\times\frac{18}{11}=\frac{92}{3}$

(2) $2\frac{3}{4}\div2\frac{2}{5}\div1\frac{5}{6}=\frac{11}{4}\times\frac{5}{12}\times\frac{6}{11}=\frac{5}{8}$

(3) $\frac{28}{45}\times15\div49=\frac{28}{45}\times\frac{15}{1}\times\frac{1}{49}=\frac{4}{21}$

(4) $7\frac{7}{9}\div3\frac{3}{4}\times1\frac{1}{8}=\frac{70}{9}\times\frac{4}{15}\times\frac{9}{8}=\frac{7}{3}$

(5) $9\frac{6}{25}\div8\frac{1}{4}\times8\frac{3}{14}=\frac{231}{25}\times\frac{4}{33}\times\frac{115}{14}=\frac{46}{5}$

(6) $6\frac{3}{7}\times5\frac{1}{4}\div3\frac{1}{3}=\frac{45}{7}\times\frac{21}{4}\times\frac{3}{10}=\frac{81}{8}$

2 (1) $2\frac{2}{5}\times\left(\frac{7}{2}+\frac{5}{3}\right)\div\frac{16}{5}=\frac{12}{5}\times\frac{31}{6}\times\frac{5}{16}=\frac{31}{8}$

(2) $\left(\frac{5}{21}-\frac{3}{14}\right)\times\frac{7}{2}\div1\frac{3}{4}=\frac{1}{42}\times\frac{7}{2}\times\frac{4}{7}=\frac{1}{21}$

(3) $3\frac{1}{3}\div\left(\frac{11}{21}-\frac{1}{6}\right)\times\frac{8}{7}=\frac{10}{3}\times\frac{14}{5}\times\frac{8}{7}=\frac{32}{3}$

(4) $3\frac{7}{9}\div\left\{\left(\frac{5}{6}+\frac{7}{9}\right)\times\frac{3}{7}\right\}\times\frac{3}{17}=\frac{34}{9}\div\left(\frac{29}{18}\times\frac{3}{7}\right)\times\frac{3}{17}$

$=\frac{34}{9}\times\frac{42}{29}\times\frac{3}{17}=\frac{28}{29}$

3 Aさんは、$\left(36\frac{5}{6}-34\frac{7}{8}\right)\div7=\frac{47}{168}$(kg)

Bさんは、$\left(42\frac{1}{6}-40\frac{1}{3}\right)\div14=\frac{11}{84}$(kg)

よって、Aさんが$\frac{47}{168}-\frac{11}{84}=\frac{25}{168}$(kg)多い。

4 正方形の面積は、$3\frac{19}{20}\times3\frac{19}{20}=15\frac{241}{400}$(cm^2)

台形の面積は、

$\left(3\frac{4}{5}+2\frac{5}{7}\right)\times4\frac{2}{3}\div2=6\frac{18}{35}\times4\frac{2}{3}\div2=15\frac{1}{5}$(cm^2)

よって、正方形のほうが$15\frac{241}{400}-15\frac{1}{5}=\frac{161}{400}$(cm^2)広い。

5 貯金の目標金額の $\frac{7}{8}$ は $630\div\left(1-\frac{2}{3}\right)=1890$(円)

だから、貯金の目標金額は、$1890\div\frac{7}{8}=2160$(円)

標準レベル 3 分数のかけ算とわり算 (2)

算数③

解答

1 (1) $\frac{2}{15}$ (2) $\frac{2}{7}$ (3) $\frac{64}{9}\left(7\frac{1}{9}\right)$ (4) $\frac{2}{25}$

(5) $\frac{1}{96}$ (6) 1

2 (1) $\frac{15}{64}$ (2) $\frac{20}{17}\left(1\frac{3}{17}\right)$ (3) $\frac{3}{10}$

(4) $\frac{12}{5}\left(2\frac{2}{5}\right)$

3 ある数— $\frac{5}{8}$ 正しい答え— $\frac{45}{32}\left(1\frac{13}{32}\right)$

4 11個

5 (1) $\frac{57}{5}\left(11\frac{2}{5}\right)$ 分 (2) $\frac{19}{120}$ 分

6 $\frac{3}{8}$

解説

2 (1) $\square=\frac{5}{24}\div\frac{8}{9}=\frac{5}{24}\times\frac{9}{8}=\frac{15}{64}$

(2) $\square=\frac{12}{17}\div\frac{3}{5}=\frac{12}{17}\times\frac{5}{3}=\frac{20}{17}$

(3) $\square=\frac{3}{4}\times\frac{2}{5}=\frac{3}{10}$

(4) $\square=\frac{9}{10}\div\frac{3}{8}=\frac{9}{10}\times\frac{8}{3}=\frac{12}{5}$

3 (ある数)$\times\frac{4}{9}=\frac{5}{18}$ より、(ある数)$=\frac{5}{18}\div\frac{4}{9}=\frac{5}{8}$

正しい答えは、$\frac{5}{8}\div\frac{4}{9}=\frac{5}{8}\times\frac{9}{4}=\frac{45}{32}$

4 問題文を式に表すと、$\frac{1}{6}<\frac{3}{\square}<\frac{1}{2}$ となる。

それぞれの分子を3にそろえると、$\frac{3}{18}<\frac{3}{\square}<\frac{3}{6}$ となる。

これより、□=7、8、9、10、11、12、13、14、15、16、17の11個

5 (1) $3\frac{4}{5}\times3=\frac{57}{5}$(分)

(2) 1日は24時間なので、$3\frac{4}{5}\div24=\frac{19}{120}$(分)

6 $\frac{1}{2\times3}+\frac{1}{3\times4}+\frac{1}{4\times5}+\frac{1}{5\times6}+\frac{1}{6\times7}+\frac{1}{7\times8}$

$=\left(\frac{1}{2}-\frac{1}{3}\right)+\left(\frac{1}{3}-\frac{1}{4}\right)+\left(\frac{1}{4}-\frac{1}{5}\right)+\left(\frac{1}{5}-\frac{1}{6}\right)+\left(\frac{1}{6}-\frac{1}{7}\right)$

$+\left(\frac{1}{7}-\frac{1}{8}\right)=\frac{1}{2}-\frac{1}{8}=\frac{3}{8}$

上級レベル 4 分数のかけ算とわり算 (2)

算数④

解答

1 (1) $\frac{5}{16}$ (2) $\frac{29}{28}\left(1\frac{1}{28}\right)$ (3) 75

(4) $\frac{32}{9}\left(3\frac{5}{9}\right)$ (5) 1 (6) $\frac{550}{63}\left(8\frac{46}{63}\right)$

(7) $\frac{13}{21}$ (8) $\frac{133}{102}\left(1\frac{31}{102}\right)$ (9) $\frac{3}{19}$

2 ある数— $\frac{11}{12}$ 正しい答え— $\frac{31}{42}$

3 78

4 $\frac{1}{32}$

5 (1) 30 (2) 19

解説

1 (2) $\left(\frac{12}{7}-\frac{3}{14}\right)\times\left(\frac{1}{2}+\frac{1}{3}-\frac{1}{7}\right)=\frac{24-3}{14}\times\frac{21+14-6}{42}$

$=\frac{21}{14}\times\frac{29}{42}=\frac{29}{28}$

(7) $\frac{13}{17}\times\frac{8}{21}+\frac{13}{17}\times\frac{3}{7}=\frac{13}{17}\times\left(\frac{8}{21}+\frac{3}{7}\right)$

$=\frac{13}{17}\times\frac{17}{21}=\frac{13}{21}$

ポイント

( )を使った計算のきまり

・(□+○)×△=□×△+○×△

・(□−○)÷△=□÷△−○÷△

2 ある数を□とすると、$\square\times\frac{4}{7}+\frac{3}{8}=\frac{151}{168}$

$\square\times\frac{4}{7}=\frac{151}{168}-\frac{3}{8}=\frac{11}{21}$ $\square=\frac{11}{21}\div\frac{4}{7}=\frac{11}{12}$

正しい計算の答えは、$\left(\frac{11}{12}+\frac{3}{8}\right)\times\frac{4}{7}=\frac{31}{42}$

3 $143\div(5+6)=13$

$6\times13=78$

4 $\frac{A}{B}=\frac{4}{5}$ より、$5\times A=4\times B$

$\frac{C}{A}=\frac{1}{4}$ より、$A=4\times C$

$A+B=36$ より、$5\times A+5\times B=180$

よって、$4\times B+5\times B=180$

$9\times B=180$ より、$B=180\div9=20$

$A+B=36$ より、$A+20=36$ $A=36-20=16$

$A=4\times C$ より、$16=4\times C$ $C=4$

$\frac{A+B+C}{A\times B\times C}=\frac{16+20+4}{16\times20\times4}=\frac{40}{16\times20\times4}=\frac{1}{32}$

5 (1) $\frac{5+6+7}{5\times6\times7}=\frac{5}{5\times6\times7}+\frac{6}{5\times6\times7}+\frac{7}{5\times6\times7}$

$=\frac{1}{6\times7}+\frac{1}{5\times7}+\frac{1}{5\times6}=\frac{1}{42}+\frac{1}{35}+\frac{1}{30}$

(2)通分や約分の考え方を利用して求める。

$\frac{1}{6\times\square}-\frac{1}{25\times\square}$

$=\frac{25}{6\times\square\times25}-\frac{6}{25\times\square\times6}$

$=\frac{25}{150\times\square}-\frac{6}{150\times\square}$

$=\frac{19}{150\times\square}$

この分数の分子、分母を 19 でわると $\frac{1}{150}$ になることから、□＝19 となる。

標準レベル 5 小数と分数の混合計算 算数⑤

解答

❶ (1) $\frac{103}{100}\left(1\frac{3}{100}\right)$ (2) $\frac{37}{50}$ (3) $\frac{9}{4}\left(2\frac{1}{4}\right)$

(4) $\frac{124}{25}\left(4\frac{24}{25}\right)$

❷ (1) 0.375 (2) 2.75 (3) 1.24

(4) 0.3125

❸ (1) $\frac{47}{40}\left(1\frac{7}{40}\right)$ (2) $\frac{11}{15}$ (3) $\frac{113}{60}\left(1\frac{53}{60}\right)$

(4) $\frac{28}{9}\left(3\frac{1}{9}\right)$ (5) $\frac{5}{24}$ (6) $\frac{475}{27}\left(17\frac{16}{27}\right)$

❹ (1) 小数― 11.7 m　分数― $\frac{117}{10}\left(11\frac{7}{10}\right)$ m

(2) 小数― 8.28 m^2　分数― $\frac{207}{25}\left(8\frac{7}{25}\right)$ m^2

❺ (1) 小数― 21.75 km

分数― $\frac{87}{4}\left(21\frac{3}{4}\right)$ km

(2) 53.9 kg

解説

❸ 分数と小数の混じった計算は、分数にそろえてから計算する。

(1) $\frac{4}{5}+0.375=\frac{4}{5}+\frac{375}{1000}=\frac{4}{5}+\frac{3}{8}=\frac{32+15}{40}=\frac{47}{40}$

(2) $2.15-1\frac{5}{12}=\frac{215}{100}-\frac{17}{12}=\frac{43}{20}-\frac{17}{12}=\frac{129-85}{60}$

$=\frac{44}{60}=\frac{11}{15}$

(3) $0.8-\frac{2}{3}+1.75=\frac{8}{10}-\frac{2}{3}+\frac{175}{100}=\frac{4}{5}-\frac{2}{3}+\frac{7}{4}$

$=\frac{48-40+105}{60}=\frac{113}{60}$

(4) $1\frac{1}{6}\times0.4\div0.15=\frac{7}{6}\times\frac{4}{10}\div\frac{15}{100}=\frac{7\times4\times100}{6\times10\times15}$

$=\frac{28}{9}$

(5) $\frac{1}{2}\times0.25\times1\frac{2}{3}=\frac{1}{2}\times\frac{1}{4}\times\frac{5}{3}=\frac{5}{24}$

(6) $1\frac{1}{18}\div0.5\div0.12=\frac{19}{18}\div\frac{1}{2}\div\frac{12}{100}=\frac{19\times2\times100}{18\times1\times12}$

$=\frac{475}{27}$

❹ (1) $\left(3.45+2\frac{2}{5}\right)\times2=\left(\frac{69}{20}+\frac{12}{5}\right)\times2=\frac{117}{20}\times2$

$=\frac{117}{10}=11\frac{7}{10}=11.7$ (m)

(2) $3.45\times2\frac{2}{5}=\frac{69}{20}\times\frac{12}{5}=\frac{69\times12}{20\times5}=\frac{207}{25}=8\frac{7}{25}$

$=8.28$ (m^2)

❺ (1) $6\div\frac{2}{5}\times1.45=\frac{6\times5\times29}{2\times20}=\frac{87}{4}=21\frac{3}{4}$

$=21.75$ (km)

(2)正さんの体重は、$48.3\times1\frac{1}{7}-1.3$

$=\frac{483\times8}{10\times7}-\frac{13}{10}=\frac{276}{5}-\frac{13}{10}=\frac{539}{10}=53.9$ (kg)

上級レベル 6 小数と分数の混合計算 算数⑥

解答

1 (1) 16 (2) 4 (3) 5 (4) $\frac{3}{2}\left(1\frac{1}{2}\right)$

(5) 6 (6) 4 (7) $\frac{6}{5}\left(1\frac{1}{5}\right)$ (8) $\frac{1}{3}$

(9) 5 (10) $\frac{3}{4}$ (11) $\frac{3}{4}$ (12) $\frac{5}{7}$

2 0.44、$\frac{4}{9}$、0.45、$\frac{5}{11}$、0.46、$\frac{6}{13}$

3 (1) 0.0019

(2) 8.484

解説

1 (1) $1\frac{1}{9}\times3.2\times4.5=\frac{10}{9}\times\frac{32}{10}\times\frac{45}{10}=16$

(2) $1\frac{1}{3}\times1.25\times2.4=\frac{4}{3}\times\frac{125}{100}\times\frac{24}{10}=4$

(3) $2\frac{2}{3}\times1.5\times1.25=\frac{8}{3}\times\frac{3}{2}\times\frac{125}{100}=5$

(4) $0.75\times\frac{6}{7}\times2\frac{1}{3}=\frac{3}{4}\times\frac{6}{7}\times\frac{7}{3}=\frac{3}{2}$

(5) $3\frac{1}{3}\times0.8\times2.25=\frac{10}{3}\times\frac{4}{5}\times\frac{9}{4}=6$

(6) $1.8\times1\frac{7}{9}\times1.25=\frac{9}{5}\times\frac{16}{9}\times\frac{5}{4}=4$

(7) $0.8\div1\frac{1}{9}\div\frac{3}{5}=\frac{4}{5}\div\frac{10}{9}\div\frac{3}{5}=\frac{4\times9\times5}{5\times10\times3}=\frac{6}{5}$

(8) $\frac{5}{6}\div2.25\div1\frac{1}{9}=\frac{5}{6}\div\frac{9}{4}\div\frac{10}{9}=\frac{5\times4\times9}{6\times9\times10}=\frac{1}{3}$

(9) $3.75\div\frac{5}{8}\div1.2=\frac{15}{4}\div\frac{5}{8}\div\frac{6}{5}=\frac{15\times8\times5}{4\times5\times6}=5$

(10) $\frac{3}{8}\div0.75\div\frac{2}{3}=\frac{3}{8}\div\frac{3}{4}\div\frac{2}{3}=\frac{3\times4\times3}{8\times3\times2}=\frac{3}{4}$

(11) $\frac{3}{8}\div0.4\div1\frac{1}{4}=\frac{3}{8}\div\frac{2}{5}\div\frac{5}{4}=\frac{3\times5\times4}{8\times2\times5}=\frac{3}{4}$

(12) $1.5\div\frac{7}{10}\div3=\frac{3}{2}\div\frac{7}{10}\div3=\frac{3\times10\times1}{2\times7\times3}=\frac{5}{7}$

2 $\frac{6}{13}=0.461\cdots$、$\frac{4}{9}=0.444\cdots$、$\frac{5}{11}=0.454\cdots$ より、

0.44、$\frac{4}{9}$、0.45、$\frac{5}{11}$、0.46、$\frac{6}{13}$ の順

3 (1) $4.28\times2.43-\frac{3}{4}=9.6504$

$9.6504\div0.23=41.95$ あまり 0.0019

(2)ある数を□で表すと、$(□+1.8)\times\frac{3}{4}=4.2$ より、

□=3.8

よって、ある数を装置Aに入力したときの答えは、

$3.8\times2.43-\frac{3}{4}=8.484$

標準レベル 7 比

算数⑦

解答

1 (1) 17：20　(2) 300：23
(3) 3100：231

2 (1) 1：4　(2) 20：1
(3) 4：3　(4) 5：1
(5) 5：12　(6) 24：7

3 (1) 36　(2) 24　(3) 4　(4) 8

4 (1) 750円　(2) 60 cm^2
(3) 18人　(4) 500円
(5) 60円　(6) 680円

解説

2 小数の比を簡単《かんたん》にするには、10倍や100倍をして、整数の比にする。

(2) 4：0.2=40：2=20：1

分数の比を簡単《かんたん》にするには、通分し分子の比をつくる。

分数と小数の比を簡単にするにはまず小数を分数に直し、通分する。

(3) $\frac{2}{3}:\frac{1}{2}=\frac{4}{6}:\frac{3}{6}=4:3$

(4) $\frac{3}{4}:0.15=\frac{3}{4}:\frac{3}{20}=\frac{15}{20}:\frac{3}{20}=15:3=5:1$

単位が異《こと》なる比を簡単《かんたん》にするときには、まず単位をそろえることが必要である。

(5) 50 cm：1.2 m=50 cm：120 cm=5：12

(6) 2時間：35分=120分：35分=24：7

3 (1) □=9×4=36

(2) □=4×42÷7=24

(3) □=24×8÷48=4

(4) □=3×40÷15=8

4 (1) $1000\times\frac{3}{4}=750$(円)

(2)横の長さが $6\times\frac{5}{3}=10$(cm) だから、面積は

$6\times10=60$(cm^2)

(3) $38\times\frac{9}{10+9}=18$(人)

(4) $4000\times\frac{9-7}{9+7}=500$(円)

(5) $(600+360)\times\frac{7}{9+7}-360=60$(円)

(6)姉と妹の残りのお金の和は、

$(700-50)\div\frac{13}{13+12}=1250$(円)

$1250-650+80=680$(円)

別解 $(700-50)\times\frac{12}{13}=600$(円)が妹の残りのお金なので、$600+80=680$(円)

上級レベル 8 比

算数⑧

解答

1 (1) 24：5　(2) 9：19
(3) 3：5　(4) 6：25

2 (1) 8　(2) 12
(3) $\frac{4}{5}$(0.8)　(4) $\frac{3}{4}$(0.75)

3 189：105：50

4 4116 m^2

5 1630円

6 Aさん— 5500円　Bさん— 2500円

7 25枚《まい》

解説

1 (1) $3\frac{3}{5}:0.75=3\frac{3}{5}:\frac{3}{4}=\frac{18}{5}:\frac{3}{4}=\frac{72}{20}:\frac{15}{20}$
$=24:5$

(2) $2.25:4\frac{3}{4}=2\frac{1}{4}:4\frac{3}{4}=\frac{9}{4}:\frac{19}{4}=9:19$

(3) 0.25時間：25分=15分：25分=3：5

(4) $840cm^2:\frac{7}{20}m^2=840cm^2:3500cm^2=6:25$

2 (1) $□=6\times\frac{4}{5}\div\frac{3}{5}=6\times\frac{4}{5}\times\frac{5}{3}=\frac{6\times4\times5}{5\times3}=8$

(2) $□=2\frac{2}{3}\times5\div1\frac{1}{9}=\frac{8}{3}\times5\times\frac{9}{10}=\frac{8\times5\times9}{3\times10}=12$

(3) $□=3\times\frac{8}{15}\div2=\frac{3\times8\times1}{15\times2}=\frac{4}{5}$

(4) $□=0.4\times3\frac{1}{3}\div1\frac{7}{9}=\frac{2}{5}\times\frac{10}{3}\times\frac{9}{16}=\frac{2\times10\times9}{5\times3\times16}=\frac{3}{4}$

3 $a:b=\frac{3}{5}:\frac{1}{3}=9:5$

$b:c=3:\frac{10}{7}=21:10$

$a:b:c=189:105:50$

4 まわりの長さが 266 m なので、縦《たて》と横の長さの和は
$266 \div 2 = 133$(m)

縦《たて》の長さは、$133 \times \frac{12}{12+7} = 84$(m)、

横の長さは、$133 - 84 = 49$(m)だから、

面積は、$84 \times 49 = 4116$(m^2)

5 B さんの貯金額を□円とすると、

1400：(□＋50)＝5：6

(□＋50)×5＝1400×6

□＝1630(円)

ポイント

$a : b = c : d$ のとき、$a \times d = b \times c$

6 わたした後の A さんの所持金は

$8000 \times \frac{9}{9+7} = 4500$(円)、

B さんの所持金は $8000 - 4500 = 3500$(円)

下の図より、①は $4500 - 3500 = 1000$(円)

よって、最初の A さんの所持金は、

$4500 + 1000 = 5500$(円)、

最初の B さんの所持金は、

$3500 - 1000 = 2500$(円)

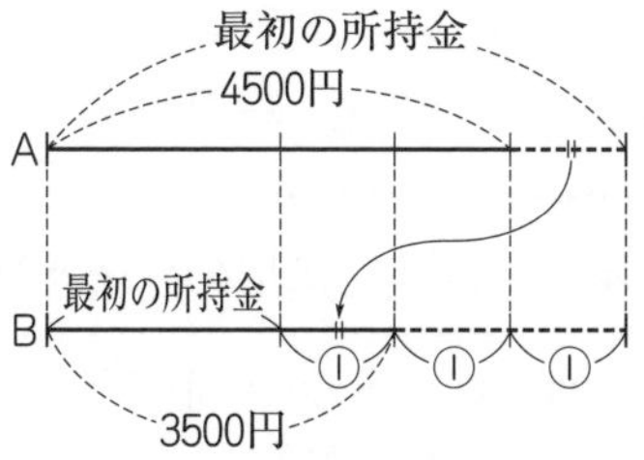

7 枚数《まいすう》の比は、$\frac{10}{500} : \frac{5}{100} : \frac{4}{50} = 2 : 5 : 8$

100 円玉の枚数は、$75 \times \frac{5}{2+5+8} = 25$(枚)

標準レベル 9 比例と反比例

算数⑨

解答

1 (1) 12　(2) 9　(3) 37.5

2 (1) 875 円　(2) 72 g　(3) 175 円

3 1 月 3 日の午前 9 時

4 7.5 cm

5 45 回転

解説

ポイント

比例の関係……ともなって変化する 2 つの数量があり、一方が 2 倍、3 倍、……となると、他方も 2 倍、3 倍、……となるとき、この 2 つの数量は比例するという。

反比例の関係……ともなって変化する 2 つの数量があり、一方が 2 倍、3 倍、……となると、他方が $\frac{1}{2}$ 倍、$\frac{1}{3}$ 倍、……となるとき、この 2 つの数量は反比例するという。

1 (1) x は 6 から 8 に増えている。$8 \div 6 = \frac{4}{3}$(倍) なので、y も $\frac{4}{3}$ 倍になるから、$y = 9 \times \frac{4}{3} = 12$

(2) x は 3 から 5 に増えている。$5 \div 3 = \frac{5}{3}$(倍) なので、y は $\frac{3}{5}$ 倍になるから、$y = 15 \times \frac{3}{5} = 9$

(3) x が 60 % 増えるということは、もとの 1.6 倍 $= \frac{8}{5}$ 倍になるということなので、y はもとの $\frac{5}{8}$ 倍になり、$\frac{3}{8}$ だけ減る。

よって、$\frac{3}{8} = 0.375$ より、37.5%減る。

2 (1) $500 \div 4 \times 7 = 875$(円)

(2) $48 \div 20 \times 30 = 72$(g)

(3) $(350 \div 50) \times (500 \div 20) = 175$(円)

3 5 分＝300 秒なので、

$300 \div 6 = 50$(時間)

50 時間＝2 日 2 時間 より、

1 月 3 日の午前 9 時

4 15 g のとき 9 cm、25 g のとき 10 cm なので、10 g で 1 cm 長くなる。1 g では 0.1 cm 長くなるので、おもりのないときのバネの長さは

$9 - 0.1 \times 15 = 7.5$(cm)

5 かみ合って回転する歯車では、歯数と回転数の積が等しいので、歯数の比と回転数の比は逆比になる。歯数の比は A：B＝48：32＝3：2 より、回転数の比は A：B＝2：3、A の回転数は 30 なので、30：B の回転数＝2：3 より、B の回転数は $30 \times 3 \div 2 = 45$(回転)

別解 $48 \times 30 = 32 \times$ B の回転数 より、

B の回転数＝$48 \times 30 \div 32 = 45$(回転)

上級レベル 10 比例と反比例

算数⑩

解答

1 歯車 B— 24　歯車 C— 32

2 (1) $y = 8 \times x$　(2) 6 秒後

3 (1) 6 cm　(2) 8 分後　(3) 7 分後

4 132 分(2 時間 12 分)

解説

1 歯車 A と B の回転数の比は 2：5 なので、歯数の比は 5：2　60：B の歯数＝5：2 より、

B の歯数は $60 \times 2 \div 5 = 24$ となる。

また、歯車 B と歯車 C の回転数の比は 4：3 なので、

歯数の比は 3：4　24：C の歯数＝3：4 より、

C の歯数は、$24 \times 4 \div 3 = 32$

2 (1)点Pは毎秒2cmの速さで辺BC上をCまで移動するので、x秒後の三角形ABPの面積を$y$cm^{2}とすると、$y=2\times x\times 8\div 2$　$y=8\times x$
(2)長方形ABCDの面積は、18×8=144(cm^2)
三角形ABPの面積が長方形ABCDの面積の$\frac{1}{3}$になるのは、$144\times\frac{1}{3}=8\times x$　$x=6$(秒後)

3 (1)ろうそくBは12−4=8(分間)で4cm燃えることがわかるので、1分間に4÷8=0.5(cm) 燃える。
よって、火をつける前のろうそくBの長さは
0.5×4+4=6(cm)
(2)ろうそくAは2分間で5cm燃えることがわかるので、1分間に5÷2=2.5(cm) 燃える。
4分後のろうそくAの長さは10cmなので、燃えつきるのは、はじめに火をつけてから
10÷2.5+4=8(分後)
(3)(1)、(2)より、4分後以降《いこう》のろうそくA、Bのそれぞれの長さを表にまとめると、次のようになるから、ろうそくAとBの長さが等しくなるのは7分後

時間(分)	4	5	6	7	8	9	10	11	12
ろうそくA(cm)	10	7.5	5	2.5	0	−	−	−	−
ろうそくB(cm)	4	3.5	3	2.5	2	1.5	1	0.5	0

別解 4分のとき、AとBの長さの差は10−4=6(cm)
2.5−0.5=2(cm)より、AはBより1分で2cm長く燃えるので、6÷2=3(分後)に長さが等しくなる。
よって、4+3=7(分後)に同じ長さになる。

4 1辺10cmの立方体の体積は1000cm^3、表面積は600cm^2
また、縦《たて》10cm、横20cm、高さ8cmの直方体の体積は1600cm^3、表面積は880cm^2
よって、直方体の体積は立方体の$\frac{8}{5}$倍、表面積は$\frac{22}{15}$倍だから、氷がとけるのにかかる時間は
$121\times\frac{8}{5}\times\frac{15}{22}=132$(分)

標準レベル 11 円とおうぎ形 算数⑪

解答

1 それぞれ面積、まわりの長さの順に、
(1) 200.96cm^2、50.24cm
(2) 78.5cm^2、31.4cm
(3) 56.52cm^2、30.84cm
(4) 157cm^2、51.4cm
(5) 58.875cm^2、37.85cm
(6) 847.8cm^2、130.2cm
(7) 169.56cm^2、55.68cm

2 それぞれ面積、まわりの長さの順に、
(1) 25.12cm^2、25.12cm
(2) 75.36cm^2、87.92cm
(3) 128cm^2、50.24cm
(4) 50cm^2、31.4cm

解説

1
注意　円周率を用いて計算するときは、できるだけ最後に計算したほうがよい。

2 面積を求めやすくするために、図形の一部を移動させて考えるとよい。
(1)左下の半円を右に回転させると、半径4cmの半円になる。
4×4×3.14÷2=25.12(cm^2)
(2)(8+6)÷2=7(一番大きな円の半径)
7×7×3.14−4×4×3.14−3×3×3.14
=(7×7−4×4−3×3)×3.14
=(49−16−9)×3.14=24×3.14=75.36(cm^2)
(3) 8×16=128(cm^2)

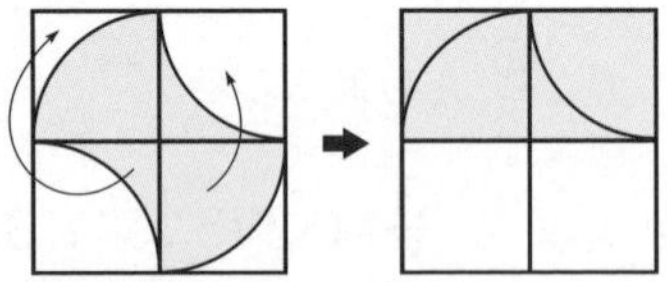

(4) 5×10=50(cm^2)

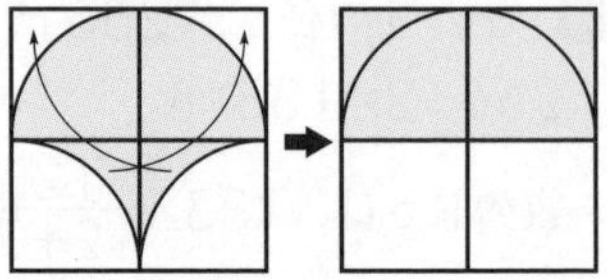

上級レベル 12 円とおうぎ形 算数⑫

解答

1 それぞれ面積、まわりの長さの順に、
(1) 24cm^2、37.68cm
(2) 4.71cm^2、21.42cm

2 (1) 23.4cm^2　(2) 43cm^2

3 面積―5.13cm^2　まわりの長さ―10.71cm

4 226.08cm^2

5 10.26cm^2

解説

1 (1)面積は、直角三角形と直径8cmの半円と直径6cmの半円の和から直径10cmの半円をひいたものである。
8×6÷2+4×4×3.14÷2+3×3×3.14÷2
−5×5×3.14÷2
=24+(16+9−25)×3.14÷2=24(cm^2)

ポイント
求める面積は、直角三角形の面積と等しくなる。

まわりの長さは、直径8cmの半円と直径6cmの半円と直径10cmの半円の曲線部分である。
8×3.14÷2+6×3.14÷2+10×3.14÷2
=12×3.14=37.68(cm)
(2)面積は半径3cm、中心角60°のおうぎ形に等しい。
まわりの長さ

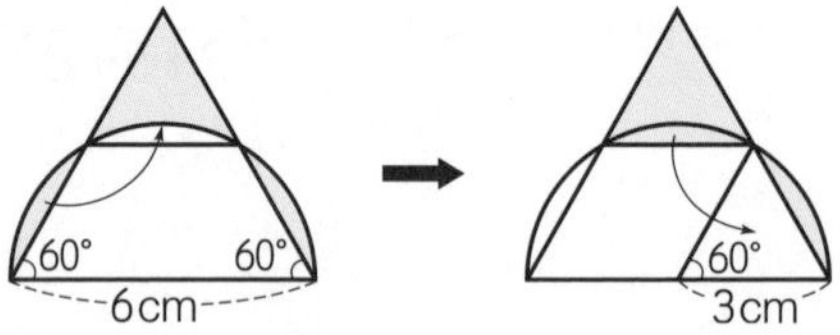

は、直径 6 cm の半円の曲線部分と正三角形の辺 2 つ分だから、$6\times3.14\div2+6\times2=21.42$(cm)

2 (1) $8\times8\times3.14\div4-4\times4\div2-4\times4\times3.14\times\frac{135}{360}$
$=16\times3.14-6\times3.14-8=23.4(cm^2)$
(2)四角形は対角線の長さが 20 cm のひし形と考える。
$20\times20\div2-10\times10\times3.14\div4\times2=43(cm^2)$

3 色のついた部分の面積はおうぎ形 BEC から、直角二等辺三角形 BEF をひいたものになる。

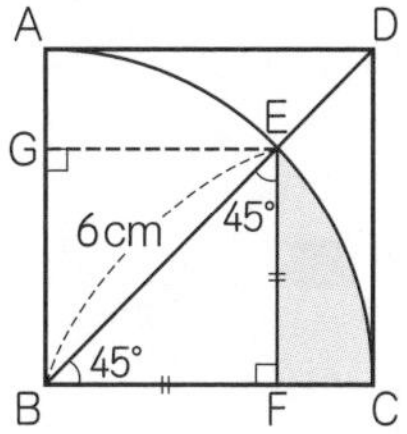

おうぎ形 BEC の面積は、
$6\times6\times3.14\times\frac{45}{360}=14.13(cm^2)$
直角二等辺三角形 BEF の面積は、正方形 BFEG の半分と考えることができる。
正方形の面積は「対角線 × 対角線 ÷2」で求めることができるので、直角二等辺三角形 BEF の面積は、
$6\times6\div2\div2=9(cm^2)$ より、
色のついた部分の面積は、$14.13-9=5.13(cm^2)$
また、おうぎ形 BEC の曲線部分の長さは、
$6\times2\times3.14\times\frac{45}{360}=4.71$(cm)
$EF+FC=BF+FC=6$(cm) より、
色のついた部分のまわりの長さは、
$4.71+6=10.71$(cm)

4 中央の色のついた部分を切り分けて移動させると中心角が 240° のおうぎ形が 3 つできるので、円 2 つ分の面積に等しい。

5 長方形の面積は $18\ cm^2$、円の $\frac{1}{4}$ のおうぎ形の面積は $28.26\ cm^2$
ア =  − 、イ = 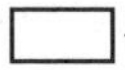 −  より、アとイの差は
 − 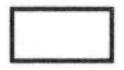 $=28.26-18=10.26(cm^2)$

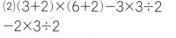

標準レベル 13 複合図形の面積

算数⑬

解答

1 (1) $18.24\ cm^2$ (2) $57\ cm^2$ (3) $1.72\ cm^2$
(4) $14.13\ cm^2$ (5) $12.87\ cm^2$
(6) $28.5\ cm^2$
2 $335.5\ cm^2$
3 (1) $19.5\ cm^2$ (2) $32.5\ cm^2$ (3) $199\ cm^2$
(4) $10\ cm^2$

解説

1 (1)下の図のように考える。

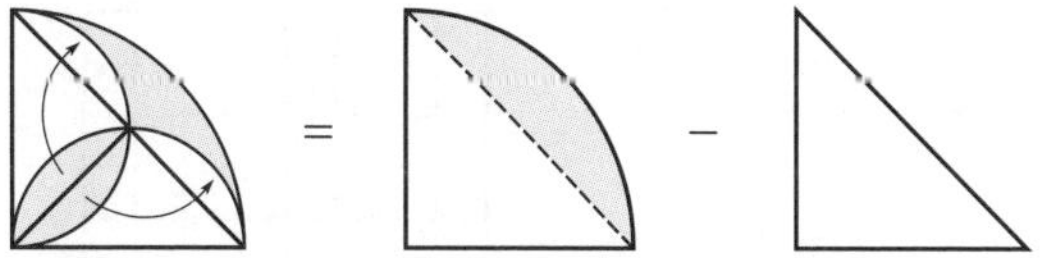

$8\times8\times3.14\div4-8\times8\div2=18.24(cm^2)$
(2)もとの図形を 4 分割《ぶんかつ》し、さらに対角線をひいて考える。

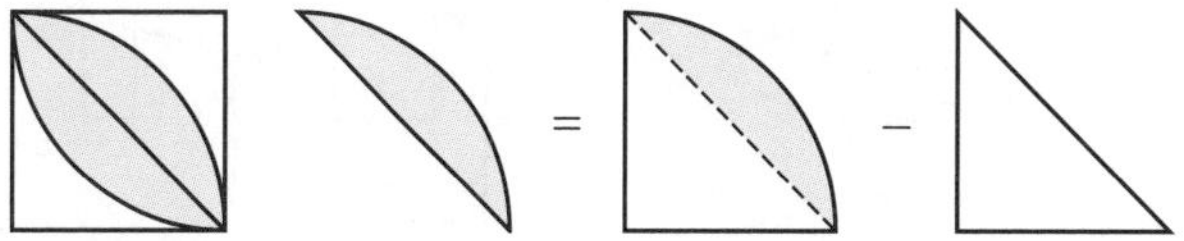

$(5\times5\times3.14\div4-5\times5\div2)\times8=57(cm^2)$
(3) $4\times4\div2-4\times4\times3.14\div8=8-6.28=1.72(cm^2)$
(4)中心角が 60° のおうぎ形が 3 つあるので、これを合わせると、半円になる。
$3\times3\times3.14\div2=14.13(cm^2)$
(5) 1 辺が 6cm の正方形から、1 辺が 3 cm の正方形と半径が 3 cm で中心角が 90° のおうぎ形を 2 つ、つまり半円をひいて求める。
$6\times6-3\times3-3\times3\times3.14\div2=12.87(cm^2)$
(6)円の中の正方形はひし形とみて、面積を求める。
$5\times5\times3.14-10\times10\div2=28.5(cm^2)$

2 $10\times10+10\times10\times3.14\times\frac{3}{4}=335.5(cm^2)$

3 (1)対角線で 2 つに分けて考える。

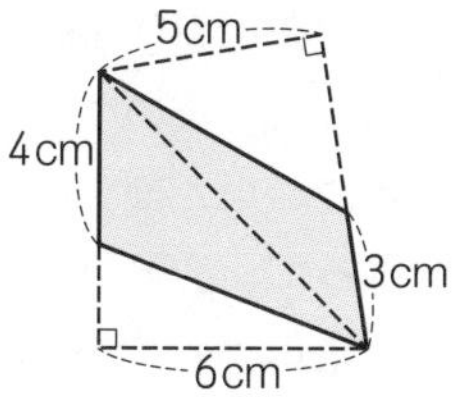

$4\times6\div2+3\times5\div2=19.5(cm^2)$
(2)$(3+2)\times(6+2)-3\times3\div2$
$-2\times3\div2$
$=5\times8-4.5-3=32.5(cm^2)$
(3)正方形と直角三角形に分けて求める。
$13\times13+5\times12\div2=169+30=199(cm^2)$
(4) $4\times3\div2+4\times2\div2=4\times(3+2)\div2=4\times5\div2$
$=10(cm^2)$

上級レベル 14 複合図形の面積

算数⑭

解答

1 (1) $27.5\ cm^2$ (2) $30\ cm^2$ (3) $30\ cm^2$
(4) $110\ cm^2$ (5) $21\ cm^2$ (6) $4.6\ cm^2$
(7) $13.5\ cm^2$ (8) $24\ cm^2$
2 $88\ cm^2$
3 $6.4\ cm^2$

解説

1 (1)$(2+3)\times(5+6)-2\times5\div2-6\times2\div2-11\times3\div2$
$=55-5-6-16.5=27.5(cm^2)$
(2)白い部分をはしに移動させて考える。
$(6-1)\times(8-2)=30(cm^2)$

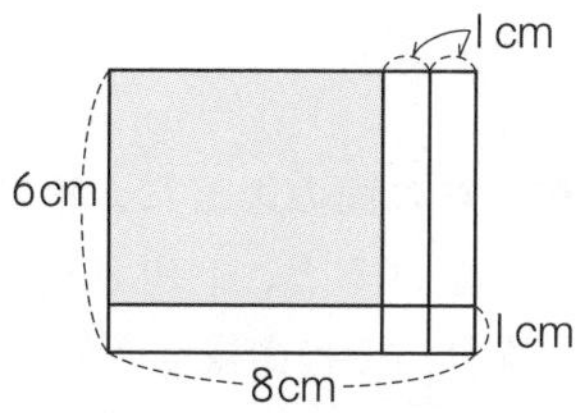

(3)小さい三角形の底辺は $12\times\frac{2}{3}=8$(cm)、高さは $9\times\frac{2}{3}=6$(cm) なので、
$12\times9\div2-8\times6\div2=54-24=30(cm^2)$

(4)底辺を 20 cm としたときの 40 cm^2 の三角形の高さは 4 cm なので、
色のついた部分の三角形の高さは 15−4=11(cm)
よって、20×11÷2=110(cm^2)
(5)色のついた 2 つの三角形のそれぞれの高さを求めることはできないが、7 cm の辺を共通した底辺と考えると、2 つの三角形の高さの和は 6 cm となる。
よって、7×6÷2=21(cm^2)
(6)(4+2)×(4+2)−4×4×3.14÷2−2×2×3.14÷2
=36−(8+2)×3.14=4.6(cm^2)
(7) CE：ED=6：3=②：①
よって、BC：FD=2：1
FD=4.5 cm より、
6×4.5÷2=13.5(cm^2)
(8) 4 cm の辺を色のついた 2 つの三角形の共通した底辺と考える。

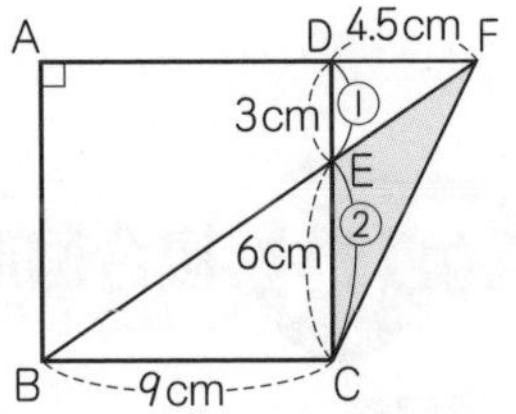

2 つの三角形のそれぞれの高さを求めることはできないが、2 つの三角形の高さの和は 12 cm となる。
よって、4×12÷2=24(cm^2)

2 ㋐は、8×8−4×5÷2×2=44(cm^2)
㋑も㋐と同じ面積だから、
44×2=88(cm^2)

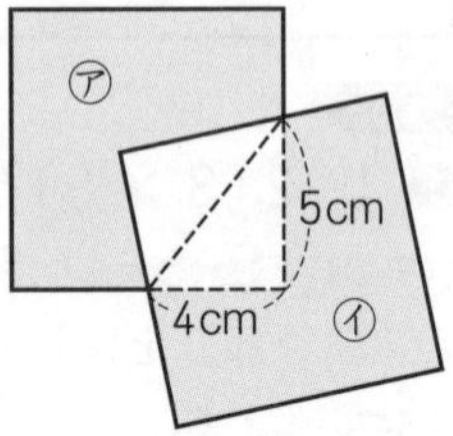

3 右の図のように、正方形を 16 個つなげると、1 辺 8 cm の正方形になり、その面積は 64 cm^2
これはもとの正方形 10 個分の面積に等しいので、正方形 1 つの面積は 6.4 cm^2 である。

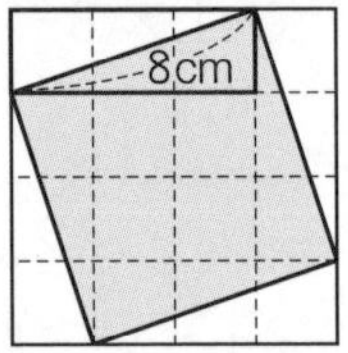

標準レベル 15 対称な図形 算数⑮

解答

1 ウ、オ

2 (1)辺カオ　(2) 90°

3 (1)点エ　(2)辺ウイ　(3)

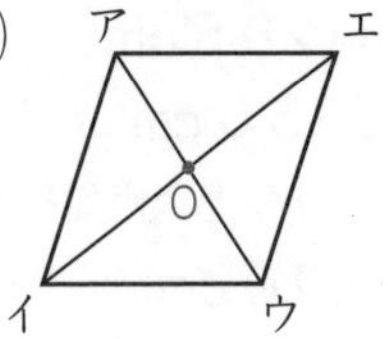

4 (1)

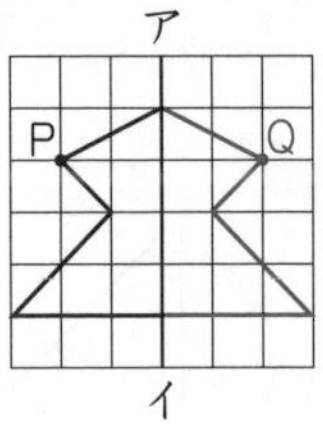

(2)

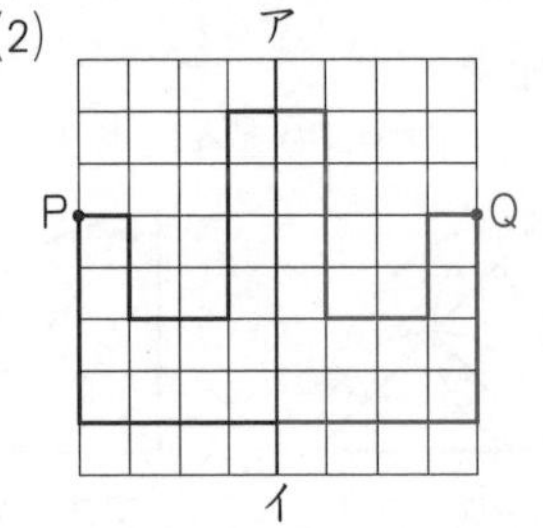

5 (1)

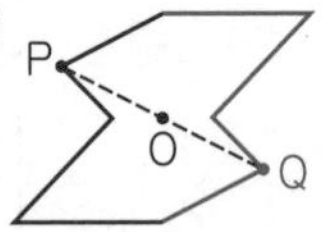

(2)

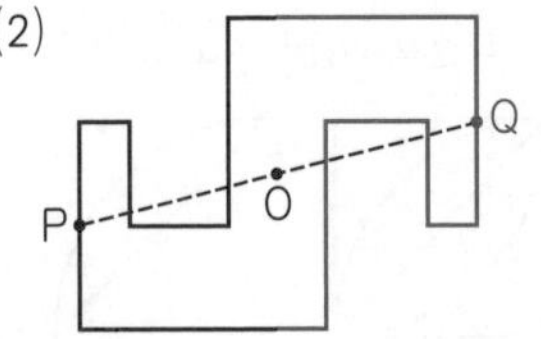

解説

ポイント

・点対称《てんたいしょう》な図形は、上下の向きをひっくり返し、逆の方向から見たときも、もとの図形と同じ形に見える。したがって、正多角形においては辺の数が偶数《ぐうすう》のものが点対称な図形となる。
・正多角形は辺の数に関係なく、すべて線対称な図形である。また、対称の軸の数は辺の数に等しい。

2 (2)対称《たいしょう》の軸《じく》と対応する頂点《ちょうてん》どうしを結ぶ直線は垂直《すいちょく》に交わる。

3 (3)対称の中心は対応する頂点どうしを結ぶ直線の交点である。

上級レベル 16 対称な図形 算数⑯

解答

1 (1)点オ　(2)辺アイ
(3)長さ— 2.5 cm　角度— 90°

2 (1)

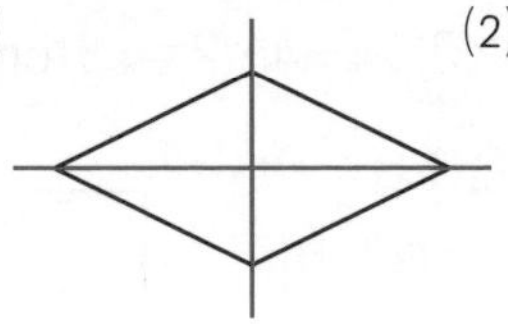

(2)

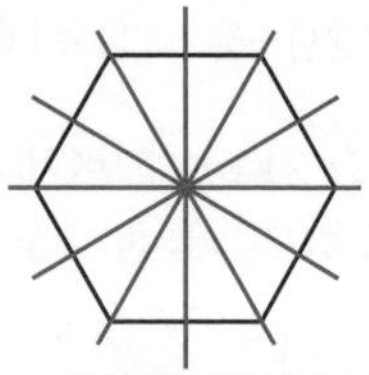

3 (1)

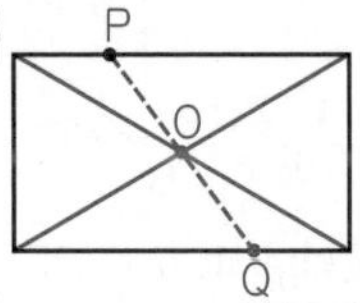

(2)

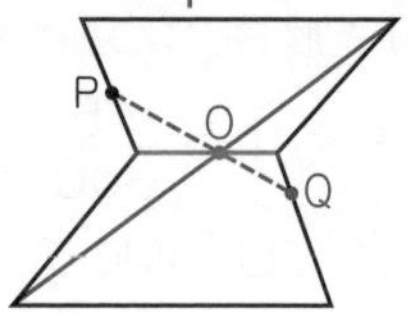

(3)

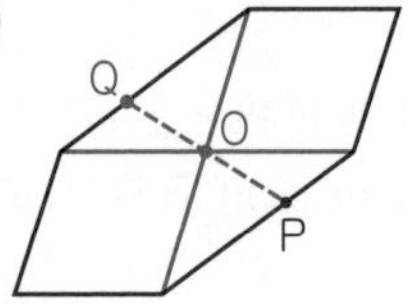

4 (1)辺ウイ　(2)辺ウエ

5 エ

解説

1 (3)線対称《せんたいしょう》な図形では、対応する点どうしを結んだ直線は、対称の軸と垂直に交わり、その直線は、対称の軸によって二等分される。

3 点対称な図形では、対応する点どうしを結ぶ 2 本の直線の交点が、対称の中心である。
また、ある点に対応する点は、その点と対称の中心を結ぶ直線をひき、その直線の延長《えんちょう》と図形の辺との交点である。

4 (1)対角線イエを対称の軸とすると、頂点アに対応する頂点はウになる。
(2) 2 本の対角線の交点を対称の中心とすると、頂点アに対応する頂点はウ、頂点イに対応する頂点はエになる。

5 長方形やひし形の対称の軸はそれぞれ 2 本なので、エにあてはまるのは正方形だけである。

標準レベル 17 拡大図と縮図

算数⑰

解答

❶ (1) 85°　(2) 6 cm
❷ (1) 辺 DE　(2) 56°
❸ (1) 1250 m　(2) 1600 m^2
❹ (1) 2 cm　(2) 42°
❺ 5.5 m

解説

❶ (1)拡大図《かくだいず》や縮図《しゅくず》では、図形を同じ向きに並《なら》べたとき、対応する角の大きさは等しいので、
角ア＝角 A=180°−60°−35°=85°
(2)拡大図や縮図では、対応する辺の長さの割合はすべて等しいので、
辺 AB：辺 DE＝辺 BC：辺 EF より、
辺 AB：9=8：12　辺 AB=9×8÷12=6(cm)

❷ 拡大図や縮図の問題では図形の向きをそろえて考えるとよい。

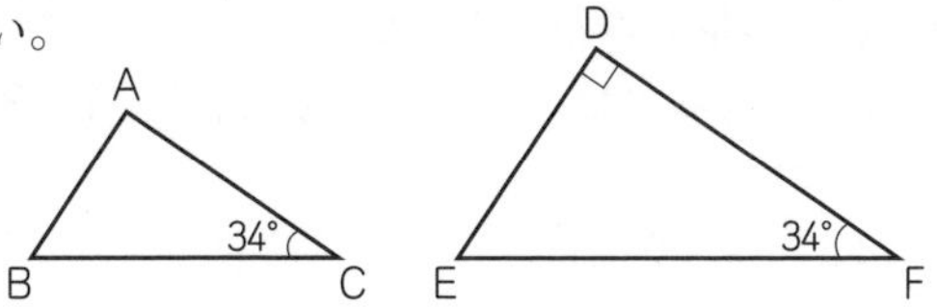

(2)角 B＝角 E=180°−90°−34°=56°

❸ (1) 2.5×50000=125000(cm)→ 1250 m
(2) $2\div\frac{1}{2000}$=4000(cm)→ 40 m
40×40=1600(m^2)

❹ (1) AE=AC×$\frac{5}{3}$=3×$\frac{5}{3}$=5(cm)
CE=AE−AC=5−3=2(cm)

❺ 棒《ぼう》の長さや木の高さとかげの関係は拡大・縮小《しゅくしょう》の関係なので、木の高さを x m とすると、
1：1.2=x：6.6
x=6.6÷1.2=5.5(m)

上級レベル 18 拡大図と縮図

算数⑱

解答

❶ (1) 9　(2) 8
(3) x=9、y=17.5
(4) x=18、y=15
❷ (1) 17.5 cm　(2) 2.5 km(2500 m)
(3) 5 cm
❸ (1) 2：5　(2) 8：7　(3) 16 cm^2
❹ (1) 8 cm
(2) $\frac{525}{2}\left(262\frac{1}{2}、262.5\right)$ cm^2

解説

❶ (1) 8：6=(8+4)：x より、x=9
(2)(3+6)：12=6：x より、x=8
(3) 12：20=x：15 より、x=9
12：20=10.5：y より、y=17.5
(4) 21：14=x：12 より、x=18
21：14=y：10 より、y=15

❷ (3) 62500 m^2 の正方形の 1 辺の長さは 250 m
250 m=25000 cm、25000×$\frac{1}{5000}$=5(cm)

❸ (1) BE：BC=2：(2+3)=2：5 より、
BG：GD=BE：AD=2：5
(2) BH：HD=BA：DF=2：1
ここで、BD の長さを 1 とすると、
GD の長さは(1)より、1×$\frac{5}{2+5}=\frac{5}{7}$、
HD の長さは 1×$\frac{1}{2+1}=\frac{1}{3}$ となるので、
GH の長さは、GD−HD=$\frac{5}{7}-\frac{1}{3}=\frac{8}{21}$
よって、GH：HD=$\frac{8}{21}$：$\frac{1}{3}$=8：7
(3) D と E を結ぶと、三角形 BED と三角形 BCD は、底辺をそれぞれ BE、BC としたときの高さが等しいので、
(三角形 BED の面積)：(三角形 BCD の面積)=BE：BC
=2：5
三角形 BCD の面積は、210÷2=105(cm^2)なので、
三角形 BED の面積は、105×$\frac{2}{5}$=42(cm^2)
次に、三角形 EGH と三角形 BED は底辺をそれぞれ GH、BD としたときの高さが等しいので、
(三角形 EGH の面積)：(三角形 BED の面積)=GH：BD
(2)より、GH の長さは BD の長さの $\frac{8}{21}$ なので、
三角形 EGH の面積は、42×$\frac{8}{21}$=16(cm^2)

❹ (1)三角形 DHE と三角形 AEI と三角形 FGI はそれぞれ拡大・縮小の関係なので、順に辺の長さを求めていく。
また、折り返す前後で辺の長さは等しいことを利用する。
EH=CH=25−12=13(cm)
AE=25−5=20(cm)だから、
IE=AE×$\frac{13}{12}$=20×$\frac{13}{12}=\frac{65}{3}$(cm)
FI=25−$\frac{65}{3}=\frac{10}{3}$(cm)だから、
FG=FI×$\frac{12}{5}=\frac{10}{3}\times\frac{12}{5}$=8(cm)
よって、BG=FG=8 cm
(2)(8+13)×25÷2=$\frac{525}{2}$(cm^2)

標準レベル 19 場合の数
算数⑲

解答

❶ (1) 12通り
(2) 3けたの整数— 24通り
231より大きい数—15通り
(3) 3けたの整数—18通り
奇数— 8通り
❷ 6通り
❸ 6通り
❹ 15通り
❺ 12通り
❻ 4通り

解説

❶ (1)十の位の選び方は4通りあり、一の位の選び方は3通りあるので、2けたの整数は全部で、4×3=12(通り)
(2)百の位の選び方は4通りあり、十の位の選び方は3通りあり、一の位の選び方は2通りあるので、3けたの整数は全部で、4×3×2=24(通り) ある。
また、このうち231より大きいものは、百の位が4の整数が6通り、百の位が3の整数が6通り、百の位が2の整数のうちの243、241、234の3通りなので、全部で 6+6+3=15(通り)
(3)奇数《きすう》は、一の位が奇数であればよいので、樹形図《じゅけいず》を使って考える。

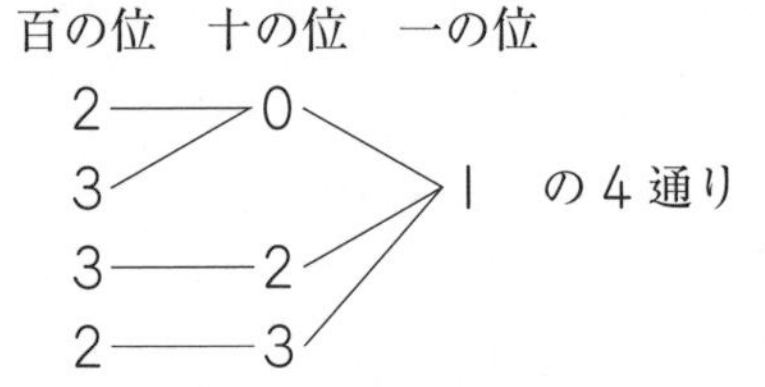

一の位が3のときも同様なので、全部で8通り

❷ Aがいちばん左にくる並《なら》び方は、
$\underline{1}\times\underline{3\times2\times1}=6$(通り)
Ⓐ　Ⓑ Ⓒ Ⓓ

❸ Aのぬり方は赤、黄、青の3通りある。
次にBのぬり方はAをぬった色以外の2通りある。
最後のCをぬるときは、色が1色しか残っていないので、1通りしかない。
よって、色のぬり方は全部で、3×2×1=6(通り)

❹ 1人目の選び方は6通り、2人目の選び方は5通りあるが、たとえば(AとB)、(BとA)というのは同じ組み合わせなので、6×5÷2=15(通り)

❺ 表を使ってまとめると次のようになる。

	①	②	③	④	⑤	⑥	⑦	⑧	⑨	⑩	⑪	⑫
5g	10	8	6	6	4	4	2	2	2	0	0	0
10g	0	1	2	0	3	1	4	2	0	5	3	1
20g	0	0	0	1	0	1	0	1	2	0	1	2

❻ 和が10になる組み合わせを考えると、
(1、2、7)、(1、3、6)、(1、4、5)、(2、3、5)の4通りある。

上級レベル 20 場合の数
算数⑳

解答

1 (1) 60通り　(2) 36通り　(3) 12通り
2 (1) 24通り　(2) 24通り
3 30通り
4 21通り
5 216通り
6 26通り

解説

1 (1)5枚《まい》のカードから3枚のカードを取り出してできる3けたの整数は、5×4×3=60(通り)
(2)奇数《きすう》は一の位が1、3、5のどれかになる。
一の位が1の整数は、4×3×1=12(通り)
一の位が3、5のときも同じように12通りずつあるので、12×3=36(通り)
(3) 3けたの整数で4の倍数になるのは、下2けたが00か、4の倍数のときである。
4の倍数になるのは、下2けたが12、24、32、52のときなので、
3×1×1×4=12(通り)

2 (1) A、B、C、Dの4人がそれぞれ1つずつのパンを取る方法は、4×3×2×1=24(通り)
(2)まず、Cがパンを2つ取る方法は、
4×3÷2=6(通り)
これで残りのパンが2個となり、D、Bの2人がそれぞれ1つずつ取る方法は、
2×1=2(通り)
よって、Cが2個、Bが1個、Dが1個パンを取る方法は 6×2=12(通り)
同じように、Dが2個、Bが1個、Cが1個パンを取る方法も12通り。
よって、全部で、12+12=24(通り)

3 ①直線 a 上の点から 1 点、直線 b 上の点から 2 点を選ぶ場合

直線 a 上の点から 1 点の選び方は 3 通り、直線 b 上の点から 2 点を選ぶ選び方は 6 通りあるので、できる三角形は $3\times6=18$(通り)

②直線 a 上の点から 2 点、直線 b 上の点から 1 点を選ぶ場合

直線 a 上の点から 2 点を選ぶ選び方は 3 通り、直線 b 上の点から 1 点を選ぶ選び方は 4 通りあるので、できる三角形は $3\times4=12$(通り)

①、②より、全部で、$18+12=30$(通り)

4 5 枚の分け方は(5、0、0)、(4、1、0)、(3、2、0)、(3、1、1)、(2、2、1)の 5 通りある。

それぞれについてもらう人を考えると、(5、0、0)は 3 通り、(4、1、0)は 6 通り、(3、2、0)は 6 通り、(3、1、1)は 3 通り、(2、2、1)は 3 通りある。

よって、分け方は全部で、$3+6+6+3+3=21$(通り)

5 100 ～ 400 までの数は全部で 301 個ある。

100 ～ 199 の中で条件にあてはまらないのは、100、101、110 ～ 119、121、122、131、133、141、144、151、155、161、166、171、177、181、188、191、199 の 28 個ある。

200 ～ 299、300 ～ 399 の中にも同じように 28 個ずつある。

これに 400 を加えると、$28\times3+1=85$(個)の数が条件を満たさない。

よって、全部で、$301-85=216$(通り)

6 こう貨の枚数は 6 枚なので、1 枚～ 6 枚を使って表すことができる場合の数を考える。

こう貨の枚数(枚)	1	2	3	4	5	6
表せる金額(通り)	3	6	7	6	3	1

よって全部で、$3+6+7+6+3+1=26$(通り)

別解 こう貨の使い方が、それぞれ 0 枚、1 枚、2 枚の 3 通りなので、$3\times3\times3=27$(通り)

ただし、全て 0 枚だと 0 円なので、$27-1=26$(通り)

標準レベル 21 資料の調べ方 算数㉑

解答

1 (1) 15 m 以上 20 m 未満

(2) 5 人

(3) 40%

2 (1) 4 人

(2) 44%

3 (1) 上から順に、3、2、3、1

(2)

	ねこが好き	ねこがきらい	合計
犬が好き	3	2	5
犬がきらい	3	1	4
合計	6	3	9

4 (1)

後転＼前転	できる	できない	合計
できる	11	5	16
できない	13	7	20
合計	24	12	36

(2) 13 人

解説

1 (1)投げたきょりが 18 m は、15 m 以上 20 m 未満の階級に入る。

(2) $1+4=5$(人)

(3) 30 m 以上投げた人は 30 ～ 35 m の 7 人、35 ～ 40 m の 3 人であわせて 10 人いるので、

$10\div25=0.4$ より、40%

2 (2)この学級の生徒数は 25 人で、40 kg 未満の生徒は $3+8=11$(人)なので、

$11\div25=0.44$ より、44%

上級レベル 22 資料の調べ方 算数㉒

解答

1 (1)上から順に、0、4、2、3、6

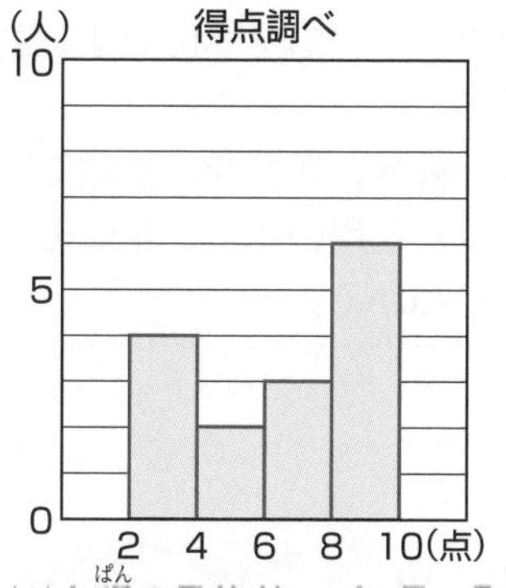

(2) 1 班《ぱん》の平均値— 6 点　2 班《はん》の中央値— 7 点

2 (1)

	東町	西町	本町	南町	北町	合計
4 年	1	4	1	0	1	7
5 年	2	1	2	1	0	6
6 年	1	1	0	2	1	5
合計	4	6	3	3	2	18

(2) 西町の 4 年生　(3) 4 人　(4) 3 人

解説

1 (2)平均値は (班全員の得点の和)÷(班の人数) で求めることができるので、$90\div15=6$(点)

中央値《ちゅうおうち》は、調べた資料の値《あたい》を大きさの順に並《なら》べたときに、まん中にくる値《あたい》なので、

2 班の結果を点数順に並べると、4 点が 1 人、5 点が 2 人、6 点が 4 人、7 点が 5 人だから、

まん中になる 8 人目は 7 点。

2 (1)もれや重複のないよう、印をつけるなどくふうをして数えあげるようにする。

(3)人数がいちばん多いのは西町の 6 人、いちばん少ないのは北町の 2 人なので、$6-2=4$(人)

(4)人数がいちばん多いのは西町の６人で、東町は４人。東町が西町より多くなるためには３人以上増えなければならない。

ポイント

・表を用いて整理すると、全体のちらばりのようすや、それぞれのグループの全体に対する割合がわかりやすくなる。
・ヒストグラムは、縦軸に度数を、横軸に区間を目盛る。ヒストグラムを用いると、全体のちらばりのようすが一目でわかる。

標準レベル 23 文字と式

算数㉓

解答

❶ (1) $6-a$(m)　(2) $120\times x$(円)
(3) $4\times a$(km)

❷ (1) $x=1$　(2) $x=8$　(3) $x=2$
(4) $x=6$　(5) $x=20$　(6) $x=14$

❸ (1) $y=40\times x$　(2) $y=x\times 8$

❹ (1) $(x+3)\div 4=15$　(2) 57

❺ (1) $(3+x)\times 6\div 2=33$　(2) 8 cm

解説

❷ xの値《あたい》は逆算で求める。

(1) $(5+x)\times 2+7=19$
$5+x=(19-7)\div 2$
$x=12\div 2-5$
よって、$x=1$

(2) $(4+x)\div 4\times 2=6$
$(4+x)=6\times 4\div 2$
$x=12-4$
よって、$x=8$

(3) $x\times(15+20)-8\times 5=30$
$x\times 35=30+40$
$x=70\div 35$
よって、$x=2$

(4) $x\div(2.7-1.5)\div 5+3=4$
$x=(4-3)\times 5\times(2.7-1.5)$
$x=1\times 5\times 1.2$
よって、$x=6$

(5) $1\div 0.2+0.4\times x=13$
$5+0.4\times x=13$
$x=(13-5)\div 0.4$
$x=8\div 0.4$
よって、$x=20$

(6) $0.4\times(x-2.5)=4.6$
$x-2.5=4.6\div 0.4$
$x=11.5+2.5$
よって、$x=14$

❸ (1) １ダースは12本なので、えん筆１本の値段《ねだん》は、
$480\div 12=40$(円)になる。
(2)長方形の面積は 縦《たて》×横 で表すことができるので、
$y=x\times 8$

❹ (2) $(x+3)\div 4=15$
$x+3=15\times 4$
$x=60-3$
$x=57$
よって、ある数は57

❺ (1)台形の面積の公式は（上底＋下底）×高さ÷2
なので、
$(3+x)\times 6\div 2=33$
(2) $(3+x)\times 6\div 2=33$
$(3+x)\times 6=33\times 2$
$3+x=66\div 6$
$x=11-3$
$x=8$
よって、8 cm

上級レベル 24 文字と式

算数㉔

解答

❶ (1) $5000-x\times 5$(円)
(2) $(a+b)\times c\div 2$(cm^2)

❷ (1) $x=30$　(2) $x=2.9$
(3) $x=5$　(4) $x=173$

❸ $y=x\times\frac{2}{5}$

❹ (1) $x\times 3-7=x\times 2+7+8$
(2)ある数―22　正しい答え―51

❺ (1) $25\times x+10\times(18-x)=300$
(2)大―８個　小―10個

解説

❷ (1) $160-(15\times 9-x\div 6)=30$
$135-x\div 6=130$　$x\div 6=5$　$x=30$

(2) $\left\{3\frac{2}{5}-(6-x)+0.3\right\}\div 0.25=4\times 0.6$
$\{3.7-(6-x)\}\times 4=2.4$
$3.7-(6-x)=0.6$　$6-x=3.1$　$x=2.9$

(3) $35-\{24-(8+4)\div 3-x\}\times 2=5$
$35-(24-4-x)\times 2=5$
$(20-x)\times 2=30$　$20-x=15$　$x=5$

(4) $185-12\times 5+\{x-(79-35)\div 2\}=276$
$125+(x-22)=276$　$x-22=151$　$x=173$

❸ りんごの個数はy個。みかんの個数の２倍はりんごの個数の３倍なので、みかんの個数$\times 2=y\times 3$
これより、みかんの個数$=y\times 1.5$となる。
りんごの個数とみかんの個数の合計はx個なので、
$y+(y\times 1.5)=x$となり、yの１倍と1.5倍、つまりyの2.5倍がxに等しいので、xはyの$\frac{5}{2}$倍になる。
よって、yはxの$\frac{2}{5}$倍になる。

4 (1)正しい式は、$x\times2+7$
まちがえた式は、$x\times3-7$
まちがえた式のほうが、正しい式よりも答えが 8 大きくなったので、
$x\times3-7=x\times2+7+8$
(2) $x\times3-7=x\times2+15$
$x\times3=x\times2+22$　$x=22$
これより、ある数は 22
正しい答えは、$22\times2+7=51$

5 (1)大のおもりを x 個使うとすると、小のおもりの個数は $18-x$(個)
よって、式は $25\times x+10\times(18-x)=300$
(2)(1)を解いて、
$25\times x+180-10\times x=300$
$15\times x=120$　$x=8$
これより、大のおもり 8 個、小のおもり 10 個

標準レベル 25 立体の体積・表面積

算数㉕

解答

1 体積、表面積の順に、
(1) 216 cm^3、216 cm^2
(2) 30 cm^3、62 cm^2
(3) 90 cm^3、138 cm^2
(4) 141.3 cm^3、150.72 cm^2
(5) 240 cm^3、300 cm^2
(6) 401.92 cm^3、301.44 cm^2

2 体積、表面積の順に、
(1) 56 cm^3、120 cm^2
(2) 260 cm^3、284 cm^2
(3) 2983 cm^3、1318.8 cm^2
(4) 461.76 cm^3、434.24 cm^2
(5) 565.2 cm^3、421.44 cm^2
(6) 2826 cm^3、1318.8 cm^2

解説

ポイント
側面積は 底面のまわりの長さ×高さ で求めることができる。

2 (1)体積 $6\times6\times2-4\times2\times2=56(cm^3)$
表面積 $(6\times6-4\times2)\times2+(2+6+6+6+2+4+2+4)\times2=120(cm^2)$
(2)体積 $5\times10\times8-5\times7\times4=260(cm^3)$
表面積 $(8\times10-4\times7)\times2+(8+3+4+7+4+10)\times5=284(cm^2)$
(3)体積 $5\times5\times3.14\times6+10\times10\times3.14\times8=(150+800)\times3.14=2983(cm^3)$
表面積 $10\times10\times3.14\times2+5\times2\times3.14\times6+10\times2\times3.14\times8=(200+60+160)\times3.14=420\times3.14=1318.8(cm^2)$
(4)体積 $8\times8\times8-2\times2\times3.14\times4=512-50.24=461.76(cm^3)$
表面積 $8\times8\times6+4\times3.14\times4=434.24(cm^2)$
(5)体積 $6\times6\times3.14\times10\div2=565.2(cm^3)$
表面積 $6\times6\times3.14\div2\times2+12\times3.14\div2\times10+10\times12=421.44(cm^2)$
(6)体積 $8\times8\times3.14\times15-2\times2\times3.14\times15=2826(cm^3)$
表面積 $(8\times8\times3.14-2\times2\times3.14)\times2+16\times3.14\times15+4\times3.14\times15=1318.8(cm^2)$

ポイント
体積は、「切り分ける」、「もとの立体からひく」などの方法で求めることができる。

上級レベル 26 立体の体積・表面積

算数㉖

解答

1 体積、表面積の順に、
(1) 162 cm^3、192 cm^2
(2) 185 cm^3、254 cm^2
(3) 94.2 cm^3、150.5 cm^2
(4) 791.28 cm^3、561.84 cm^2
(5) 488 cm^3、472 cm^2
(6) 216 cm^3、288 cm^2

2 $18.75\left(18\frac{3}{4}、\frac{75}{4}\right)$ cm

3 545 cm^3

4 550 cm^3

解説

1 (1)体積 $6\times5\times6-3\times2\times3=162(cm^3)$
表面積 $6\times6\times2+6\times5\times4=192(cm^2)$
(2)体積 $5\times7\times7-5\times3\times4=185(cm^3)$
表面積 $(7\times7-4\times3)\times2+(7+2+4+3+4+2+7+7)\times5=254(cm^2)$
(3)体積 $8\times8\times3.14\times3\div8+4\times4\times3.14\times3\div8=94.2(cm^3)$
表面積 $8\times8\times3.14\div8\times2+8\times3.14\div8\times3+16\times3.14\div8\times3+(6\times8-3\times4)\times2=150.5(cm^2)$
(4)体積 $6\times6\times3.14\times10-6\times6\times3.14\times6\div2=791.28(cm^3)$
表面積 $6\times6\times3.14\times2+12\times3.14\times4+12\times3.14\div2\times6+6\times12=561.84(cm^2)$
(5)体積 $6\times6\times8+10\times10\times2=488(cm^3)$
表面積 $10\times10\times2+(6+6+6+6)\times8+(10+10+10+10)\times2=472(cm^2)$
(6)体積 $9\times9\times3-3\times3\times3=216(cm^3)$

表面積 (9×9−3×3)×2+(9+9+9+9)×3
+(3+3+3+3)×3=288(cm^2)

2 水そうの中に入っている水の体積を、おきかえた後の底面積でわる。
10×25×6÷(10×8)=18.75(cm)

3 石の体積は、石をしずめることによって水面が上昇《じょうしょう》する部分と水そうの外にあふれ出す水の量の和になる。
10×10×(15−10)+45=545(cm^3)

4 図1の水の量は、10×20×8=1600(cm^3)
図2の水の量は、14×15÷2×10=1050(cm^3)
これより、こぼれた水の量は、
1600−1050=550(cm^3)

標準レベル 27 文章題特訓 (1)

算数㉗

解答

❶ (1) A—20 B—25
(2) A—59 B—37
❷ (1) 198g (2) 65g
❸ 80.4点
❹ 27年後
❺ 24個ずつ
❻ 70人

解説

❶ (1) A+B=45、A=B−5 より、B−5+B=45
これより、Bは2つで50になる。
よって、B=50÷2=25、A=45−25=20
(2) A+B=48×2=96、A=B+22 より、
B+22+B=96
これより、Bは2つで74になる。
よって、B=74÷2=37、A=37+22=59

❷ (1) A+B=143…①、B+C=133…②、
C+A=120…③
これら3つの式を加えると、
A+A+B+B+C+C=396 となるので、
A+B+C=396÷2=198(g)
(2) (1)の結果より、A+B+C=198(g)、B+C=133(g)
よって、A=198−133=65(g)

❸ A、B 2人の合計=84×2=168(点)、
C、D、E 3人の合計=78×3=234(点)
よって、A、B、C、D、E 5人の平均点
=(168+234)÷5=80.4(点)

❹ 子どもの年令の和は1年で2才増え、父の年令は1年で1才増えるので、子どもの年令の和と父の年令との差は1年で 2−1=1(才)縮《ちぢ》まる。
現在の差が 48−(12+9)=27(才)であることから、子どもの年令の和と父の年令が等しくなるのは、
27÷1=27(年後)

❺ お皿1枚《まい》にかきとりんごをのせるたびに、りんごのほうがかきより 6−4=2(個)多く残る。
りんごだけが8個残ったので、
お皿の数は、8÷2=4(枚)
よって、かきとりんごは、6×4=24(個)ずつある。

❻ 280人の入園者がすべて子どもだったとすると、
入園料は、800×280=224000(円)
実際の入園料との差は、
252000−224000=28000(円)
大人と子どもの入園料の差が 1200−800=400(円)であることから、大人の入園者数は、
28000÷400=70(人)

上級レベル 28 文章題特訓 (1)

算数㉘

解答

1 48kg
2 父—42才 兄—12才 弟—8才
3 2年前
4 100円玉—12枚《まい》 50円玉—4枚
10円玉—4枚
5 250円
6 14個
7 33人

解説

1 2人の体重の合計=46×2=92(kg)
春子は秋子より4kg軽いが、もし2人の体重が等しいとすれば、2人の体重の合計は 92+4=96(kg)になる。
これより、秋子の体重は、96÷2=48(kg)

2 父+弟=50(才)で、差は34才なので、
弟=(50−34)÷2=8(才)
これより、父=50−8=42(才)
また、父+兄=54(才)なので、兄=54−42=12(才)

3 6年前の、A子さんとお母さんの年令の和は
54−6×2=42(才)
6年前のA子さんの年令はお母さんの年令の6分の1だったので、現在のA子さんとお母さんの年令はそれぞれ 42÷(6+1)+6=12(才)、54−12=42(才)
よって、現在のA子さんの年令の4倍とお母さんの年令との差は、12×4−42=6(才)
A子さんの年令がお母さんの年令の4分の1だったのは、A子さんの年令の4倍とお母さんの年令が等しいときだから、今から(12×4−42)÷(4−1)=2(年前)

4 1440÷100=14 あまり 40 より、100円玉14枚《まい》と10円玉4枚で1440円となる。
こう貨の枚数が、20−(14+4)=2(枚)たりないので、

100円玉2枚を50円玉4枚にかえる。

5 買ったくだものはあわせて 2+4+3=9(個)
Bばかり9個買ったときの合計金額は、
2300+50+40×2−60×3=2250(円)
よって、B1個の値段《ねだん》は、2250÷9=250(円)

6 右の図のような面積図を使って考える。

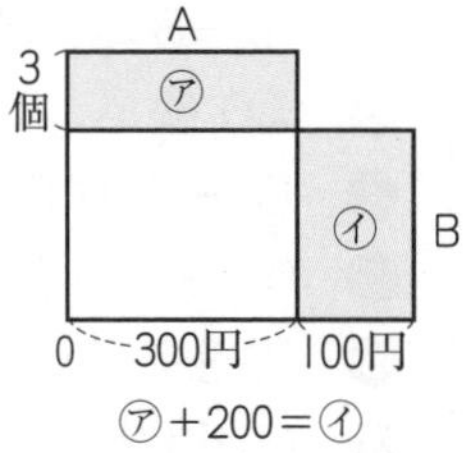

Bさんの個数は、(300×3+200)÷(400−300)=11(個)
Aさんの個数は、11+3=14(個)
別解 もしBさんがAさんと同じ個数買っていたとすると、2人の代金の差は、
200+400×3=1400(円)
1つあたり、400−300=100(円)の差なので、Aさんの個数は、1400÷100=14(個)

7 1人分のキャンディーの個数は、3+2+4=9(個)
配るのに必要なキャンディーの総数は、
300+3−10+4=297(個)
これより、クラスの人数は、297÷9=33(人)

標準レベル 29 文章題特訓 (2)

算数㉙

解答

1. 800円
2. 兄—764円　弟—236円
3. 38分24秒
4. 2.16 m
5. 39ページ
6. 15日
7. ノート—100円　ボールペン—120円
8. 大—754　小—246

解説

1 35%=0.35　280÷0.35=800(円)

2 弟の分は、(1000+180)÷(4+1)=236(円)
兄の分は、1000−236=764(円)

3 2÷5=0.4(分)　24×4=96(時間)より、
0.4×96=38.4(分)　0.4分=60×0.4=24(秒)なので、38分24秒遅《おく》れる。

4 1回目にはね上がる高さは、6×0.6=3.6(m)なので、2回目にはね上がる高さは3.6×0.6=2.16(m)

5 Aさんの残りのページ数は、
(32−18)÷(3−1)=7(ページ)
よって、この本のページ数は、32+7=39(ページ)

6 A、B2人の1日の仕事量 $=\frac{1}{6}$、

A1人の1日の仕事量 $=\frac{1}{10}$ なので、

B1人の1日の仕事量 $=\frac{1}{6}-\frac{1}{10}=\frac{1}{15}$

よって、B1人でこの仕事をすると15日かかる。
別解 全体の仕事量を6と10の最小公倍数の30とすると、A、B2人の1日の仕事量は、30÷6=5
A1人の1日の仕事量は、30÷10=3なので、
B1人の1日の仕事量は、5−3=2
30÷2=15(日)かかる。

7 ボールペンの本数を2と3の最小公倍数の6にすると、
ノート4冊《さつ》とボールペン6本で 560×2=1120(円)
ノート9冊とボールペン6本で 540×3=1620(円)となる。
よって、ノート 9−4=5(冊)の値段《ねだん》は
1620−1120=500(円)となるので、
ノート1冊は、500÷5=100(円)
ボールペン1本は、(560−100×2)÷3=120(円)

8

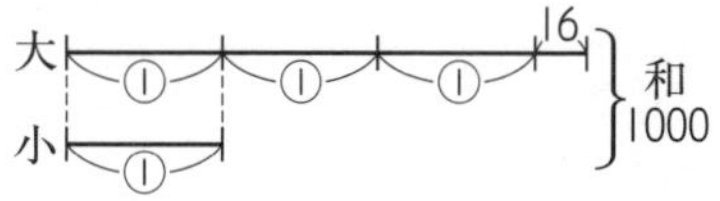

①は、(1000−16)÷(3+1)=246
1000−246=754
よって、大は754、小は246

上級レベル 30 文章題特訓 (2)

算数㉚

解答

1. 2640円
2. a—63　b—28　c—10
3. 9日
4. 150 cm
5. みかん—13個　りんご—7個
6. 162人
7. 180 L

解説

1 下のような線分図で考える。

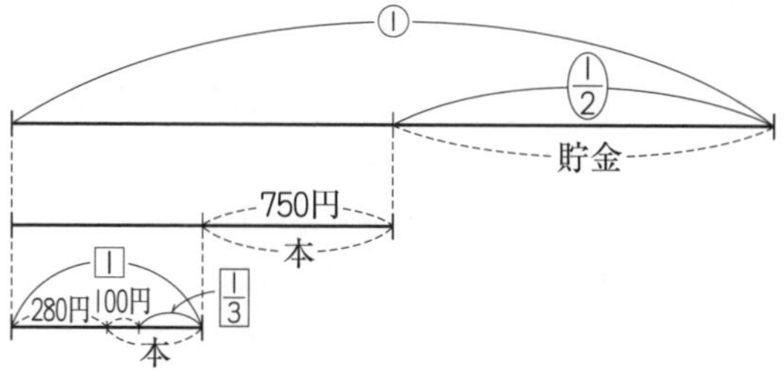

750円の本を買った後の残金は、

$(280+100)\div\left(1-\frac{1}{3}\right)=570$(円)

よって、Aさんがはじめに持っていた金額は、

$(570+750)\div\left(1-\frac{1}{2}\right)=2640$(円)

2 $a+b+c=101$……①
$a=b\times2+7=b+b+7$……②
$b=c\times3-2=c+c+c-2$……③
②と③より、
$a=(c+c+c-2)+(c+c+c-2)+7$
$a=c+c+c+c+c+c-2-2+7$
$a=c+c+c+c+c+c+3$……④
①と③と④より、

解答
算数

$a+b+c=(c+c+c+c+c+c+3)+(c+c+c-2)+c$
$=c+c+c+c+c+c+c+c+c+c+1=101$
よって、c 10 個分は $101-1=100$ なので、
$c=100\div10=10$
よって、$a=10\times6+3=63$
$b=10\times3-2=28$

3 Aさんの1日の仕事量＝仕事全体の $\frac{1}{18}$

Bさんの1日の仕事量＝仕事全体の $\frac{1}{15}$

Cさんの1日の仕事量＝仕事全体の $\frac{1}{20}$

$\frac{1}{18}\times3+\left(\frac{1}{15}+\frac{1}{20}\right)\times2=\frac{1}{6}+\frac{7}{30}=\frac{12}{30}=\frac{2}{5}$

$\left(1-\frac{2}{5}\right)\div\frac{1}{15}=\frac{3}{5}\times15=9$(日)

別解 全体の仕事量を 18、15、20 の最小公倍数 180 とすると、
Aさんの1日の仕事量＝$180\div18=10$
Bさんの1日の仕事量＝$180\div15=12$
Cさんの1日の仕事量＝$180\div20=9$
$10\times3+(12+9)\times2=72$
$(180-72)\div12=9$(日)

4 $60+10=70$(cm)が、紙テープ全体の $\frac{1}{2}-\frac{1}{3}=\frac{1}{6}$ にあたるので、Aさんの身長は、

$\left(70\div\frac{1}{6}\right)\times\frac{1}{2}-60=150$(cm)

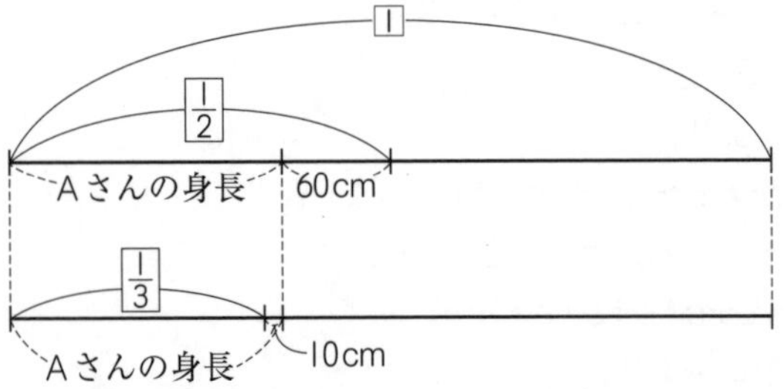

5 みかんとりんごの個数の差は、
$420\div(100-30)=6$(個) となるので、みかんを $(20-6)\div2=7$(個)、りんごを $20-7=13$(個)買ったことになる。
予定ではこの逆の個数であった。

6 受験者全体を1とすると、$16+20=36$(人) が、受験者全体の

$\frac{8}{9}-\left(1-\frac{1}{3}\right)=\frac{2}{9}$

にあたるので、受験者数は、

$36\div\frac{2}{9}=162$(人)

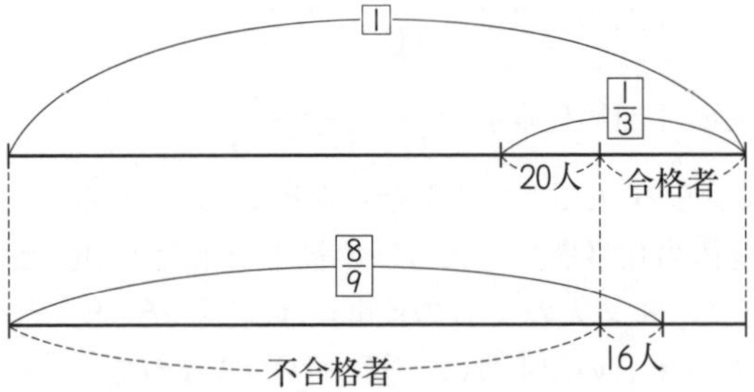

7 1分間に流れこんでくる水の量は
$(15\times18-20\times12)\div(18-12)=5$(L)なので、
はじめに入っていた水の量は、
$20\times12-5\times12=180$(L)

標準レベル 31 文章題特訓 (3)

算数㉛

解答

❶ 47.5 m
❷ 木—8 本　花—24 本
❸ 40 個
❹ D → C → B → A → E
❺ (1) 白　(2) 30 枚《まい》
❻ (1) 39　(2) 210
❼ (1) 512　(2) 4

解説

❷ 木の本数は、$(60\div20+1)\times2=8$(本)
花の本数は、$(20\div4-1)\times3\times2=24$(本)

❸ はじめの正方形で、1列に並《なら》ぶはずだったご石の個数は
$(9+4+1)\div2=7$(個)
よって、ご石の個数は
$7\times7-9=40$(個)

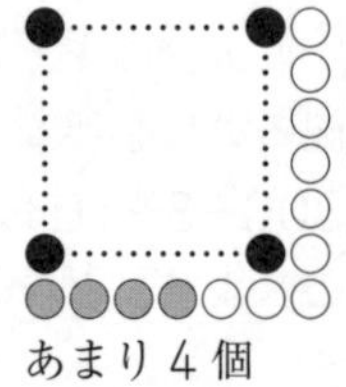

❺ 黒、白、黒、白、白の5枚で1つのグループと考える。
(1) $74\div5=14$ あまり 4　これより最初から 74 番目のカードは 15 番目のグループの 4 枚目なので、白になる。
(2) 1つのグループに黒のカードは 2 枚入っていて、あまりの 4 枚に黒は 2 枚入っているので、$2\times14+2=30$(枚)

❻ 数は順に 4 ずつ大きくなっている。
(1) $3+4\times(10-1)=39$
(2) $3+7+11+15+19+23+27+31+35+39$
$=42\times5=210$(端《はし》どうしをたすと 42 が 5 組)

❼ 数は前の数に順に 2 をかけたものになっている。
(1) 6 番目の数が 64 なので 7 番目の数は 128、8 番目の数は 256 である。よって、9 番目の数は $256\times2=512$
(2) 一の位の数は、順に 2、4、8、6 のくり返しになっている。$26\div4=6$ あまり 2 だから、26 番目の数の一の位の数は 4 になる。

上級レベル 32 文章題特訓 (3)

算数32

解答

1 (1)黒 (2)49番目
2 (1)9 (2)240
3 (1)64 (2)9
4 10個
5 (1)20 (2)第22組
6 (1)215 (2)14個

解説

1 ○●|○●●|○●●●|○●●●●|○●●●●●|○●……

(1)上のように区切って考える。
2+3+4+5+6+7+8=35なので、40番目は8番目のグループの5番目になる。
よって、色は黒になる。

(2)黒石だけを数えると、1+2+3+4+5+6+7+8=36より、40番目の黒石は9番目のグループの前から5番目にある。
各グループには白石が1つずつ含《ふく》まれるので、全体では40+9=49(番目)になる。

2 (1)1が1回、2が2回、3が3回、4が4回、…と並《なら》んでいる。1+2+3+4+5+6+7+8=36より、最初から40番目は4回目の9になる。

(2) $1+2\times2+3\times3+4\times4+5\times5+6\times6+7\times7+8\times8$
$+9\times4=1+4+9+16+25+36+49+64+36=240$

3 (1)どの段《だん》でも両はしの数は1で、それ以外の数は左上と右上の数の和になっている。7段目に並《なら》ぶ数は左から順に、1、6、15、20、15、6、1なので、和は64
別解 各段の和は上から順に、1、2、4、8、16、…と2倍ずつになっていることがわかる。
6段目…16×2=32　7段目…32×2=64

(2)どの段でも左から2番目の数は段の数より1だけ小さくなっている。よって、10段目の左から2番目の数は9

4 右の図のように区切って数える。

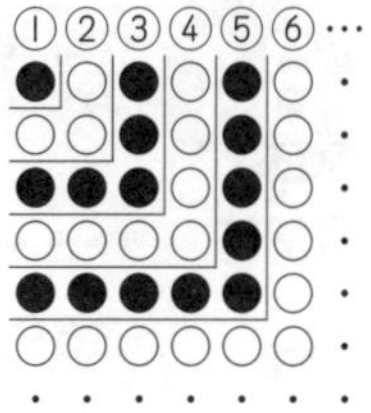

1辺の個数が10になるのは⑩のときで、奇数《きすう》が黒、偶数《ぐうすう》が白になる。このとき、①と②を比べると、②の方がご石の数が2個多い。
同じように、③と④、⑤と⑥、⑦と⑧、⑨と⑩を比べても、偶数のほうがご石が2個多い。
つまり、白のご石のほうが、2×5=10(個)黒より多いことがわかる。

5 (1)どの組もまん中の数はその組の番号の2倍の数になっているので、第10組のまん中の数は10×2=20

(2)132÷3=44
44がまん中の数になるので
44÷2=22(組)

6 3、5、6、5、4を1つのグループとしてくり返されている。

(1)47÷5=9あまり2 より47番目の数は第10グループの前から2番目にあるので、
(3+5+6+5+4)×9+3+5=215

(2)14番目は第3グループの前から4番目、47番目は第10グループの前から2番目なので、
5の個数は2×(9−3)+1+1=14(個)

33 最上級レベル 1

算数33

解答

1 (1) $\dfrac{567}{100}\left(5\dfrac{67}{100}、5.67\right)$
(2) $\dfrac{12}{5}\left(2\dfrac{2}{5}、2.4\right)$
(3) 314

2 (1)72 (2)18 (3) $\dfrac{5}{2}\left(2\dfrac{1}{2}、2.5\right)$
(4)5040

3 二足歩行—12台　四足歩行—34台
4 (1)8 cm (2)157 cm^3
5 15人

解説

1 (1) $2\frac{2}{5}\times\left(0.15+\frac{5}{4}\right)\div1\frac{3}{4}+3.75$
$=\frac{12}{5}\times\left(\frac{3}{20}+\frac{25}{20}\right)\times\frac{4}{7}+\frac{15}{4}$
$=\frac{12}{5}\times\frac{7}{5}\times\frac{4}{7}+\frac{15}{4}=\frac{48}{25}+\frac{15}{4}=\frac{567}{100}$

(3) $7\times7\times3.14-2\times2\times3.14-3\times3\times3.14$
$+8\times8\times3.14$
$=(49-4-9+64)\times3.14$
$=100\times3.14=314$

2 (1) $\square=3.6\times5\div\frac{1}{4}=\frac{18}{5}\times5\times4=72$

(2) 45% =0.45　$\square=40\times0.45=18$(人)

(3) x と y は比例しているから、x が $\frac{6}{5}$ 倍になると y も $\frac{6}{5}$ 倍になるから、$y=7\times\frac{6}{5}=\frac{42}{5}$
y と z は反比例しているから、y が $\frac{6}{5}$ 倍になると z は $\frac{5}{6}$ 倍になるから、$z=3\times\frac{5}{6}=\frac{5}{2}$

(4) 1冊目に並べる本の選び方は7通り、2冊目に並べる本の選び方は6通り、3冊目に並べる本の選び方は5通り、4冊目に並べる本の選び方は4通り、…となるので、本の並べ方は全部で 7×6×5×4×3×2×1=5040(通り)

3 46台のロボットがすべて二足歩行型であったとすると、足は92本。
1台が四足歩行型に変わるたびに足の本数は2本増える。
四足歩行型の台数は、(160−92)÷(4−2)=34(台)
二足歩行型の台数は、46−34=12(台)

4 (1)水そうにはあと 10×10×3.14×2=628(cm^3)の空きがあるので、628÷(5×5×3.14)=8(cm) より、8cmまで水に入れることができる。
(2)棒《ぼう》を底まで入れると水そうに入れることができる水の量は(10×10−5×5)×3.14×10(cm^3)になる。
いま、水そうの中に入っている水の量は
10×10×3.14×8(cm^3)なので、
10×10×3.14×8−75×3.14×10=157(cm^3)の水があふれます。

5 生徒の人数が予定のままで、1人に4枚《まい》ずつの画用紙を配ったとしたら、4×5+10=30(枚)の画用紙があまる。
よって、集まる予定であった人数は、
30÷(6−4)=15(人)となる。

34 最上級レベル ②

算数34

解答

1 (1) $\frac{369}{1400}$ (2) $\frac{8}{225}$ (3) 24.1

2 (1) $\frac{252}{25}\left(10\frac{2}{25}、10.08\right)$
(2)(順に) 2、4 (3) 56、18〈順不同〉
(4) 703

3 (1) 99 (2) 第17行第5列

4 (1) 78 cm^3 (2) 57 cm^3 (3) 63 cm^3

5 205個

解説

1 (2) $\frac{42}{55}\times\frac{10}{27}\times0.1211\div\frac{7}{8}\div\left(2.18-1\frac{2}{25}\right)$
$=\frac{42}{55}\times\frac{10}{27}\times\frac{1211}{10000}\times\frac{8}{7}\times\frac{10}{11}=\frac{8}{225}$

(3) $1.25\times16\times\frac{1}{2}+5\times0.375\times4\times5$
$-125\times0.234\times0.8$
$=1.25\times8+100\times0.375-100\times0.234$
$=10+37.5-23.4=24.1$

2 (1) $□=1\frac{7}{10}\times2.8\div\left(\frac{13}{18}-\frac{1}{4}\right)=\frac{17}{10}\times\frac{14}{5}\div\frac{17}{36}$
$=\frac{17}{10}\times\frac{14}{5}\times\frac{36}{17}=\frac{252}{25}$

(3) 2つの数をA,B(A>B)とすると,
A=(2数の和+2数の差)÷2
B=(2数の和−2数の差)÷2
よって,A=(74+38)÷2=56,B=(74−38)÷2=18

(4) 1人目の選び方は38通り、2人目の選び方は37通りであるが、(AとB)、(BとA)というのは同じ組み合わせなので、
選び方は全部で 38×37÷2=703(通り)

3 (1)偶数《ぐうすう》行の第1列の数はその行を表す数をかけ合わせた数(2乗した数)よりも1だけ小さい数になっている。
よって、第10行の第1列の数は、10×10−1=99
(2)奇数《きすう》行の第1列の数は、その行を表す数よりも1小さい数をかけ合わせた数(2乗した数)である。
260=16×16+4 なので、260は第17行第5列にある。

4 (1)水の体積は水そうを3つの部分に分けて求めます。
左側 3×3×3=27(cm^3)、真ん中 3×5×1=15(cm^3)、
右側 3×4×3=36(cm^3)
これらを合計して、27+15+36=78(cm^3)
(2)水そうの左側と右側は水面の高さを2cmあげることができるが、真ん中は1cmしかあげることができない。
左側 3×3×2=18(cm^3)、真ん中 3×5×1=15(cm^3)、
右側 3×4×2=24(cm^3)
これらを合計して、18+15+24=57(cm^3)
(3)水そうの左側はあと3cm分水を入れることができる。
真ん中はこれ以上水を入れることができない。
右側はあと5cm分の空きがあるが、左側の深さが8cmなので、右側もあと3cm分しか水を入れることができない。
左側 3×3×3=27(cm^3)、右側 3×4×3=36(cm^3)
これらを合計して、27+36=63(cm^3)

5

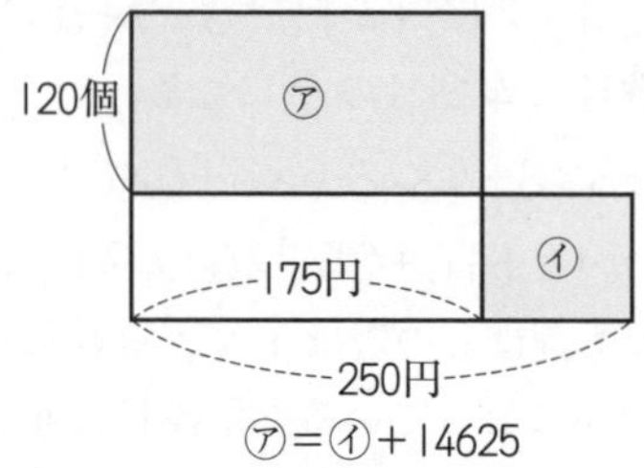

250×(1−0.3)=175(円)
175×120=21000(円)
(21000−14625)÷(250−175)
=6375÷75=85(個)
85+120=205(個)

標準レベル 35 ものの燃え方と空気
理科①

解答

❶ (1)ク　(2)イ　(3)ア　(4)ウ　(5)ア

❷ (1)×　(2)×　(3)×　(4)×
(5)○　(6)×　(7)×

❸ (1)ほのお　(2)生じた液体が加熱部分に流れて試験管が割《わ》れるのを防ぐため。
(3)酸素　(4)気体　(5)木ガス
(6)木さく液、木タール

解説

❶ 木炭とスチールウールは、ほのおを出さず固体のまま燃える。ろうとアルコールは炭素と水素をふくんでいるので、燃やすと二酸化炭素と水が生じるが、燃えたときのほのおの色や明るさがちがう。木炭は炭素でできているので、燃えると二酸化炭素が発生して軽くなる。スチールウールは燃えると結びついた酸素の分だけ重くなる。

ポイント
空気は、ちっ素・酸素・二酸化炭素などの気体が混ざり合っており、その割合はおよそ次のようになる。なお、酸素は、ものを燃やすだけでなく、私たちが生きていくのに欠かせないものである。
ちっ素：約78%、酸素：約21%、二酸化炭素：わずか

❷ (1)二酸化炭素は、炭素をふくむものが燃えたときに発生する。(3)ろうそくのほのおで、最も明るい部分は内えんで、最も温度が高い部分は外えんである。(4)スチールウールのように、鉄を糸状にしたものは火花を飛ばして燃える。(5)ものが燃えるとき、酸素が多いほどよく燃えるので、はやくなくなる。

❸ 固体の物質を、空気を供給《きょうきゅう》せずに高温に熱して分解する操作《そうさ》をむし焼き(乾留《かんりゅう》)という。むし焼きによって木をいろいろな成分に分解した後に得られる固体が木炭である。

上級レベル 36 ものの燃え方と空気
理科②

解答

1 (1)容器内に石灰水《せっかいすい》を入れてよくふり混ぜ、白くにごることを確かめる。
(2)イ　(3) 79 mL
(4) 98.75 mL　(5) 15.8 mL

2 (1)銅―ウ　マグネシウム―オ
(2)ア　(3) 1.20 g
(4) 8.80 g

解説

1 (2)調べる気体の種類やこさによって、使う気体検知管がちがう。これは、調べる気体によって検知管の中に入っている試薬がちがうからである。また、ハンドルを引いたら、気体検知管が空気を確実に吸《す》いこむのを待つため、一定時間たってから気体検知管を気体採取器からはずして目盛《めも》りを読む。
(3) 100 mL×0.790＝79 mL
(4)ちっ素の体積はろうそくを燃やす前後で変化せず(3)のままで、ろうそくの火が消えたあとにはその割合《わりあい》が80.0 %になったのだから、求める空気の体積は、79 mL÷0.800＝98.75 mL となる。
(5) 98.75 mL×0.160＝15.8 mL

2 (1)加熱後の物質の重さからもとの金属の重さを引いた分だけ酸素が結びついている。
(2)金属の酸化が不じゅうぶんだと、加熱後の物質の重さが完全に酸化されたときより軽くなる。

(3) $6.00〔g〕\times\frac{1}{4+1}=1.20〔g〕$

(4) $\{13.00〔g〕\times\frac{2+3}{3}-18.00〔g〕\}\div\left(\frac{5}{3}-\frac{5}{4}\right)$
$=8.80〔g〕$

標準レベル 37 動物のからだとそのはたらき
理科③

解答

❶ (1)ア　(2)記号―ウ　名まえ―胃　(3)キ
(4)記号―カ　名まえ―小腸
(5)A―肺　B―かん臓《ぞう》　C―小腸
(6)記号―E　名まえ―左心室
(7)X　(8)記号―b　名まえ―肺動脈《はいどうみゃく》　(9)g

❷ (1)ヨウ素液　(2)青むらさき色
(3)エ　(4)麦芽糖《ばくがとう》(糖)
(5)①だ液　②5　③40　④80　〈完答〉

解説

❶ (3)たんじゅうはかん臓でつくり、たんのうにたくわえる。
(6)左心室は、全身に血液を送り出すために強い力が必要なので、右心室よりも筋肉《きんにく》が厚くなっている。
(7)心臓の右心房《うしんぼう》につながっている血管なので、心臓にもどる血液が流れている静脈《じょうみゃく》である。
(9)小腸で血液中に吸収《きゅうしゅう》された栄養分は、かん臓に運ばれ、その一部は必要なときのためにたくわえられる。

❷ (1)(2)でんぷんの有無を調べる試薬はヨウ素液、糖の有無を調べる試薬はベネジクト液またはフェーリング液。
(3)だ液の有無以外はすべて同じ条件になっているもの2つを比べる。
(4)でんぷんは、だ液にふくまれる消化酵素《しょうかこうそ》のはたらきで麦芽糖に分解され、小腸で最終的にブドウ糖にまで分解される。
(5)Cではでんぷんが糖に分解されているので、だ液は40℃でよくはたらくことがわかり、Aでは糖が少しあるので、5℃ではだ液が少しはたらいたことがわかる。

注意　だ液がよくはたらく温度は40℃とあるが、この温度は体温に近い温度である。「だ液は体温くらいの温度でよくはたらく」と覚える。

上級レベル 38 動物のからだとそのはたらき 理科④

解答

1 (1)サ・シ　(2)①オ・カ　②オ(クモ)は陸上で、カ(ザリガニ)は水中で生活する。
(3)①ウ・ケ　②ウ(カエル)は４本で、ケ(ハエ)は６本
(4)ア・ウ・ク
(5)D―サ　E―シ　F―イ
(6)①コ　②不完全変態《へんたい》
(7)(右図)

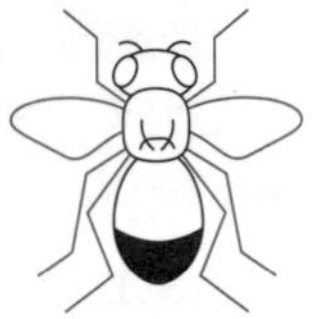

解説

1 (2)①クモのあしは８本、ザリガニのあしは10本である。
②クモは陸上にすんでいて書肺《しょはい》で呼吸《こきゅう》し、ザリガニは水中にすんでいてえらで呼吸する。
(3)①カエルの幼生《ようせい》はおたまじゃくしで、ひれのような尾《お》を使って移動する。ハエの幼虫《ようちゅう》はウジである。
②カエルの成体はあしが４本、ハエの成虫はあしが６本である。
(4)イヌとネコはほ乳《にゅう》類、カエルは両生《りょうせい》類である。
(5)D：あしのないセキツイ動物はヘビである。
E：あしのない無セキツイ動物はミミズである。
F：セキツイ動物ではねがあるのはインコである。
(6)①はねがある無セキツイ動物でさなぎの時期がないのはバッタである。
②さなぎの時期のある育ち方は完全変態という。
(7)ハエは、２枚《まい》のはねと６本のあしが、胸についている。

注意　完全変態と不完全変態の区別をすること。また、ハエやバッタなどの昆虫《こんちゅう》のからだのつくりは正確に覚えておくこと。ハエのようにはねが退化して２枚しかないものもある。

標準レベル 39 植物のからだとそのはたらき 理科⑤

解答

1 (1) $0.7\,cm^3$　(2) $12.0\,cm^3$
(3) $1.7\,cm^3$　(4) $2.6\,cm^3$

2 (1)①オ　②エ　③ア　④ウ　⑤イ
(2)A
(3)青むらさき色
(4)でんぷん
(5)AとB

解説

1 A～Eで、水が蒸発《じょうはつ》した部分と水の減った量をまとめると次のようになる。

	A	B	C	D	E
葉の表側			○		○
葉の裏側			○	○	
枝		○	○	○	○
水面	○	○	○	○	○
水の減った量〔cm^3〕	0.5	2.2	12.5	11.8	2.9

(1)葉の表側＝E－B
$=2.9\,cm^3-2.2\,cm^3=0.7\,cm^3$
(2)枝全体＝葉の表側＋葉の裏《うら》側＋枝
＝C－A
$=12.5\,cm^3-0.5\,cm^3=12.0\,cm^3$
(3)枝＝B－A
$=2.2\,cm^3-0.5\,cm^3=1.7\,cm^3$
(4) 1枚《まい》の葉の表側と裏側＝(C－B)÷4
$=(12.5\,cm^3-2.2\,cm^3)\div 4$
$=2.575\,cm^3$　約 $2.6\,cm^3$

2 (1)④熱い湯につけて、光合成《こうごうせい》でつくられたでんぷんを糖《とう》に分解する酵素《こうそ》のはたらきをなくすことがたいせつである。
(5)比べたい条件だけがちがい、他の条件はすべて同じになっている組み合わせで確認《かくにん》する。

上級レベル 40 植物のからだとそのはたらき 理科⑥

解答

1 (1)エ　(2)ウ　(3) 125 mg　(4) 12 mg

2 (1)A―緑色　B―青色　C―黄色
(2)B―光合成《こうごうせい》と呼吸《こきゅう》　C―呼吸　(3)二酸化炭素

解説

1 (1)植物Aは光の強さが②より強いときに生育し、植物Bは光の強さが①より強いときに生育する。
(2)植物Bは光が弱い所でも育つ陰生《いんせい》植物である。
(3)光の強さが③のとき、光合成で使われた二酸化炭素の量は、葉 $100cm^2$ あたり１時間で 3mg＋2mg＝5mg なので、$5〔mg〕\times\frac{500}{100}\times 5=125〔mg〕$
(4)④の強さの光を12時間当てたあと、光を当てずに８時間おいたときの、葉 $100\,cm^2$ あたりの二酸化炭素吸《きゅう》収《しゅう》量の差は $(7\,mg\times 12-4\,mg\times 8)-(3\,mg\times 12-2\,mg\times 8)=32\,mg$ なので、葉 $55\,cm^2$ あたりでは、$32\,mg\times\frac{55\,cm^2}{100\,cm^2}=17.6\,mg$ となる。よって、でんぷんが増加した量の差は、$15\,mg\times\frac{17.6\,mg}{22\,mg}=12\,mg$

2 試験管AのＢＴＢ液の色は緑色のままである。試験管Bではオオカナダモの呼吸《こきゅう》量より光合成量のほうが多いので、水中にとける二酸化炭素量が減り、ＢＴＢ液は青色を示す。試験管Cはアルミホイルで包まれているので光がさえぎられ、オオカナダモは呼吸だけを行うので、水中にとける二酸化炭素量がふえ、ＢＴＢ液は黄色を示す。

ポイント
ＢＴＢ液は水よう液の性質を調べる試薬で、中性で緑色、酸性で黄色、アルカリ性で青色に変化する。青色(アルカリ性)のＢＴＢ液に息(酸性の二酸化炭素をふくむ)をふきこむと中性の緑色になる。

標準レベル 41 生き物のくらしとかん境

理科⑦

解答

❶ (1)A—イ　B—ア　C—ウ
(2)X—酸素　Y—二酸化炭素
(3)光合成《こうごうせい》　(4)呼吸《こきゅう》
(5)A—ウ　B—ウ　C—ウ

❷ ①イ　②ウ　③オ　④カ　⑤ケ
⑥キ・セ　⑦サ　⑧タ　⑨エ　⑩シ

解説

❶ (1)自然界での生き物の間の食べる・食べられるの関係を食物《しょくもつ》れんさという。池などの水中の生き物の間には、植物プランクトン→動物プランクトン→小型魚→大型魚というつながりが見られる。**ア**は動物プランクトンのミジンコ、**イ**は植物プランクトンのケイソウ、**ウ**は小型魚のメダカである。
(2)XはA・B・Cすべての生き物がとり入れる酸素、YはA・B・Cすべての生き物が放出する二酸化炭素である。
(3)A(ケイソウ)が二酸化炭素をとり入れて酸素を放出するはたらきは光合成である。
(4)A・B・Cすべての生き物が酸素をとり入れて二酸化炭素を放出するはたらきは呼吸である。
(5)光が当たらなくなると、光合成をするAが減り、次にAを食べるBが減り、さらにBを食べるCが減っていく。

❷ ①〜④フロンは冷蔵庫《れいぞうこ》やエアコンの冷きゃくざいやスプレーガスなどに使用されていた。
⑤⑥酸性雨の原因は、工場から出される硫黄《いおう》酸化物や自動車のはい気ガスにふくまれるちっ素酸化物である。
⑧南極大陸上にある氷(氷しょう)がとけて、海に流れこむことで海水面の上しょうが起きる。北極に存在《そんざい》する氷の多くは海水がこおったもの(海氷)であり、とけても海水の体積はふえない。
⑨⑩二酸化炭素だけでなくフロンにも温室効果がある。

上級レベル 42 生き物のくらしとかん境

理科⑧

解答

❶ (1)水は空気よりあたたまりにくく冷めにくいため、温度変化が小さいから。
(2)ウ
(3)①ア　②イ　③イ
(4)A—6　B—3　C—2
(5)からだの内部でつくられる熱の量に対する外ににげていく熱の量の割合《わりあい》が小さいので、寒冷地で体温を保ちやすい点。

解説

❶ (1)水は比熱が大きく温度が変化しにくいので、水中はかん境の変化が小さいといえる。

(2)カントウタンポポは、冬には葉を地面に放射《ほうしゃ》状に広げたロゼットで過ごし、地表に冬芽《とうが》がある。

(3)表２で、温暖《おんだん》な地域《ちいき》に生息するクマより寒冷な地域に生息するクマのほうがからだの大きさが大きいことから、からだの大きさを示す体積が大きいほど、からだの内部でつくられる熱が多いと考えられる。また、外界《がいかい》と接している部分の大きさを示す表面積が広いほど、からだからにげていく熱が多いと考えられる。

(4)表３の空欄《くうらん》をうめると、右のようになる。

〔表３〕　立方体の体積と表面積

一辺の長さ	1	2	3
体　積	1	8	27
表面積	6	24	54
表面積を体積で割った値	6	3	2

(5)表３の、表面積を体積で割《わ》った値《あたい》は、単位体重あたりのにげていく熱の量を示しているものと考えられる。したがって、からだが大きいほど、単位体重あたりのにげていく熱が少ないので、寒冷地で生息して体温を保つために有利だということがわかる。

標準レベル 43 太陽・月の形や動き

理科⑨

解答

❶ (1)南—オ　西—キ　〈完答〉
(2)夏至《げし》—イ　秋分—ウ　〈完答〉
(3)①B　②C　(4)エ
(5)①C　②B　③A　(6)ウ　(7)ア

❷ (1)イ　(2)D→H→C→E→G→A→B→F
(3)キ　(4)カ
(5)月は地球のまわりを１回公転する間に、公転と同じ向きに１回自転するから。

解説

❶ (3)①太陽が真東から出て真西にしずむとき、昼の長さと夜の長さが同じになる。
(4)夏至《げし》の日(６月)の太陽の通り道はAで、その後南よりに移動して、秋分の日(９月)にB、冬至《とうじ》の日(12月)にはCとなることから、11月にはBとCの間を通ることがわかる。
(6)正午に観測された棒のかげは、真北よりやや東よりにのびているので、このときの太陽は真南よりやや西よりにあることがわかる。
(7)(6)より、正午になる前に南中している。

ポイント
とう明半球の問題では、まず東西南北を判断する。日本では太陽が最も高くなったときでも、観測者の真上より北になることはないことから、まず南北が決まる。次に南に向いて両手を広げたとき、左手のほうが東となる。

❷ (3)(4)地球上で見ると、**オ**が新月、**カ**が三日月、**キ**が上げんの月、**ケ**が満月、**ウ**が下げんの月である。
(5)月の自転周期と公転周期は等しいので、地球上から月の裏側《うらがわ》の面が見えることはない。

上級レベル 44 太陽・月の形や動き
理科⑩

解答

1 (1)ア
(2)①カ　②カ
(3)オ　(4)ウ　(5)オ

解説

1 (1)月食は、月が地球のかげに入ったときに起こる現象なので、地球が太陽と月の間にあるアが正解である。イは日食のときの順である。ウのように並《なら》ぶことはない。

(2)地球の公転面と月の公転面のなす角が 0° になると、日食は新月のとき、月食は満月のときに必ず起こるので、どちらも 365 日÷29.5 日＝12.3… より約 12 回起こることになる。

(3) 4 年に 1 度、1 年が 366 日のうるう年があるということは、地球が太陽のまわりを 1 周する日数が 4 年で 1 日長くなるということなので、1 年では 4 分の 1 日長くなるということである。

(4)地球上のある地点で、太陽が真南に見えてから、次に真南に見えるまでの時間、つまり、地球が 361° 自転するのにかかる時間を 24 時間としているので、地球が地じくのまわりを 1 回転する時間、つまり、360° 自転するのにかかる時間は、24 時間$\times\frac{360°}{361°}$＝23.93… より約 23 時間 56 分となる。

(5)月食は月が地球のかげに入ったときに起こる現象で、月が地球のかげに入ると、地球上のどこにいても月食が観測できる。一方、日食は、月が太陽の前にきて月のかげが地表にうつり、そのかげの中にあって日光がとどかなくなるために起こる現象で、このかげの中にある地域《ちいき》でのみ観測することができる。ところが、地表にうつる月のかげは小さいので、日食を観測することのできる地域は限られている。

標準レベル 45 大地のつくりと変化
理科⑪

解答

1 (1)断層《だんそう》　(2)エ　(3)不整合《ふせいごう》
(4)ア　(5)イ→ア→エ→ウ　(6) 2 回

2 (1)a→c→b　(2) 10m
(3)東西―イ　南北―エ　〈完答〉
(4) 11 m　(5) 13 m

解説

1 (3)海底でたい積した地層がもり上がって地上に現れて表面がしん食され、その後再びしずみこんで新たにたい積が起こると、不整合面ができる。

(4)E→D→Cの順に、たい積物のつぶの大きさが大きくなっている。

(6)不整合面ができたときと現在の、少なくとも 2 回陸上に出たことがわかる。

ポイント
不整合とは、地層の重なりが連続しない重なり方をしたものである。地層の重なりが中断した(地表に出た)ときに、水などでけずられて波うった形になった面を不整合面という。

2 (2)B地点のスケッチから、aはcの 14 m－11 m＝3 m 下にあるので、A地点では、13 m－3 m＝10 m の高さにあることがわかる。

(3)A地点とB地点で火山灰《かざんばい》の層cを比べると、東から西のほうへ 100 m につき 1 m 下がっている。A地点とC地点で火山灰の層bを比べると、北から南のほうへ 100 m につき 1 m 下がっている。

(4)(3)より、火山灰の層cはA地点より 2 m 下がって、13 m－2 m＝11 m の高さにある。

(5)(3)より、地層は南西方向へ下がっており、D地点の地層はA地点と同じようになっていると考えられる。

上級レベル 46 大地のつくりと変化
理科⑫

解答

1 (1)①カ
②ア
(2)①火成岩《かせいがん》
②オ
③ウ
④イ
⑤ウ

解説

1 (1)①岩石が細かくくだかれることをさいせつ(砕屑)という。風化とは、岩石が大気や気候のえいきょうなどでもろくなり、くずれて細かいつぶになっていくことである。
②寒い地域《ちいき》で、岩石にしみこんだ水分がこおってぼう張し、岩石がくだけたり、かんそうした地域で、岩石が水分を失ってもろくなってくだけたりする。熱帯では高温になって変質したり、雨が多い地域では雨水によって岩石の成分がとけたりすることもある。

(2)②Aの玄武岩《げんぶがん》とDの安山岩《あんざんがん》は火山岩、Bの花《か》こう岩《がん》は深成岩《しんせいがん》である。Cの凝灰岩《ぎょうかいがん》は火山灰《かざんばい》が積もっておし固められてできた岩石である。
③Aの火砕流《かさいりゅう》は、マグマのねばりけが強くてよう岩流の少ない場合で、マグマの温度が低いふん火である。Bは、高温でねばりけの弱いマグマがふん出する場合である。Cで火山灰が多いと、太陽の光がさえぎられ地球の気温が下がることがある。
④マグマがゆっくり冷えるほど造岩鉱物は大きな結晶《けっしょう》をつくる。マグマのかたまりの中心部分は、ふちの部分よりゆっくり冷えるので、結晶が大きくなると考えられる。
⑤大理石《だいりせき》というのは、結晶質石灰岩《けっしょうしつせっかいがん》のことである。石灰岩がマグマの熱を受けて変成作用で再結晶《さいけっしょう》してできる変成岩の一種で、結晶は大きくなっている。

標準レベル 47 てこのはたらき
理科⑬

解答

❶ (1) 400 g　(2) 500 g
(3) 90 g　(4) 170 g　(5) 300 g
(6) おもりXの重さ―550 g
糸が引く力―750 g　〈完答〉

❷ ① 38 cm　② 36 cm　③ 46 cm

❸ (1) A―60 g　B―40 g
(2) A―110 g　B―90 g

解説

❶ (3)糸が引く力を□gとすると、□g×100 cm＝300 g×30 cm より、□g＝90 g
(4)支点にかかる力を□gとすると、100 g×70cm＋200 g×50cm＝100cm×□g より、□g＝170 g
(5)棒《ぼう》の重さを□gとすると、200 g×30cm＝□g×20cm より、□g＝300 g
(6)おもりXの重さを□gとすると、□g×20cm＝100 g×30cm＋100 g×80cm より、□g＝550 g となり、糸が引く力は、550 g＋100 g＋100 g＝750 g

❷ ①ばねにかかる力は200 gである。
②ばねを引く力は、200 g－50 g＝150 g である。
③輪じくの右側の糸が棒の左はしを上向きに引く力は150 gなので、棒の左はしには、下向きに100 gの力がかかる。よって、棒の右はしにつるしたおもりは300 gで、ばねにかかる力は400 gになる。

❸ (1)おもりの位置から糸A、糸Bまでの長さの比は、2：3なので、糸A、糸Bにかかるおもりの重さの比は、3：2になる。
(2)棒の重さは糸A、糸Bに半分ずつかかるので、(1)の結果にそれぞれ50 gずつ加えた結果となる。

上級レベル 48 てこのはたらき
理科⑭

解答

❶ (1)(右図)
(2) 300 g
(3) A―100 g
B―1000 g
〈完答〉
(4) 45 cm
(5) 55 cm

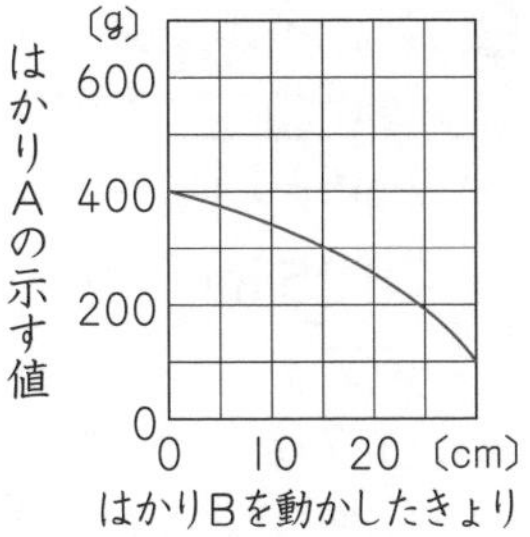

解説

❶ (1)はかりAとはかりBで、600 g＋100 g×2＝800 gを支えているので、2つのはかりが示す値《あたい》の和が800になるようにかく。

(2)図4で、おもりの重さを□gとしてはかりBの上の支持台を支点としてつり合うときを考えると、600 g×10 cm＝□g×20 cm より、□g＝300 g となるので、おもりの重さが300 gより大きいと、棒はかたむいて落ちる。

(3)図4で、おもりの重さが300 gのとき、棒《ぼう》ははかりBの上の支持台を支点としてつり合っているので、棒とおもりの重さはすべてはかりBにかかる。

(4)いちばん上の棒と、上から2本目の棒を合わせた重心は、2本の棒が重なる部分の真ん中にあり、上から2本目の棒の右はしから15 cmの所になる。この位置が3本目の棒の右はしにくるまでせり出すことができるので、このときいちばん上の棒の先たんは机《つくえ》のはしから、30 cm＋15 cm＝45 cm の所にある。

(5) 3本の棒を合わせた重心は、上から3本目の棒の右はしから10cmの所にあるので、この位置を机の右はしにくるまでせり出したとき、いちばん上の棒の先たんは机のはしから、45cm＋10cm＝55cm の所にある。

標準レベル 49 水よう液の性質
理科⑮

解答

❶ (1) 2
(2) ア・イ・キ
(3) 二酸化炭素
(4) 水素
(5) イ
(6) A―ア　B―カ　C―オ　E―ウ
(7) F

❷ (1) 青色
(2) 食塩（塩化ナトリウム）
(3) 0.4 g
(4) 0.4 g
(5) 黄色
(6) 2.4 g
(7) 青色
(8) 3.8 g

解説

❶ Aは鉄をとかすのでア、Bはアルカリ性でアルミニウムをとかすのでカ、Cは酸性で固体がとけているのでオ、DはAとBを混ぜ合わせるとできるのでエ、Eは中性で固体がとけていて食塩水ではないのでウ、Fは二酸化炭素がとけたキ、Gはアルカリ性でしげきのあるにおいがするのでイである。

❷ (1)(塩酸)：(水酸化ナトリウム水よう液)＝4：3 の体積比で完全に中和するので、水よう液Eでは水酸化ナトリウム水よう液が余る。
(2) 40 cm^3 の塩酸と 30 cm^3 の水酸化ナトリウム水よう液が完全に中和してできた食塩である。

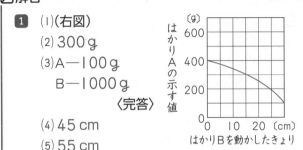

(3) 1.6 g のうち 1.2 g は C と同様にできた食塩なので、残りの 0.4 g が余った 20 cm^3 にとけていた水酸化ナトリウムである。

(4)中和される水酸化ナトリウム水よう液は 10 cm^3 で、C の場合の $\frac{1}{3}$ である。

(5)塩酸が余る。

(6)中和される水酸化ナトリウム水よう液は 60 cm^3 で、C の場合の 2 倍である。

(7)水酸化ナトリウム水よう液が余る。

(8) 120 cm^3 の塩酸が中和されて、10 cm^3 の水酸化ナトリウム水よう液が余るので、$1.2\,g \times (120\,cm^3 \div 40\,cm^3) + 0.4\,g \times (10\,cm^3 \div 20\,cm^3) = 3.8\,g$

上級レベル 50 水よう液の性質

理科⑯

解答

1 (1)①イ　②ア　③イ

(2)中和

(3)ウ

(4) 25 mL

(5)ア

(6) 2 g

(7) 5 g

(8)

	塩酸を25mL加えた水よう液	塩酸を75mL加えた水よう液
鉄	×	○
アルミニウム	○	○

解説

1 (1)①塩酸に鉄を入れると、水素が発生し、熱が発生する。

②水が蒸発《じょうはつ》するときに、まわりの熱をうばう。

③鉄が酸化するときに発生する熱を利用する。

(3) 20 ℃の塩酸を 50 mL 加えるまで熱が発生し、そのとき水よう液の温度が最大(25 ℃)になる。その後さらに 20 ℃の塩酸を 50 mL 加えても、熱は発生しないので温度は下がるが、体積比から、20 ℃までは下がらないことがわかる。

(4)こさが 2 倍なので、必要な体積は 2 分の 1 になる。

(5)発生する熱量は実験 1 の場合と同じだが、水よう液全体の体積が実験 1 の場合より少ないので、水温は 25 ℃よりも高くなる。

(6) $5\,g \times \frac{20\,mL}{50\,mL} = 2\,g$

(7)塩酸と水酸化ナトリウム水よう液が 50 mL ずつ反応して、塩酸が余る。塩酸は水を蒸発させても何も残らないので、生じる固体は実験 3 の結果と同じ 5 g になる。

(8)塩酸を 25 mL 加えた水よう液中には水酸化ナトリウム水よう液が残っていて、アルミニウムはとけるが鉄はとけない。塩酸を 75 mL 加えた水よう液中には塩酸が残っていて、鉄とアルミニウムのどちらもとける。

注意　物質が反応するとき、熱を発生するものを発熱反応、熱をうばうものを吸熱反応《きゅうねつはんのう》という。水が蒸発するときの例は、夏に道路に水まきをするとすずしくなることで体験できる。

標準レベル 51 電気とわたしたちのくらし

理科⑰

解答

❶ (1)①イ　②ア　③ウ

(2)ウ　(3)ア、オ

(4)手回し発電機のハンドルが、しばらく同じ向きに回り、やがて止まる。

(5)流れる電流は、しだいに小さくなり、やがて流れなくなる。

(6)イ、エ

解説

❶ (1)①電流の流れる向きが逆になり、モーターは逆向きに回転する。

②電球は電流の流れる向きが逆になっても点灯する。

③発光ダイオードは電流の流れる向きが逆になると点灯しない。

(2)手回し発電機で発電するときは、大きな電流が流れるほど手ごたえが重くなる。何もつながないときは電流が流れないので、手ごたえは軽いが、導線をつなぐと大きな電流が流れて手ごたえは重くなる。

(3) 3 個の電球に 1 個のときと同じ大きさの電流が流れるが、消えるまでの時間は短くなる。

(4)コンデンサーから流れ出る電流は、じゅう電されたときと逆向きなので、手回し発電機を回してから手をはなすと、発電したときとは逆向きの電流が流れる。このとき、手回し発電機のハンドルは、発電したときと同じ向きに回転する。

(5)コンデンサーにためることのできる電気の量は決まっていて、コンデンサーに電気がたまってくると流れる電流は小さくなり、コンデンサーの容量いっぱいに電気がたまると電流は流れなくなる。

(6)光電池は、光の当て方を変えることで、電流の大きさを変えることができる。また、電灯の光を当てても電流が流れる。

上級レベル 52 電気とわたしたちのくらし

理科⑱

解答

❶ (1)ア・ウ・オ・カ

(2)(右図)

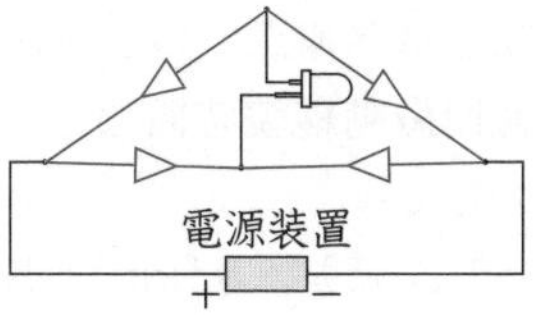

(3)コンデンサー

(4)部品Ｙにためられていた電気をなくすため。

(5)① 0.64 倍

② 0.32 A

解説

❶ (1)ア…右側のＬＥＤの向きが逆なので、回路に電流が流れない。

イ…豆電球は光るが、部品Ｘの向きが逆なので、ＬＥＤは光らない。

ウ…右側の部品Ｘの向きが逆なので、回路に電流が流れない。

エ…ＬＥＤも豆電球も光る。

オ…ＬＥＤの向きが逆なので、回路に電流が流れない。

カ…部品Ｘの向きが逆なので、回路に電流が流れない。

(4)コンデンサーに電気がたくわえられていない状態で実験を始める。

(5)① 0.164 A÷0.256 A＝0.640625

小数第３位を四捨五入《ししゃごにゅう》して 0.64 倍。

② 8 秒のときの電流は最初の 0.256 A÷0.400 A＝0.64 倍 になっている。これと①の結果より、8 秒経過するごとに電流は 0.64 倍になっていることがわかる。ここで、0.64＝0.8×0.8 なので、4 秒(＝8 秒÷2)経過するごとに、電流は 0.8 倍になると考えられる。したがって、4 秒のときの電流は、

0.400 A×0.8＝0.32 A

である。

53 最上級レベル 1

理科⑲

解答

❶ (1)C

(2)比 1：1、(右図ア)

(3)(右図イ)

(4)(右図Ｘ)

(5)Ｐ波―8km

Ｓ波―4km〈完答〉

(6) 12 時 35 分 20 秒

(7) 8　(8) 60 km　(9) 12.5 秒

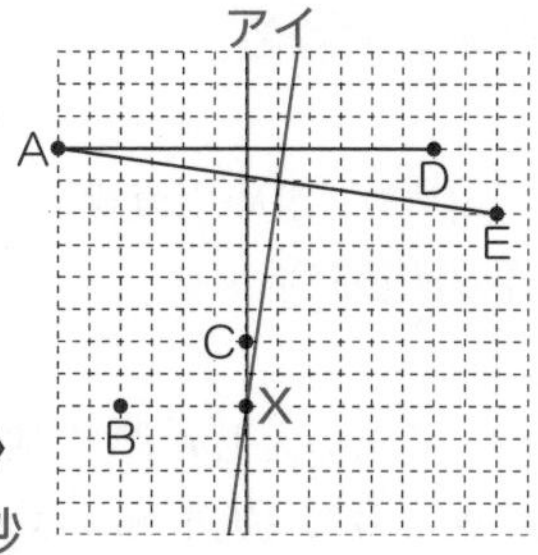

解説

❶ (1)地しん波は、しん源《げん》からあらゆる方向に同心球状に伝わっていく。したがって、しん源から近いほど、地しん波がはやくとう着する。図 1 より、Ｐ波・Ｓ波のとう着時刻《じこく》が最もはやいのはＣ地点なので、しん源(Ｘ地点)から最も近い地点はＣ地点だとわかる。

(2)Ａ地点とＤ地点では、Ｐ波・Ｓ波のとう着時刻が同じなので、しん源きょりは等しいことがわかる。したがって、しん源きょりの比は 1：1 である。Ａ地点でのしん源きょりとＤ地点でのしん源きょりが等しいので、しん源(Ｘ地点)は、線分ＡＤの垂直《すいちょく》二等分線(右図の直線ア)上にあると考えられる。

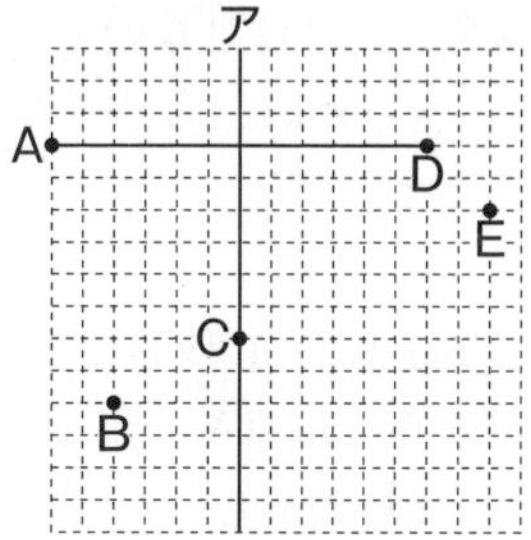

(3)Ａ地点とＥ地点でも、Ｐ波・Ｓ波のとう着時刻が同じなので、しん源きょりが等しいことがわかる。したがって、しん源(Ｘ地点)は、線分ＡＥの垂直二等分線上にあると考えられる。ここで、Ｅ地点はＡ

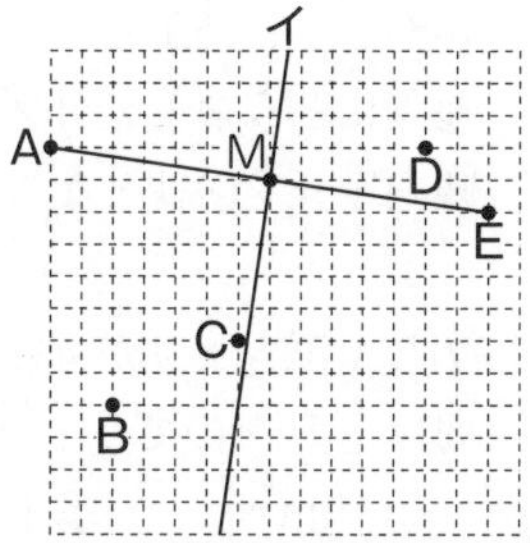

地点から右へ14マス、下へ2マスのところにあるので、線分AEの中点は、A地点から右へ7マス、下へ1マスの点(図のM点)で、線分AEの垂直二等分線は、M点を通り、左へ1マス、下へ7マスの点を通る直線(図の直線イ)になる。

(4)(2)、(3)で求めた直線の交点がしん源(X地点)である(解答の図参照)。

(5)(4)で求めたしん源(X地点)の位置より、B地点のしん源きょりは80 km、C地点のしん源きょりは40 kmであることがわかる。

P波がC地点にとう着したのは12時35分25秒、B地点に到着したのは12時35分30秒なので、5秒の差がある。これは、B地点とC地点のしん源きょりの差、

80 km－40 km＝40 km

を伝わるのに5秒かかったということである。したがって、P波の速さは、

40 km÷5秒＝8 km/秒

である。同様に、B地点とC地点でのS波のとう着時刻の差は10秒なので、S波の速さは、

40 km÷10秒＝4 km/秒

だとわかる。

(6)P波は1秒間に8 km進むので、地しんが発生してからしん源きょり40 kmのC地点にとう着するのに、

40 km÷8 km/秒＝5秒

かかる。したがって、地しんが発生した時刻はP波がC地点にとう着した12時35分25秒の5秒前で、12時35分20秒となる。

(7)しん源きょりが40 kmのC地点での初期微動継続時《しょきびどうけいぞくじ》間《かん》は5秒なので、

40 km＝□×5秒

より

□＝8

となる。

(8)この地しんはX地点の真下で起こったので、しん源の深さはX地点でのしん源きょりに相当する。図4より、初期微動継続時間は7.5秒なので、これを(7)の式に代入して、

しん源きょり〔km〕＝8×7.5＝60〔km〕

となり、これがこの地しんのしん源の地表からの深さとなる。

(9)2番目の地しんのしん源は、X地点の真下で地表からの深さは60 km、B地点とX地点のきょりは80 kmなので、2番目の地しんのしん源をY点とすると、次の図のように、三角形BXYは3辺の比が3：4：5の直角三角形と相似になる。

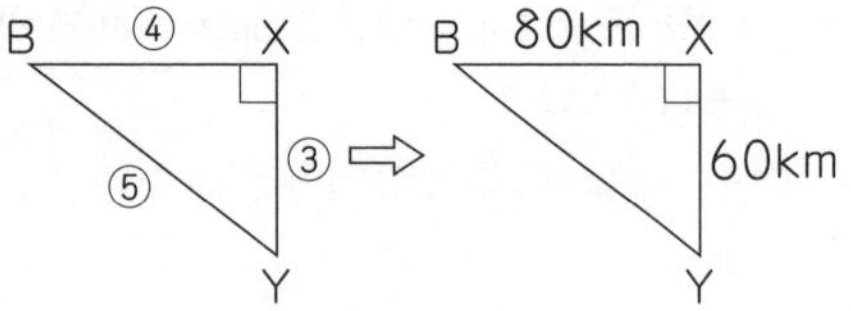

これより、B地点のしん源きょり(BY)は、

$$80\text{km}\times\frac{5}{4}=100\text{ km}$$

と求められるので、初期微動継続時間は(7)の式を利用して、

100〔km〕＝8×初期微動継続時間〔秒〕

より、

初期微動継続時間＝12.5秒

となる。

54 最上級レベル ②

理科⑳

解答

1 (1)20 mL

(2)2

(3)1.46 g

(4)固体―2.26 g

B液―80 mL 〈完答〉

(5)0.16

(6)加えたB液の体積をb〔mL〕とすると、

b≦80のとき(1.46+0.01×b)g、

b＞80のとき2.26 g

2 (1)ア

(2)240度

(3)30回

解説

1 (1)こさ4のA液10mLにとけている水酸化ナトリウムは、

$$4\text{g}\times\frac{10\text{mL}}{100\text{mL}}=0.4\text{g}$$

である。

水酸化ナトリウム2 gを完全に塩酸と反応させると食塩が3 gできるので、水酸化ナトリウム0.4 gが完全に塩酸と反応すると、

$$3\text{g}\times\frac{0.4\text{g}}{2\text{g}}=0.6\text{g}$$

の食塩ができる。

水酸化ナトリウム水よう液(A液)10mLに塩酸(B液)を少しずつ加えていったときの、[加えたB液の量]と水を蒸発《じょうはつ》させた後に残る[固体の重さ]との関係を考える。[加えたB液の量]が0 mLのときは、水酸化ナトリウムだけが0.4 g残り、A液10 mLにとけていた0.4 g

の水酸化ナトリウムが塩酸と過不足なく反応したとき、あとに残る固体は0.6gの食塩だけになる。また、[加えたB液の量]が10mLのとき、あとに固体が0.5g残ったのだから、これらのことをグラフに表すと下の図のようになる。

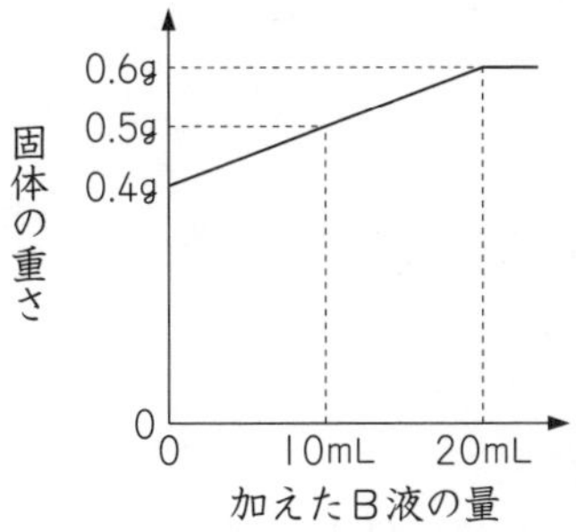

これより、0.6gの食塩だけが残るときのB液は20mLだとわかる。

(2)(1)より、0.4gの水酸化ナトリウムが20mLのB液と過不足なく反応するので、10mLのB液と過不足なく反応する水酸化ナトリウムは0.2gだとわかる。
これより、問題の水酸化ナトリウム水よう液には、10mL中に0.2gの水酸化ナトリウムがとけていることがわかる。
したがって、100mL中には2gの水酸化ナトリウムがとけていることになるのでこさは2である。

(3)実験1、2より、加えるB液を、

$60\,\text{mL} - 20\,\text{mL} = 40\,\text{mL}$

ふやすと、あとに残る固体は、

$2.06\,\text{g} - 1.66\,\text{g} = 0.4\,\text{g}$

だけふえているので、
B液を20mL加えた場合、

$0.4\,\text{g} \times \dfrac{20\,\text{mL}}{40\,\text{mL}} = 0.2\,\text{g}$

だけふえたと考えられる。
したがって、

$1.66\,\text{g} - 0.2\,\text{g} = 1.46\,\text{g}$

である。

(4)実験3で、B液とC液を500mLずつ混ぜて水を蒸発させると、あとに固体が1.13g残ったのだから、B液とC液をそれぞれ2倍の1Lずつ混ぜたあとに残る固体は、

$1.13\,\text{g} \times 2 = 2.26\,\text{g}$

で、実験2でB液を60mL加えたときより、

$2.26\,\text{g} - 2.06\,\text{g} = 0.2\,\text{g}$

だけ多く、これは(3)で確認したB液を20mL加えたときの増加量と同じである。
したがって、C液1Lと過不足なく反応するB液は、

$60\,\text{mL} + 20\,\text{mL} = 80\,\text{mL}$

であることがわかる。

(5)B液80mLと過不足なく反応する水酸化ナトリウムは、

$0.4\,\text{g} \times \dfrac{80\,\text{mL}}{20\,\text{mL}} = 1.6\,\text{g}$

である。
これが1L＝1000mLにとけているので、100mL中には0.16gとけている。
よって、こさは0.16である。

(6)(3)より、B液を20mL加えたとき固体は0.2gふえるので、B液を1mL加えるごとに固体は、

$0.2\,\text{g} \div 20\,\text{mL} = 0.01\,\text{g}$

ずつふえることがわかる。
したがって、加えたB液の体積をb〔mL〕とすると、bが80までは、B液を加えたことによる増加量は(0.01×b)gで、bが80をこえると、2.26gで一定になる。

2 (1)円板が1回転するのに要する時間とストロボ装置《そうち》の発光間かくは、どちらも$\dfrac{1}{20}$秒なので、印が1回転してもとの位置にもどるごとにストロボ装置が発光する。したがって、印は常に同じ位置に見える。

(2)図のように見えるのは、円板が120度または240度回転するごとにストロボ装置が発光する場合である。
ストロボ装置の1秒間に発光させる回数をだんだん増やしていくと、発光間かくがだんだん短くなり、1回の発光間かくの間に円板が回転する角度がだんだん小さくなっていく。そうして、1回の発光間かくの間に円板が回転する角度が240度になったときに、はじめて図の模様《もよう》が観察される。

(3)円板が240度回転するのに要する時間は、

$\dfrac{1}{20}\text{秒} \times \dfrac{240\text{度}}{360\text{度}} = \dfrac{1}{30}\text{秒}$

なので、
1秒間に、

$1\text{秒} \div \dfrac{1}{30}\text{秒} = 30$〔回〕

発光していることになる。

標準レベル 55 憲法とくらし
社会①

☑解答

❶ (1)イ
(2)基本的人権《きほんてきじんけん》の尊重《そんちょう》
(3)生存《せいぞん》権
(4)①象徴《しょうちょう》
②X―イ　Y―キ　Z―カ
③エ　④ウ
(5)①イ　②非核《ひかく》三原則
(6)①ウ　②5月3日

解説

❶ (1)選挙権は参政権の一つであり、義務を課せられてはいない。近年、政治に関する無関心層《そう》が増加し、投票率は下落傾向《けいこう》にある。
(3)憲法《けんぽう》第25条で定められている。
(4)③エの外国と条約を結ぶのは内閣《ないかく》である。天皇《てんのう》の国事行為《こうい》としては、他に、栄典の授与《じゅよ》や外国公使の接受《せつじゅ》などの儀式《ぎしき》的なものがある。④ウの内閣総理大臣は国会で指名される。なお、アの国民投票は行われたことがないが、満18歳《さい》以上の国民に投票権がある。イの国民審査《しんさ》は衆《しゅう》議院《ぎいん》議員総選挙と同時に行われるが、これまでに罷免《ひめん》された裁判官《さいばんかん》はいない。エの情報公開制度を利用して、行政について調べることも政治参加の方法の一つである。
(5)①第9条には戦争の放棄《ほうき》・戦力の不保持・交戦権の否認《ひにん》が明記されている。なお、第1条は天皇の地位、第11条は基本的人権の享有《きょうゆう》、第25条は生存権を規定している。②佐藤栄作《さとうえいさく》内閣のときに国会で決議された。佐藤栄作はこのことによって、1974年にノーベル平和賞を受賞した。

注意 (4)①漢字指定になることが多いが、「象徴」とまちがって書きやすいので注意が必要。

上級レベル 56 憲法とくらし
社会②

☑解答

1 (1)① 1946(年)11(月)3(日)
② 1947(年)5(月)3(日)
(2)①オ　②イ　③ウ　④コ　⑤カ
X―国民投票
(3)①(第)9(条)
②A―オ　B―ウ　C―イ　D―カ
③A―もたない
B―もちこませない
(4)①公共の福祉《ふくし》　②イ
③知る権利《けんり》
(5)国民主権
(6)ア

解説

1 (2)憲法《けんぽう》改正の手続きはこれまでにとられたことがない。 主権者は国民であるため、最終的に国民投票によって改正の是非《ぜひ》を問い、国事行為《こくじこうい》として天皇《てんのう》が公布するという手続きをふむことになっている。
(3)③日本の国是《こくぜ》とされているが、非核《ひかく》三原則の「もちこませない」という点については、これまでにアメリカ海軍の艦船《かんせん》による核のもちこみがあったことが確認《かくにん》されている。
(4)②アは自由権(精神の自由)である。社会権としては「教育を受ける権利」が保障《ほしょう》されている。ウの「裁判《さいばん》を受ける権利」は請求《せいきゅう》権、エは自由権(経済《けいざい》活動の自由)である。
③国や地方公共団体に対する「知る権利」とともに個人に対しては「プライバシーの権利」が保障されており、個人情報保護法が制定されている。

注意 (3)③「もちこませない」を「もちこまない」と書いてしまうことが多いので注意する。

標準レベル 57 政治のはたらき
社会③

☑解答

❶ (1)①参議院　②イ
(2)①オ　②カ　③キ　④イ
(3)世論《よろん(せろん)》
(4)憲法《けんぽう》
(5)裁判員《さいばんいん》制度
❷ (1)条例
(2)ウ
(3)消費税
(4)①ユニバーサルデザイン
②ノーマライゼーション

解説

❶ (1)②イの外国と条約を結ぶのは内閣《ないかく》の仕事であり、国会はその条約を承認《しょうにん》するか否《いな》かを審議《しんぎ》する。
(3)報道機関の情報に対するあつかい方によって、世論は大きく影響《えいきょう》を受けることがある。
(5)刑事《けいじ》裁判のうち、地方裁判所で行われる重大な犯罪《はんざい》に関する裁判(第一審)で実施《じっし》される。

注意 (1)②国会の仕事・内閣の仕事・天皇《てんのう》の国事行為《こうい》は混同しやすいので、しっかり整理しておきたい。「結ぶ」「認《みと》める」「公布する」など、動詞によって見分けられるものが多い。

❷ (2)ウの郵便《ゆうびん》事業は、かつては郵政省という国の機関があつかっていたが、現在は民営化され、「日本郵便(JP《ジェイピー》)」がその事業をになっている。
(3)消費税は、税負担《ふたん》者と納税《のうぜい》者が異《こと》なる間接税の一つである。
(4)①温水洗浄便座《せんじょうべんざ》などは、本来、医療《いりょう》や福祉《ふくし》用に開発され、現在、幅《はば》広く使用されているものの一つである。

上級レベル 58 政治のはたらき 社会④

解答

1 (1)①4　②6　③25　④30
(2)ウ　(3)①10　②40　(4)ウ　(5)与党《よとう》
(6)(例)裁判《さいばん》を慎重《しんちょう》に行い、人権《じんけん》が侵《おか》されるのを防ぐため。
(7)イ　(8)モンテスキュー

2 (1)イ　(2)公務員

解説

1 (2)アの法律《ほうりつ》の制定は、衆議院《しゅうぎいん》で出席議員の3分の2以上の賛成での再可決が必要。イの憲法《けんぽう》改正の発議には、両議院の総議員の3分の2以上の賛成が必要。ウの弾《だん》劾《がい》裁判は選出された議員によって審議《しんぎ》される。

(4)内閣《ないかく》総理大臣の指名のために開催《かいさい》される。アの臨時会《りんじかい》は会期外で内閣が必要と認《みと》めたときなどに開催される。エの緊急《きんきゅう》集会は衆議院解散中に緊急の用件が発生した場合に参議院だけで国会の機能を代替《だいたい》するもので、「集会」という表現がなされる。

(5)政権を担当せず、内閣の政策《せいさく》を批判《ひはん》する役割《やくわり》をになう政党を「野党」という。

ポイント

(6)この制度を三審制といい、第一審から第二審に進むことを控訴《こうそ》、第二審から第三審に進むことを上告《じょうこく》という。

2 (1)アは都道府県知事は参議院議員とともに被《ひ》選挙権は満30歳《さい》以上である。ウは地方公共団体の首長は住民の選挙によって選出されるため、地方議会の多数政党と一《いっ》致《ち》しないことも多い。よって、不信任決議には3分の2以上の議員が出席し、4分の3以上の賛成を必要としている。エは署名《しょめい》提出後、住民投票で過半数の賛成が必要である。

標準レベル 59 原始～古墳時代 社会⑤

解答

1 (1)①縄文土器《じょうもんどき》　②イ　③たて穴《あな》住居
(2)①石包丁　②高床《たかゆか》倉庫　③エ
(3)卑弥呼《ひみこ》
(4)①古墳《こふん》　②ウ　③はにわ
(5)①大和朝廷《やまとちょうてい》(大和政権《せいけん》)
②大王《おおきみ》　③ア
(6)①渡来人《とらいじん》　②エ

解説

1 (1)①縄目もよう以外の特色としては、厚手でもろく、黒かっ色をしていることがあげられる。

②青森《あおもり》県にある縄文時代最大級の集落遺跡《いせき》である。アは静岡《しずおか》県、ウは福岡《ふくおか》県に位置する農耕集落遺跡である。

(2)②湿気《しっけ》やねずみの害などを防ぐために、床を高くつくっている。

(3)邪馬台国《やまたいこく》や卑弥呼に関しては、中国の歴史書である『魏志《ぎし》』倭人伝《わじんでん》がくわしく伝えている。

(4)①古墳の中でも、前方後円墳《ぜんぽうこうえんふん》は特に大きなものが多い。

②日本最大の古墳は大仙《だいせん》古墳で、大阪《おおさか》府堺《さかい》市に位置している。

(6)②磨製《ませい》石器は、縄文時代にすでに使用されていた。

注意　(4)③縄文時代に、豊かな収穫《しゅうかく》や子孫の繁栄《はんえい》をいのるためにつくられたと考えられている土偶《どぐう》と混同しないようにする。

ポイント

(5)③この史料(『宋書《そうじょ》』倭国伝《わこくでん》)では、「倭王武《わおうぶ》」と表現されているワカタケル(雄略天皇《ゆうりゃくてんのう》)の名は、埼玉《さいたま》県稲荷山《いなりやま》古墳と熊本《くまもと》県江田船山《えたふなやま》古墳の出土品に見ることができる。

上級レベル 60 原始～古墳時代 社会⑥

解答

1 (1)ア　(2)ウ　(3)イ　(4)ア
(5)エ　(6)イ

2 (1)①土偶《どぐう》　②貝塚《かいづか》
(2)①ウ
②(例) 九州《きゅうしゅう》地方から関東《かんとう》地方まで、大王《おおきみ》の勢力がおよんでいたことがわかる。
(3)①ア　②イ
(4)岩宿遺跡《いわじゅくいせき》
(5)D→A→C→B

解説

1 (6)弥生《やよい》土器は、縄文《じょうもん》土器より薄手《うすで》でかたく、赤かっ色をしている。

ポイント

(2)『後漢書《ごかんじょ》』東夷伝《とういでん》が伝える、57年に奴国《なこく》の王が後漢《ごかん》の光武帝《こうぶてい》からあたえられた「漢委奴国王《かんのわのなのこくおう》」の金印は、江戸《えど》時代に志賀島《しかのしま》(現在の福岡《ふくおか》県)から発見された。

2 (2)①アは大阪《おおさか》府堺《さかい》市に位置する日本最大の古墳《こふん》、イは青森《あおもり》県青森市に位置する縄文時代最大級の集落遺跡である。②熊本《くまもと》県の遺跡は江田船山《えたふなやま》古墳。

(3)①写真Cは弥生時代の代表的な青銅器である銅鐸《どうたく》。

②アは旧石器《きゅうせっき》時代、イは弥生時代、ウは縄文時代、エは古墳時代の説明にあたる。

ポイント

(4)長く、日本には旧石器時代がなかったといわれていたが、第二次世界大戦後、相沢忠洋《あいざわただひろ》氏が関東ロームの地層《ちそう》の中から発見したDの打製石器によって、日本にも旧石器時代が存在《そんざい》したことが証明された。

標準レベル 61 飛鳥〜平安時代

社会⑦

解答

❶ (1)①十七条《じゅうしちじょう》の憲法《けんぽう》　②法隆寺《ほうりゅうじ》
(2)①イ・エ〈順不同〉　②イ
(3)①ウ　②エ　③東大寺《とうだいじ》
(4)①正倉院《しょうそういん》　②ア
(5)①源氏物語《げんじものがたり》　②イ　③ア
(6)ウ

解説

❶ (1)①聖徳太子《しょうとくたいし》はもとの名を厩戸皇子《うまやどのおうじ》という。天皇《てんのう》中心の政治を行うために、家柄《いえがら》によらず能力によって役人を登用する冠位十二階《かんいじゅうにかい》なども定めている。②奈良《なら》県の斑鳩《いかるが》町《ちょう》に位置し、ユネスコの世界文化遺産《いさん》に登録されている。

(2)①中大兄皇子《なかのおおえのおうじ》はのちの天智《てんじ》天皇。中臣鎌足《なかとみのかまたり》は死の直前に藤原《ふじわら》という姓《せい》をあたえられ、子孫である藤原氏は平安《へいあん》時代に繁栄《はんえい》を極《きわ》めた。なお、アの大海人皇子《おおあまのおうじ》はのちの天武《てんむ》天皇、ウの蘇我馬子《そがのうまこ》は聖徳太子《しょうとくたいし》の政治改革に協力した豪族《ごうぞく》、オの小野妹子《おののいもこ》は聖徳太子によって隋《ずい》に派遣《はけん》された人物である。

(3)②行基《ぎょうき》は橋やため池づくりなどの社会事業に積極的に取り組み、民衆《みんしゅう》から支持されていた。

(4)②平城京《へいじょうきょう》に唐招提寺《とうしょうだいじ》を建立《こんりゅう》した。

(5)②アは奈良時代に帰国できないまま唐《とう》で一生を終えた遣唐使《けんとうし》・阿倍仲麻呂《あべのなかまろ》の歌、ウは遣唐使の停止を建議し、のちに藤原氏の陰謀《いんぼう》によって中央の政治から追われた貴《き》族《ぞく》・菅原道真《すがわらのみちざね》の歌。

ポイント

(4)①正倉院の建築方法は校倉造《あぜくらづくり》である。読み方「あぜくらづくり」にも注意する。

注意　(5)①清少納言《せいしょうなごん》の『枕草子《まくらのそうし》』と混同しないこと。

上級レベル 62 飛鳥〜平安時代

社会⑧

解答

1 (1)A—鑑真《がんじん》　B—中大兄皇子《なかのおおえのおうじ》(天智天皇《てんじてんのう》)
C—平 清盛《たいらのきよもり》　D—小野妹子《おののいもこ》
E—清少納言《せいしょうなごん》
(2)イ
(3)①大化《たいか》の改新《かいしん》　②公地公民《こうちこうみん》
(4)①ウ　②エ
(5)ア
(6)①かな文字　②寝殿造《しんでんづくり》
③十二単《じゅうにひとえ》
(7)D→B→A→E→C

解説

1 (2)イは唐招提寺金堂《とうしょうだいじこんどう》である。アは聖武《しょうむ》天皇の遺品《いひん》などを納《おさ》めた東大寺正倉院《とうだいじしょうそういん》、ウは東大寺大仏殿《だいぶつでん》で、いずれも奈良《なら》時代の天平《てんぴょう》文化の代表的な建造物である。

(4)①ウは平安《へいあん》時代初期の桓武《かんむ》天皇の業績である。②エでおきたのは壇ノ浦《だんのうら》の戦い。アの平泉《ひらいずみ》は奥州藤原《おうしゅうふじわら》氏の本拠地《ほんきょち》。イ(富士川《ふじがわ》の戦い)→ウ(一ノ谷《いちのたに》の戦い)→屋島《やしま》の戦い→エ(壇ノ浦の戦い)と、平氏は西へ西へと源氏《げんじ》に追いつめられていった。

(5)イの十七条《じゅうしちじょう》の憲法《けんぽう》は役人の守るべき心構え。ウの冠位《かんい》十二階《じゅうにかい》は家柄《いえがら》によらず能力に応じて位をあたえた。エは聖武天皇の業績である。

(7)Aは8世紀(奈良時代)、Bは7世紀半ば(飛鳥《あすか》時代)、Cは12世紀(平安時代)、Dは7世紀前半(飛鳥時代)、Eは11世紀初めごろ(平安時代)にそれぞれ活躍《かつやく》した人物。

ポイント

(2)天平文化の建造物を見分ける問題は出題されやすいので、特色をしっかりつかんでおきたい。

標準レベル 63 鎌倉〜安土桃山時代

社会⑨

解答

❶ (1)X—ウ　Y—ア
(2)①北条政子《ほうじょうまさこ》　②御成敗式目《ごせいばいしきもく》(貞永《じょうえい》式目)
(3)①ア　②ウ　(4)ウ
(5)①足利義政《あしかがよしまさ》　②書院造《しょいんづくり》
(6)①ウ　②エ　(7)織田信長《おだのぶなが》　(8)ア

解説

❶ (2)① 源 頼朝《みなもとのよりとも》の妻で、「尼将軍《あましょうぐん》」とよばれた。②武士の根本法として重んじられた。

(3)①イの竹崎季長《たけざきすえなが》は元寇《げんこう》での自らの活躍《かつやく》を「蒙古襲来絵《もうこしゅうらいえ》詞《ことば》」としてえがかせた肥後国《ひごのくに》(熊本《くまもと》県)の御家人《ごけにん》、ウの北条時頼《ときより》は北条時宗《ときむね》の父で、「鉢《はち》の木」の物語に名を残す執権《しっけん》、エの畠山重忠《はたけやましげただ》は源頼朝の家臣で、その人柄《ひとがら》から“武士の鑑《かがみ》”と尊敬《そんけい》を集めた。②アは元軍の戦法、イは古代の朝廷《ちょうてい》がとった政策《せいさく》、エの恩賞《おんしょう》とは戦いでの働きに応じてあたえるものだが、この戦いでは、幕府《ばくふ》は十分な恩賞を武士たちにあたえることができなかった。

(4)ウは平安《へいあん》時代末期の 平 清盛《たいらのきよもり》の業績である。足利義満《よしみつ》は中国の明《みん》と貿易を始めた。

(6)②アは明智光秀《あけちみつひで》によって織田信長が自害に追いこまれた事件、イは織田信長が今川義元《いまがわよしもと》を破った戦い、ウは京都《きょうと》の地侍《じざむらい》や農民が自治を求めておこした一揆《いっき》である。

(8)アの延暦寺《えんりゃくじ》は、平安時代に最澄《さいちょう》によって開かれた天台《てんだい》宗《しゅう》の総本山。織田信長によって、焼きうちにされた。

ポイント

(6)②長篠《ながしの》の戦いは、織田信長が徳川家康《とくがわいえやす》とともに、武田《たけだ》軍の騎馬隊《きばたい》を相手に戦った戦乱で、織田・徳川連合軍が大量の鉄砲《てっぽう》を有効に活用して勝利した。この戦乱ののち、武将《ぶしょう》同士の一騎討《う》ちから足軽《あしがる》による集団戦法へと戦術は大きな変化を見せた。

上級レベル 64 鎌倉～安土桃山時代

社会⑩

解答

1 (1)①雪舟《せっしゅう》　②ウ　(2)ウ

(3)①豊臣秀吉《とよとみひでよし》　②エ

(4)①足利義満《あしかがよしみつ》

②(例)倭寇《わこう》と正式の貿易船とを区別するため。

③イ

(5)①(フランシスコ＝)ザビエル　②ウ

(6)B→D→A→E→C

解説

1 (1)Aは室町《むろまち》時代後期に雪舟がえがいた水墨画《すいぼくが》である。②ウの東大寺金剛力士像《とうだいじこんごうりきしぞう》は、鎌倉《かまくら》時代に運慶《うんけい》・快慶《かいけい》らによってつくられた。

(2)Bは鎌倉時代後期に肥後国《ひごのくに》の御家人竹崎季長《ごけにんたけざきすえなが》がえがかせた「蒙古襲来絵詞《もうこしゅうらいえことば》」である。日本は元《げん》の集団戦法や火薬兵器に苦しめられ、暴風雨などによって退《しりぞ》けたものの、幕府《ばくふ》の力は弱まった。

(3)②公家《くげ》や寺社の土地に対する権利《けんり》は一掃《いっそう》され、荘園《しょうえん》制度はなくなった。

(4)Dは室町時代に始まった勘合《かんごう》貿易(日明《にちみん》貿易)のための合い札である。③イの楽市《らくいち》・楽座《らくざ》は市の税を免除《めんじょ》し、座の特権を廃止《はいし》して、だれもが自由に営業することを認《みと》めた政策《せいさく》で、織田信長《おだのぶなが》が安土城下《あづちじょうか》で行ったのが有名である。

(5)Eは1549年に鹿児島《かごしま》に上陸したスペイン人のイエズス会宣教師《せんきょうし》、ザビエルである。

ポイント

(1)②祇園祭《ぎおんまつり》は応仁《おうにん》の乱《らん》によって中断されていたが、商業活動によって力をつけた町衆《ちょうしゅう》《まち》が復活させた。

注意　(5)②戦国～安土桃山《ももやま》時代の歴史地図はよく出題される。戦乱のおきた場所、鉄砲《てっぽう》やキリスト教伝来地、貿易港など、混同しないようにする。

標準レベル 65 江戸時代

社会⑪

解答

1 (1)①外様《とざま》　②ア

(2)①エ　②対馬藩《つしまはん》　③シャクシャイン

(3)エ　(4)①杉田玄白《すぎたげんぱく》　②蘭学《らんがく》　③国学《こくがく》

(5)①浮世絵《うきよえ》　②イ　③寺子屋《てらこや》

(6)日米和親条約《にちべいわしん》　(7)ア・エ〈順不同〉

解説

1 (2)①スペイン・ポルトガルはカトリックの国で、海外布教《ふきょう》に力を入れていた。オランダはプロテスタントの国で、キリスト教を日本に布教しなかったため、貿易船の出入りが許可された。

(3)アの松尾芭蕉《まつおばしょう》は俳諧《はいかい》の芸術性を高めた人物。イの井原《いはら》西鶴《さいかく》は浮世草子《うきよぞうし》とよばれる小説を書いた人物。ウの雪舟《せっしゅう》は室町《むろまち》時代に水墨画《すいぼくが》を大成した人物。

(4)①オランダ語で書かれた『ターヘル＝アナトミア』を翻《ほん》訳《やく》した。

(5)②4人はすべて絵師で、アは富士山《ふじさん》、イは美人画、ウは風景画、エは役者絵をテーマにした浮世絵をそれぞれ得意とした。③「読み・書き・そろばん」といった実用的な学問を学んだ。

(7)Gのできごとを大政奉還《たいせいほうかん》という。1866年、土佐《とさ》藩出身の坂本龍馬《さかもとりょうま》の仲立ちで、薩摩《さつま》藩と長州《ちょうしゅう》藩は薩長同盟《さっちょうどうめい》を結び、倒幕《とうばく》運動を進めていった。

ポイント

(1)① 1600年におきた関ヶ原《せきがはら》の戦い以前からの家臣は譜代《ふだい》、以後の家臣は外様、徳川《とくがわ》家一族の大名は親藩《しんぱん》と区分される。

注意　(6) 1858年に貿易を行うことを取り決めた日米修好通商《しゅうこうつうしょう》条約と混同しないようにする。

上級レベル 66 江戸時代

社会⑫

解答

1 (1)イ　(2)蔵屋敷《くらやしき》　(3)ウ

2 (1)エ→イ→ウ→ア

(2)①D　②E　③B

(3)①D　②B　③C　④F　⑤E

(4)エ

3 (1)歌川広重《うたがわひろしげ》　(2)伊能忠敬《いのうただたか》

(3)本居宣長《もとおりのりなが》

解説

1 (1)アは室町《むろまち》時代の説明で、江戸《えど》時代には油《あぶら》かすやいわしを乾燥《かんそう》させたほしかなどの肥料が新しく使われるようになった。ウの千歯《せんば》こきはもみをこそぎ落とす脱穀《だっこく》の道具で、深く耕す道具は備中《びっちゅう》ぐわである。エは鎌倉《かまくら》時代の農業の説明である。

(3)アは江戸時代初期に東南アジアに向かった貿易船、イはポルトガル・スペインからの貿易船、エは江戸・大阪《おおさか》間を行き来した船である。

2 (3)①寛政異学《かんせいいがく》の禁という。②目安箱《めやすばこ》の意見から、町火《まちび》消《け》しや小石川養生所《こいしかわようじょうしょ》などが実現した。⑤上知令《じょうちれい》《あげち》という命令で、水野忠邦《みずのただくに》が失脚《しっきゃく》する原因となった。

(4)アは日米和親《にちべいわしん》条約で開港されていた下田《しもだ》が閉鎖《へいさ》され、新潟《にいがた》が開港した。イは関税《かんぜい》をかける権利《けんり》ではなく、決める権利が認《みと》められなかった。また、関税は輸出品ではなく、輸入品にかけられる。ウは犯罪《はんざい》を犯《おか》した外国人はその国の領事《りょうじ》によって裁《さば》かれた。

3 (1)浮世絵《うきよえ》は、ゴッホやモネなど、19世紀後半のヨーロッパの画家に大きな影響《えいきょう》をあたえた。

ポイント

(3)国学《こくがく》はやがて天皇《てんのう》を尊《とうと》ぶ尊王論《そんのうろん》と結びつき、幕《ばく》末《まつ》の尊王攘夷《じょうい》運動に影響をあたえた。

標準レベル 67 明治～大正時代
社会⑬

解答

❶ (1)①地租改正《ちそかいせい》　②富岡《とみおか》製糸場　③富国強兵《ふこくきょうへい》
(2)ウ
(3)①伊藤博文《いとうひろぶみ》　②エ　③X―25　Y―15
(4)①ア　②イ
(5)①平塚《ひらつか》らいてう《(ちょう)》　②全国水平社《ぜんこくすいへいしゃ》

解説

❶ (1)①これまでの現物納《のう》ではなく、地価の3%を金納させることによって、政府の収入《しゅうにゅう》は安定した。②模範《もはん》工場として、全国から女子労働者を募集《ぼしゅう》した。のちの製糸工場のような劣悪《れつあく》な労働環境《かんきょう》ではなかった。2014年、世界遺産《いさん》に登録された。

(2)板垣退助《いたがきたいすけ》はイの西郷隆盛《さいごうたかもり》とともに、政府内で征韓論《せいかんろん》を主張していたが敗れ、政府を去った。

(3)③全人口の約1.1%の人々しか選挙権《けん》をもつことはできなかった。

(4)①アの朝鮮《ちょうせん》半島を植民地にしたのは1910年のことである。②アは初の条約改正交渉《こうしょう》の使節団の団長、ウは日露《にちろ》戦争後のポーツマス条約締結《ていけつ》時の外務大臣で、のちに不平等条約の完全改正に成功している。エは初代国際連盟《れんめい》事務局次長である。

(5)①女性差別からの解放を目ざして青鞜社《せいとうしゃ》を組織、さらに女性の参政権の獲得《かくとく》を目ざして新婦人協会《しんふじんきょうかい》を組織した。

注意 (1)②生糸《きいと》をつくる工場を製糸場、綿糸をつくる工場を紡績《ぼうせき》工場という。また、「製紙場」と書きまちがえないよう注意する。

ポイント
(3)②ドイツは君主権の強い国だったことから、手本とした。

上級レベル 68 明治～大正時代
社会⑭

解答

1 (1)①津田梅子《つだうめこ》　②ア
(2)①西郷隆盛《さいごうたかもり》　②ウ→イ→エ→ア
(3)①朝鮮《ちょうせん》　②ウ　③八幡《やはた》製鉄所
2 ①福沢諭吉《ふくざわゆきち》　②カ　③キ
④田中正造《たなかしょうぞう》　⑤オ　⑥ウ
3 (1)関東大震災《かんとうだいしんさい》　(2)治安維持《いじ》法

解説

1 (1)②イのノルマントン号事件は領事裁判権《りょうじさいばんけん》の撤廃《てっぱい》要求が高まった事件、ウの領事裁判権の撤廃が実現したのは日清《にっしん》戦争の直前、エの条約改正が完全に実現したのは1911年で、韓国併合《かんこくへいごう》の翌年《よくねん》である。

(2)②ウ(1881年)→イ(1885年)→エ(1889年)→ア(1890年)である。

(3)②当時、清《しん》は朝鮮を属国とみなしていた。アは日露《にちろ》戦争の講和条約であるポーツマス条約、イはロシアとの樺《から》太《ふと》・千島交換《ちしまこうかん》条約、エは第一次世界大戦の講和条約であるベルサイユ条約の内容である。

ポイント
(2)②現在の内閣《ないかく》総理大臣は国会で指名されるが、当時は国会とは無関係であった。

2 アは赤痢菌《せきりきん》を発見した細菌《さいきん》学者、イは領事裁判権の撤廃に成功した外務大臣、エは立憲改進党《りっけんかいしんとう》を結成した政治家、クは黄熱病《おうねつびょう》の研究をした細菌学者である。

3 (1)震災の混乱の中でデマが流れ、多数の朝鮮人や中国人が殺害された。なお、この2年後の1925年にラジオ放送が始まった。

ポイント
(2)普通《ふつう》選挙法により、満25歳《さい》以上のすべての男子に選挙権があたえられた。

標準レベル 69 昭和～平成時代
社会⑮

解答

❶ (1)満州《まんしゅう》
(2)ウ・エ〈順不同〉
(3)①ハワイ　②イ
(4)①沖縄《おきなわ》県　②広島《ひろしま》市・長崎《ながさき》市　③イ
(5)日米《にちべい》安全保障《ほしょう》条約
(6)①高度経済《けいざい》成長
②イ・エ・カ〈順不同〉
(7)中国《ちゅうごく》(中華人民共和国《ちゅうかじんみんきょうわこく》)
(8)東日本大震災《ひがしにほんだいしんさい》

解説

❶ (1) 1932年につくられた満州国は、民族自決の原則にもとづく国であるとされていたが、現地の日本軍(関《かん》東《とう》軍)の強い影響下《えいきょうか》にあった。

(2)日本は1940年にドイツ・イタリアと日独伊《にちどくい》三国同《どう》盟《めい》を結んだ。

(3)①ハワイの真珠湾《しんじゅわん》と、東南アジアのマレー半島を攻撃《こうげき》した。②徴兵《ちょうへい》検査は満20歳《さい》以上の男子に課せられた。

(4)①沖縄は6月には連合国軍に占領《せんりょう》された。②広島は8月6日、長崎は8月9日に原子爆弾《げんしばくだん》が投下された。

(6)①高度経済成長は、1973年におこった第一次石油《せきゆ》危機《きき》によって終わりを告げ、日本は安定成長の時代に入った。②「3C」はそれぞれの頭文字からとった表現。その前に普及《ふきゅう》したのは、白黒テレビ・冷蔵庫《れいぞうこ》・洗濯機《せんたくき》で「三種の神器《じんぎ》」といわれる。

(7)田中角栄首相《たなかかくえいしゅしょう》が日中共同声明に調印した。

注意 (4)③イは農地改革《かいかく》。政府が地主から強制的に土地を買い上げ、小作人に安く売りわたすことで、土地制度の変革を行った。地租改正《ちそかいせい》は明治《めいじ》時代に実施《じっし》された税制改革である。

上級レベル 70 昭和～平成時代
社会⑯

☑解答

1 (1)ウ　(2)ア→ウ→イ
(3)国家総動員法　(4)ユダヤ民族
(5)①ウ→イ→ア→エ　②ポツダム宣言《せんげん》

2 (1)①ニューヨーク
②(例)ソ連が拒否権《きょひけん》を行使したから。
(2)①ウ　②サンフランシスコ平和条約　③ア
(3)イ　(4)①ウ　②エ　③イ

解説

1 (1)アは日中《にっちゅう》戦争のきっかけとなった盧溝橋《ろこうきょう》事件、イは日清《にっしん》戦争のきっかけ、エは日露《にちろ》戦争の遠因。
(2)ア(1932年)→ウ(1933年)→イ(1936年)。
(5)①ウ(1941年：太平洋戦争開戦)→イ(1942年：戦《せん》況《きょう》が逆転する)→ア(1945年8月6日)→エ(1945年8月8日)である。

ポイント
(2)五《ご》・一五《いちご》事件は海軍の青年将校《しょうこう》らによる犬養毅《いぬかいつよし》首相《しゅしょう》暗殺事件、二《に》・二六《にろく》事件は陸軍の青年将校を中心としたクーデター事件である。

2 (2)①警察予備隊《けいさつよびたい》は、1952年に保安隊《ほあんたい》、1954年に自衛隊《じえいたい》に改組された。③イは日中共同声明で中国と国交を正常化した首相、ウは「所得倍増」をかかげた首相、エは日韓《にっかん》基本条約と沖縄返還《おきなわへんかん》時の首相である。
(3)アの青函《せいかん》トンネルとウの瀬戸大橋《せとおおはし》は同じ1988年に開通した。
(4)①沖縄《おきなわ》本土復帰は1972年のできごと。②1980年代後半におこった土地や株《かぶ》の価格が異常《いじょう》に高くなるバブル経済《けいざい》は、1991年に崩壊《ほうかい》した。③ビキニ環礁《かんしょう》での水《すい》爆《ばく》実験の放射線《ほうしゃせん》を浴びた第五福竜丸《だいごふくりゅうまる》事件は1954年のできごとである。

標準レベル 71 世界の国々と日本
社会⑰

☑解答

1 (1)①エ　②ア　③キ　④オ　⑤カ　⑥イ
(2)ウ　(3)ア　(4)ニューヨーク
(5)①石油(原油)　②イスラム教

2 (1)エ
(2)①ユネスコ(UNESCO)
②ユニセフ(UNICEF)
(3)エ　(4)SDGs《エスディージーズ》

解説

1 (2)アの日本人移民が多いのはブラジルやアメリカである。イの一人っ子政策《せいさく》は中国でかつて行われていた人口抑制《よくせい》政策、エはイスラム教の教義を厳《きび》しく守るサウジアラビアなどイスラム教の国々で見られる。
(3)南アメリカ大陸では、ブラジル以外のほとんどの国はスペイン語を公用語にしている。

2 (1)加盟《かめい》は安全保障《ほしょう》理事会が勧告《かんこく》し、総会が承認《しょうにん》して決定する。2023年10月現在の加盟国は193か国で、バチカン市国・コソボ・クック諸島《しょとう》・ニウエが未加盟。
(3)エのスペシャルオリンピックスは知的障《しょう》がい者のスポーツ活動を支援《しえん》する大会で、自立や社会参加を目的としている。身体障がい者のスポーツ大会はパラリンピックといい、オリンピックと同じ年に同じ場所で開催《かいさい》される。
(4)2015年、国連本部で開かれた持続可能な開発サミットで、「だれ一人取り残さない」という理念のもと、持続可能な開発目標(SDGs)が採択《さいたく》された。

ポイント
(2)ユネスコ・ユニセフ以外にも、国連難民《なんみん》高等弁務官事務所(UNHCR《ユーエヌエイチシーアール》)・世界貿易機関(WTO《ダブリューティーオー》)・国際原子力機関(IAEA《アイエーイーエー》)など、主な機関の略称《りゃくしょう》も整理しておきたい。

上級レベル 72 世界の国々と日本
社会⑱

☑解答

1 (1)ウ　(2)①ウ　②拒否権《きょひけん》
(3)A—イ　B—エ　C—ウ
(4)ウ

2 (1)B　(2)コーラン　(3)エ
(4)①EU《イーユー》　②ユーロ

解説

1 (2)①常任《じょうにん》理事国は5か国あり、あと2か国はフランスと中国。安全保障《ほしょう》理事会は15か国で構成されており、非常任理事国は2年任期で毎年5か国ずつ交代する。日本は非常任理事国に12回選出されている。②冷戦《れいせん》状態が厳《きび》しかったころには、拒否権発動が相次ぎ、足並《な》みがそろわなかった。現在もその傾向《けいこう》は見られる。
(3)酸性雨は工業のさかんな地域《ちいき》、熱帯林の破壊《はかい》はアマゾン川流域や東南アジアなど、砂漠《さばく》化は世界各地で見られる。二酸化炭素などの温室効果ガスの増加による地球温《おん》暖《だん》化は、海面の上昇《じょうしょう》、洪水《こうずい》や干《かん》ばつを招くなど、地球全体でさまざまな影響《えいきょう》が確認《かくにん》されている。
(4)アはアメリカ、イは中国、エはドイツである。

2 (1)Bはタイ。タイは熱心な仏教《ぶっきょう》国で、男子は成人するまでに、一時期、僧《そう》となって修行《しゅぎょう》を行う。
(2)イスラム教徒は1日5回、聖地《せいち》メッカに向かっていのりをささげるなど、コーランにもとづいた生活を行う。
(3)気候グラフの気温を表す折れ線グラフが、7月にもっとも気温が低くなっていることから、日本と季節が逆になる南半球の都市を選ぶ。
(4)①ヨーロッパ連合の略称《りゃくしょう》である。

注意 (4)2020年にイギリスがヨーロッパ連合(EU)から離脱《りだつ》し、2023年10月現在、27か国がEUに加盟《かめい》している。

73 最上級レベル 1

社会⑲

解答

1 (1)A―3分の2以上　B―過半数　(2)ア
(3)ア　(4)ア

2 (1)①×　②×　③○　④×
(2)ニューヨーク
(3)①オ　②ウ　③ア　④イ
(4)アパルトヘイト

3 (1)イ　(2)ウ　(3)エ

解説

1 (1)Aこれまでに国会が憲法《けんぽう》改正の発議をしたことは一度もないが、その理由は憲法改正案が可決されるためのハードルが非常に高いことにある。特別な場合を除《のぞ》く、通常の法案の場合、衆議院《しゅうぎいん》・参議院それぞれ総議員の3分の1以上の出席があれば、会議として成立し、その会議で出席議員の過半数の賛成があれば可決する。なお、国会の採決で実際に賛成と反対が同数であった場合は、議長が可否《かひ》を決定する(第56条)。3分の2以上の賛成が必要なのは、衆議院での可決後、参議院で否決された法案を衆議院で再可決する場合のみである(第59条)。これに対し、憲法改正は衆議院・参議院それぞれ「総議員の3分の2以上」の賛成が必要ということになる。
B憲法改正の発議がなされた場合、国民投票が行われ、その投票において有効投票数の「過半数」の賛成があると憲法が改正されることになる。「過半数」と「2分の1以上」は同じではないことに注意する。

(2)アの国務大臣の任命は内閣《ないかく》総理大臣が行い、天皇《てんのう》は国務大臣の認証《にんしょう》を行う。日本国憲法に定められた主な天皇の国事行為《こうい》は、憲法改正・法令などの公布、国会の召集《しょうしゅう》、国会の指名にもとづく内閣総理大臣の任命、内閣の指名にもとづく最高裁判所《さいばんしょ》長官の任命などである。なお、天皇は日本国憲法において日本国と日本国民統合の象徴《しょうちょう》と位置づけられており、政治的権能をもたないため、国事行為は儀礼《ぎれい》的な行為にすぎない。

(3)アの外国との条約を承認《しょうにん》するのは国会であり、その条約を締結《ていけつ》し、国会の承認を求めるのが内閣である。

(4)アの内閣総理大臣を任命するのは天皇であり、国会は内閣総理大臣を指名する。

ポイント

国会・内閣・裁判所《さいばんしょ》の仕事の内容を整理するとともに、3つの政治権力《けんりょく》の抑制《よくせい》と均衡《きんこう》の関係(三権分立の内容)を理解しておきたい。

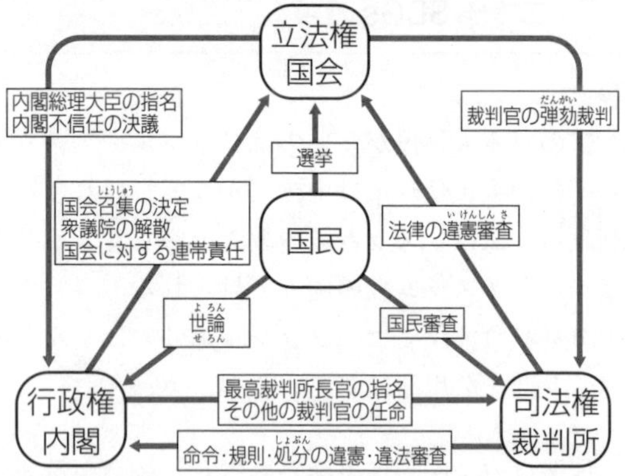

2 (1)①君主権が強いことから、ドイツの憲法を手本とした。②主権は天皇にあり、国民は天皇の「臣民《しんみん》」という位置づけであった。③元々、2月11日は『日本書紀《にほんしょき》』が伝える初代の天皇である神武《じんむ》天皇の即位《そくい》した日として祝日になっており(紀元節《きげんせつ》)、大日本帝国《ていこく》憲法はこれに合わせて発布された。現在も2月11日は、建国記念の日として祝日になっている。なお、日本国憲法が公布された11月3日は文化の日、施行された5月3日は憲法記念日で、いずれも祝日である。④伊藤博文《いとうひろぶみ》が初代内閣総理大臣に就任《しゅうにん》したのは1885年で、憲法発布当時の総理大臣は黒田清隆《くろだきよたか》であった。大日本帝国憲法では内閣と国会は連動しておらず、内閣は天皇を補佐《ほさ》する機関であった。

(2)国際連合の本部は、アメリカのニューヨークに置かれている。国際連合は、世界の平和と安全の維持《いじ》を目的として1945年に発足し、総会、安全保障《ほしょう》理事会、経済《けいざい》社会理事会などが置かれている。なお、第一次世界大戦後に発足した国際連盟《れんめい》の本部は、スイスのジュネーブに置かれていた。

(3)日本国憲法の三原則は国民主権・平和主義・基本的人《きほんてきじん》権《けん》の尊重《そんちょう》。①請求《せいきゅう》権の中の裁判を受ける権利(第32条:裁判所において裁判を受ける権利)にあたる。②社会権の中の生存《せいぞん》権(第25条:健康で文化的な最低限度の生活を営む権利)にあたる。なお、社会権としては他に、教育を受ける権利、労働基本権などがある。③かつては労働基準法によって、女子の深夜業は禁止されていたが、男女雇用《こよう》機会均等法の改正にともなって、女子の深夜業の禁止は撤廃《てっぱい》された。④職業選択《せんたく》の自由は、自由権の中の経済活動の自由にあたる。自由権は他に精神の自由と身体の自由がある。なお、エの参政権は、政治に参加する権利のことで、国会議員や都道府県知事などを選挙する選挙権や、選挙に立候補《りっこうほ》する被《ひ》選挙権などがある。選挙権は満18歳《さい》以上のすべての国民に認《みと》められている。

(4)南アフリカ共和国では、有色人種に対し参政権をあたえず、居住地も分離《ぶんり》し、白人との結婚《けっこん》を禁止するなど、アパルトヘイトとよばれる徹底した差別政策が1991年までとられていた。

3 (1)国際連合の総会で設立された補助機関である「国連児童基金」に関する説明である。「国連児童基金」の略称《りゃくしょう》はイのUNICEF《ユニセフ》。日本も戦後、ユニセフから食料などの多大な支援《しえん》を受けていた。

(2)国連の関連機関の一つである「世界貿易機関」の説明である。「世界貿易機関」の略称はウのWTO《ダブリューティーオー》。1995年にGATT《ガット》(関税と貿易に関する一般《いっぱん》協定)が発展《はってん》的解消をとげて成立した。

(3)国連の専門《せんもん》機関の一つである「国際労働機関」の説明である。「国際労働機関」の略称はエのILO《アイエルオー》。ILOは、1920年に設立された国際連盟のころから活動している。

注意　混同しやすい略称の区別をしっかりつけておきたい。

・ユニセフとユネスコ

ユニセフは(1)の通り。ユネスコは国連の専門機関の一つである「国連教育科学文化機関」の略称。識字率の向上や義務教育の普及《ふきゅう》などを行う。世界遺産《いさん》関連で出題されることも多い。

・ＷＴＯ《ダブリューティーオー》とＷＨＯ《ダブリューエイチオー》

WTOは(2)の通り。WHOは国連の専門機関の一つである「世界保健機関」の略称。世界のすべての人が最高の健康水準を維持できるように、衛生や医療《いりょう》などの活動を行う。

・ILOとPKO

ILOは(3)の通り。PKOは平和維持活動の略称で、国際紛争《ふんそう》の拡大《かくだい》防止のために、停戦の監視《かんし》などの活動を行う。

・ＯＤＡ《オーディーエー》とＮＧＯ《エヌジーオー》

ＯＤＡは「政府開発援助」の略称で、先進国が発展途上国《とじょうこく》に対して行う援助で、日本の青年海外協力隊もこの一環《いっかん》である。ＮＧＯは「非政府組織」の略称で、国境なき医師団などがこれにあたる。ちなみにNPO《エヌピーオー》は「非営利組織」の略称で、NGOもNPOも営利目的ではなく社会貢献《こうけん》を目的として活動する民間団体のこと。国際的な場面ではNGOが使われることが多い。

74 最上級レベル ②

社会⑳

解答

1
(1)イ
(2)ウ
(3)聖武天皇《しょうむてんのう》
(4)ウ
(5)ウ
(6)エ
(7)ア
(8)イ
(9)ウ・オ〈順不同〉

解説

1 (1)Aは５世紀の中国の歴史書『宋書《そうじょ》』倭国伝《わこくでん》の一部で、倭王武《わおうぶ》から中国皇帝《こうてい》にあてた上表文である。倭王武は倭の五王の一人で、雄略《ゆうりゃく》天皇(ワカタケル大王)と考えられている。ワカタケルの文字が刻《きざ》まれた鉄刀が熊本《くまもと》県江田《えた》船山古墳《ふなやまこふん》から、鉄剣《てっけん》が埼玉《さいたま》県稲荷山《いなりやま》古墳から出土しており、ワカタケル大王の勢力が九州《きゅうしゅう》から関東《かんとう》までの範囲《はんい》に広がっていたことが推測《すいそく》できる。なお、アは中大兄皇子《なかのおおえのおうじ》が白村江《はくすきのえ(はくそんこう)》の戦いに大軍を送って敗北した７世紀の状況《じょうきょう》、ウは仏教《ぶっきょう》受け入れを支持した蘇我《そが》氏や聖徳太子《しょうとくたいし》と仏教を排除《はいじょ》しようとした物部《もののべ》氏が対立した６世紀末の状況、エの「親魏倭王《しんぎわおう》」の称号《しょうごう》と銅鏡を授《さず》けられたのは邪馬台国《やまたいこく》の女王卑弥呼《ひみこ》で３世紀の状況である。

(2)Bは７世紀の中国の歴史書『隋書《ずいしょ》』倭国伝の一部である。聖徳太子は小野妹子《おののいもこ》を遣隋使《けんずいし》として派遣《はけん》した。この国書を読んだ隋《ずい》の皇帝煬帝《ようだい》が立腹したことも、『隋書』は伝えている。

(3)Cは、743年に聖武天皇が出した「大仏造立《ぞうりゅう》の詔《みことのり》」である。当時、ききんや伝染《でんせん》病が相次いでおり、仏教の力で国が安らかにおさまるようにと、聖武天皇は741年に国ごとに国分寺《こくぶんじ》・国分尼寺《こくぶんにじ》を建立《こんりゅう》することを命じており、大仏が造立された東大寺《とうだいじ》はその総本山としての位置づけであった。なお、大仏は752年に完成しており、各地で橋や道、ため池をつくりながら仏教を広め、人々からしたわれていた行基《ぎょうき》の協力が大きい。

(4)Dは11世紀初めに、藤原道長《ふじわらのみちなが》が三人目の娘《むすめ》を天皇のきさきとした祝いの席で、自らの人生が欠けるものがない満ち足りたものであることをよんだものである。藤原氏は娘を天皇に嫁《とつ》がせ、摂政《せっしょう》・関白《かんぱく》の地位を独占《どくせん》して政治の実権をにぎった。このような政治を摂関《せっかん》政治という。藤原氏は、道長とその子の頼通《よりみち》のときにもっとも栄えた。ウの選択肢《せんたくし》は、摂政と関白の位置づけが逆である。なお、イの阿弥陀堂《あみだどう》としては、11世紀中ごろに、藤原頼通《よりみち》が宇治《うじ》(京都《きょうと》府)につくった平等院鳳凰堂《びょうどういんほうおうどう》が有名である。

(5)Eは1221年に後鳥羽上皇《ごとばじょうこう》がおこした承久《じょうきゅう》の乱《らん》に際して、武士の結束を説いた北条政子《ほうじょうまさこ》の演説の一部である。この演説によって御家人《ごけにん》の士気が高まり、幕府《ばくふ》側が勝利をおさめた。敗れた朝廷《ちょうてい》側から没収《ぼっしゅう》した領地を恩賞《おんしょう》として御家人たちに分配することができた結果、鎌倉《かまくら》幕府の権威《けんい》はより高まったといわれる。なお、アは平清盛《たいらのきよもり》が政治の実権をにぎる結果となった1159年に京都でおきた戦乱である。イは1185年に現在の山口《やまぐち》県でおきた源平《げんぺい》最後の戦いで、これによって平氏《へいし》一族は滅亡《めつぼう》した。エは1274年におきた元《げん》軍の最初の襲来《しゅうらい》である。

(6)Fは室町《むろまち》時代に農民が惣村《そうそん》の自治のために、寄合《よりあい》の話し合いで定めた村掟《むらおきて》の一部である。室町時代ごろになると、近畿《きんき》地方あたりの農村では、有力農民を中心にして惣村とよばれる自治組織がつくられるようになった。惣村では、有力農民が集まって村掟や農事について協議する寄合が開かれ、その決定によって惣村の自治が行われた。結束を強めた農民は、守護大名や荘園《しょうえん》領主に年貢《ねんぐ》を減らすよう要求したり、借金の帳消しを求めて一揆《いっき》をおこしたりするようになった。なお、アは鎌倉時代、イは平安《へいあん》時代、ウは江戸《えど》時代の農村の様子を述べている。アの地頭《じとう》の非法については紀伊国《きいのくに》(現在の和歌山《わかやま》県)の農民が、イの横暴な国司《こくし》については尾張国《おわりのくに》(現在の愛知《あいち》県)の

郡司《ぐんじ》と農民が、それぞれその非法についてうったえる文書を残している。

(7)Gは18世紀後半に行われた老中松平定信《ろうじゅうまつだいらさだのぶ》の寛政《かんせい》の改《かい》革《かく》を批判《ひはん》した狂歌《きょうか》である。“白河《しらかわ》”は元白河藩《はん》藩主であった松平定信を、“田沼《たぬま》”は前老中であった田沼意次《おきつぐ》を指している。松平定信は、徳川吉宗《とくがわよしむね》の享保《きょうほう》の改革を手本とし、厳《きび》しい引きしめ策《さく》をとった。アは享保の改革で定められている。

注意　(7)江戸時代後半の政治改革の内容は混同しやすいので、しっかり整理しておきたい。

- 徳川吉宗(享保の改革)
  公事方御定書《くじかたおさだめがき》の制定、目安箱の設置、小石川養生所の設置など
- 田沼意次
  株仲間《かぶなかま》の奨励《しょうれい》など
- 松平定信(寛政の改革)
  寛政異学《いがく》の禁、米の備蓄《びちく》、旗本《はたもと》・御家人《ごけにん》の商人からの借金の帳消しなど
- 水野忠邦《みずのただくに》(天保の改革)
  株仲間の解散、上知《じょうち》《あげち》令など

(8)Hは1858年に結ばれた日米修好通商《にちべいしゅうこうつうしょう》条約の一部である。領事裁判権《りょうじさいばんけん》を認《みと》め、関税自主権《かんぜいじしゅけん》をもたない不平等条約で、条約改正までに50年以上を要した。イのフェートン号事件は江戸時代の鎖国《さこく》体制下でおきたイギリス艦《かん》船《せん》の長崎《ながさき》港侵入《しんにゅう》事件。領事裁判権撤廃《てっぱい》の世論《よろん》《せろん》が高まったのは、和歌山県沖で沈没《ちんぼつ》事故をおこした貨物船のイギリス人船長と船員が全員救命ボートに乗って助かり、日本人乗客が全員水死した事件で、イギリス人船長が領事裁判の結果、軽い罰《ばつ》を受けただけだったノルマントン号事件である。アの井上馨《いのうえかおる》は欧米《おうべい》の制度や生活様式などを取り入れて、西洋文明に追いついたことを示そうとする欧《おう》化政策《かせいさく》をとり、条約の改正交渉《こうしょう》を行った。しかし、領事裁判権を撤廃するかわりに、外国人を裁く裁判に外国人裁判官を参加させるなどの条件があったため、国内の反対にあい、条約の改正交渉は失敗に終わった。

(9)Iは1945年7月に発表された、日本の無条件降伏《こうふく》を促《うなが》すポツダム宣言《せんげん》である。敗戦後のドイツで行われたポツダム会談に参加したのは、アメリカ・イギリス・ソ連であったが、当時、日本とソ連は日ソ中立条約にもとづいて戦争はしておらず、宣言はアメリカ・イギリス・中華民国《ちゅうかみんこく》の名で発表された。ソ連は8月6日の広島《ひろしま》への原爆投下と8月9日の長崎《ながさき》への原爆投下のはざまの8月8日に中立条約を破棄《はき》し、日本に宣戦《せんせん》布告をしている。ポツダム宣言によって日本の領土は、北海道・本州・四国・九州とその周辺の島々に限られた。沖縄《おきなわ》と奄《あま》美《み》群島、小笠原諸島《おがさわらしょとう》はアメリカ軍の直接統治下に置かれ、北方領土はソ連によって不法に占拠《せんきょ》された。

ポイント

史料問題は入試に出題されることが多い。これ以外によく題材として用いられるものは以下のとおり。

- 『魏志《ぎし》』倭人伝《わじんでん》…3世紀
  邪馬台国について
- 十七条《じゅうしちじょう》の憲法《けんぽう》…7世紀
  聖徳太子による役人《やくにん》の心得《こころえ》
- 改新《かいしん》の 詔《みことのり》…7世紀
  公地公民《こうちこうみん》など
- 「貧窮問答歌《ひんきゅうもんどうか》」…8世紀
  農民の生活をよんだ山上憶良《やまのうえのおくら》の歌で、『万葉集《まんようしゅう》』に所収
- 楽市令《らくいちれい》…16世紀
  織田信長《おだのぶなが》による安土城《あづちじょう》下などでの経済振興《しんこう》策
- 刀狩令《かたながりれい》…16世紀
  豊臣秀吉《とよとみひでよし》による兵農分離《へいのうぶんり》策
- 武家諸法度《ぶけしょはっと》…17～18世紀
  江戸幕府による大名《だいみょう》統制策
- 『学問のすゝ《(す)》め』…19世紀
  福沢諭吉《ふくざわゆきち》による人権思想の紹介《しょうかい》
- 「君死にたまふ《(う)》ことなかれ」…20世紀
  与謝野晶子《よさのあきこ》による日露《にちろ》戦争を批判した歌

標準レベル 75 自己紹介をしてみよう
英語①

☑解答

❶ (1) January　(2) April　(3) July
(4) September　(5) October　(6) December

❷ (1) first　(2) second　(3) third
(4) fifth　(5) tenth　(6) twelfth

❸ (1) birthday　(2) subject
(3) color　(4) nickname
(5) sport

解説

❷

ポイント
「12」は twelve だけど、「12番目の」は twelfth となるよ。数に -th をつけるだけの場合と、不規則な変化をする場合とがあるので、注意して覚えよう。

❸ (1)質問の空らんをうめる問題なので、答えの意味をまずはおさえよう。答えは「9月7日です」と答えているから、選択《せんたく》しの中で日にちに関係するのは birthday だとわかる。
(2)「体育が好きです」と答えているから「教科」の subject。
(3)「白色が好きです」と答えているから「色」の color。
(4)「ナオチャンです」と答えているから nickname。
(5)「バスケットボールです」と答えているから sport。

上級レベル 76 自己紹介をしてみよう
英語②

☑解答

❶ (1) What fruit do you like?
(2) What is your favorite subject?
(3) When is your birthday?
(4) I am good at singing.

❷ (1) I'm Sho.
I can play baseball.
I like rice balls.
My favorite subject is math.
(2) I'm Akiko.
I can cook well.
My favorite fruit is apple.
My favorite color is blue.

解説

❶ (1)「バナナが好き」と答えているから「好きなくだものは何ですか」とたずねる英文をつくろう。
(2)「国語が好き」だから、「好きな教科」をたずねているよ。
(3)「私《わたし》の誕生《たんじょう》日は3月1日です」だから、誕生日はいつかたずねているよ。文の先頭《せんとう》にくる語のいちばん前のアルファベットは大文字になるので気をつけよう。
(4) be good at ～ で「～が得意です」という意味。

❷ 特技はI can で表そう。好きな○○は My favorite ○○ is ～. か、I like ～. で表せるよ。

標準レベル 77 家族や友だちを紹介してみよう
英語③

☑解答

❶

w	s	t	u	d	y	l	r
r	x	a	i	p	t	s	e
k	v	i	o	l	i	n	c
v	g	y	z	f	o	m	o
s	w	i	m	i	m	a	r
b	n	e	j	s	v	t	d
v	m	q	f	h	q	h	e
s	o	c	c	e	r	p	r

❷ (1) She is my sister.
(2) He is my brother.
(3) She can cook well.
(4) He can play soccer well.

解説

❷ (1) my sister「私《わたし》の姉妹」とあり、絵を見ると女の子が自分の妹を紹介《しょうかい》している様子がわかるね。「彼女《かのじょ》は～です」と紹介するには She is ～. を使う。
(2) my brother「私の兄弟」とあり、絵を見ると女の子が自分の弟を紹介している様子がわかるね。
(3) This is my mother. とあるので、女の子がお母さんを紹介しているとわかるね。絵を見るとお母さんは料理をしていて、cook well とあるので、お母さんは料理が上手だと言っていると考えられるね。
(4) This is my father. とあるので、女の子がお父さんを紹介しているとわかるね。絵を見るとお父さんはサッカーをして、well とあるので、お父さんはサッカーが上手だと言っていると考えられるね。

上級レベル 78 家族や友だちを紹介してみよう 英語④

解答

1
(1) She can run fast.
(2) He can play badminton well.
(3) She likes cats very much.
(4) He can make lunch very well.

2 (1)× (2)○ (3)×

解説

1 (1)絵を見ると、女の子が速く走っているね。ならべかえる語句に run や fast があるので、「速く走ることができる」という英文にすればいいと考えよう。
(4)絵を見ると、男の子が料理をしているね。ならべかえる語句に make や lunch があるので、「昼食をつくることができる」という英文にすればいいと考えよう。

2 (1)英文６～７行目に She can play the piano well. とあるね。ヤマトのお母さんが上手なのはピアノなので×。
(2)英文１０行目に He can ski well. とあるから○。
(3)英文９行目に He is good at sports. とあるね。スポーツが得意なのはお父さんのほうだから×。

【英文の内容】
こんにちは、みなさん。ぼくはヤマトです。ぼくはぼくの家族について話したいと思います。これはぼくの母です。彼女《かのじょ》はピアノをひくのが上手です。これはぼくの父です。彼《かれ》はスポーツが得意です。彼はスキーが上手です。ありがとう。

標準レベル 79 自分の町を紹介してみよう 英語⑤

解答

1

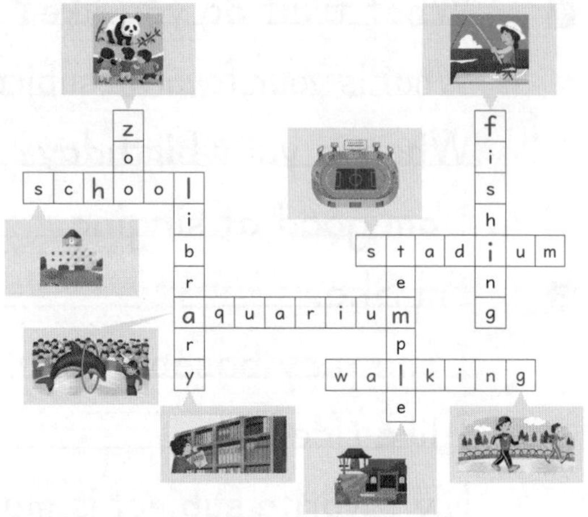

2 (1)イ (2)ウ (3)ウ

解説

2 (1)紹介《しょうかい》している町の写真には寺があるね。だからイの We have a temple.「私《わたし》たちのところには寺があります」が正しいね。
(2)紹介している町の写真にはお店がたくさんあるね。だからウの We can enjoy shopping.「私たちは買い物を楽しむことができます」が正しいね。
(3)紹介している町の写真には水族館と図書館があって、動物園は見当たらないね。だからウの We don't have a zoo.「私たちのところには動物園はありません」が正しいね。

ポイント
絵に合う英文を選ぶ問題では、絵の特ちょうをおさえてから番号を順番に見て、絵の内容に合わないものを消していくと答えにたどりつきやすいよ。

上級レベル 80 自分の町を紹介してみよう 英語⑥

解答

1 (1) zoo (2) aquarium
(3) amusement park (4) stadium
(5) library

2 (1) We have a department store.
We can enjoy shopping there.
But we don't have a library.
I like books, so I want a library.

(2) We have a park.
We can play baseball there.
But we don't have a pool.
I like swimming,
so I want a pool.

解説

1 (1)「たくさんの動物に会えます」とあるので「動物園」zoo。
(2) dolphins' show とあるので「水族館」aquarium。
(3)「ジェットコースター」とあるので「遊園地」amusement park。

2 「私《わたし》たちには～があります」は We have ～、「～が楽しめます」は We can enjoy ～、「私たちには～がありません」は We don't have ～、「私《わたし》は～がほしい」は I want ～を使うよ。

標準レベル 81 自分の思い出を話してみよう
英語⑦

解答

❶

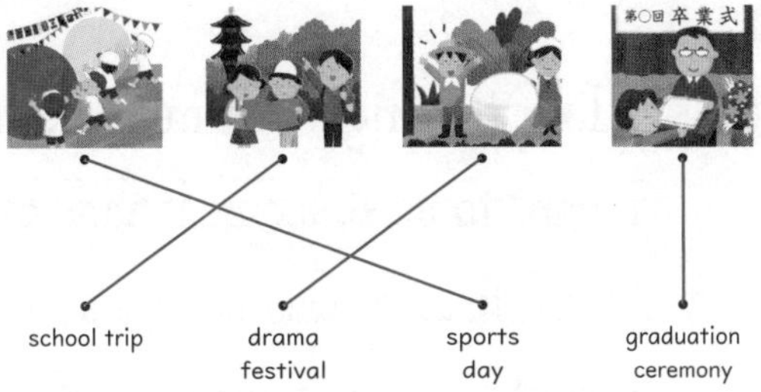

❷ (1) mountain (2) beautiful

(3) excited (4) delicious

❸ (1) saw (2) ate

(3) enjoyed (4) was

(5) went

解説

❸ (1)「～を観光した」の部分を英語にする。see の過去形は saw。

(2)「～を食べた」の部分を英語にする。eat の過去形は ate。

(3)「～を楽しんだ」の部分を英語にする。enjoy の過去形は enjoyed。

(4)「それは～だった」は It was ～ . で表す。was は is の過去形。

(5)「行った」の部分を英語にする。go の過去形は went。

ポイント

動詞の過去形には、enjoy-enjoyed のように現在形に -ed をつける規則動詞と、see-saw、eat-ate のように現在形とはちがう形に変わる不規則動詞とがあるよ。

上級レベル 82 自分の思い出を話してみよう
英語⑧

解答

❶ (1) Beth (2) Jack (3) Yuki (4) Chin

❷ (1) I went to Kyoto.

It was beautiful.

(2) My best memory is the summer festival.

I enjoyed dancing.

I ate shaved ice.

It was fun.

解説

❶ Yuki のセリフ：「私《わたし》は祖父母の家に行きました。楽しかったです。」だから、(3)の写真が Yuki だね。

Jack のセリフ：「ぼくは花火を見るのを楽しみました。きれいでした。」だから、(2)の写真が Jack だね。

Beth のセリフ：「私は赤ちゃんパンダを見ました。かわいかったです。」だから、(1)の写真が Beth だね。

Chin のセリフ：「ぼくはフランス料理を食べました。おいしかったです。」だから、(4)の写真が Chin だね。

❷ (1)先生の質問は「学校生活の一番の思い出は何ですか」。「私の一番の思い出は～です」と言うには My best memory is ～. を使うよ。「私は～へ行きました」は go の過去形を使って I went to ～だね。

(2)「私は～を楽しみました」は I enjoyed ～. で表せるね。「～を食べました」は eat の過去形 ate を使うよ。shaved ice は「かき氷」のことだよ。

標準レベル 83 自分の夢について話してみよう
英語⑨

解答

❶

❷ (1) What do you want to be?

(2) I want to be a nurse.

(3) I am good at playing the piano.

解説

❶ みんなが I want to be ～. を使って何になりたいかを言っているね。出てきた職業名は、florist「花やさん」、dentist「歯医者さん」、zookeeper「動物園の飼育員さん」、flight attendant「客室乗務員」、singer「歌手」、police officer「警察官《けいさつかん》」だよ。

❷ (1)男の子が「ぼくは宇宙飛行士になりたい」と答えているから、女の子は何になりたいかを質問していると考えるよ。

(2)男の子が「それはいいね。幸運をいのるよ」と言っていて、ならべかえる語句に want や a nurse「看護師《かんご し》」があるから、女の子は「看護師になりたい」と言っていると考えるよ。

(3)男の子が「ピアニストになりたい」と言ったあとのセリフをならべかえるよ。ならべかえる語句に good と at があるので、be good at ～「～が得意です」を使って「ピアノをひくのが得意です」と言っていると考えるよ。楽器を「ひくこと」は playing を使うよ。

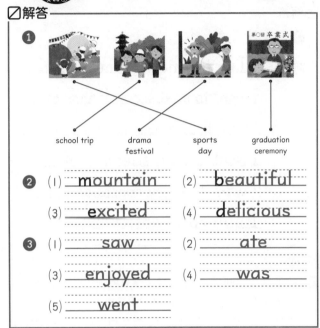

上級レベル 84 英語⑩ 自分の夢について話してみよう

解答

❶
(1) in the future
(2) Good luck
(3) am good at
(4) I like trains

❷
(1) I want to be a flight attendant.
I want to go to foreign countries.
I like traveling.
(2) I want to be a baseball player.
I'm good at sports.
I want to be famous.

解説

❶ 完成した英文の意味は、(1)「私《わたし》はしょうらい飼育員さんになりたいです。私は動物が好きです」
(2)「私は医者になりたいです。—それはすばらしいね。幸運をいのるよ。」 (3)「私はフィギュアスケーターになりたいです。私はスケートが得意です。」 (4)「私は電車の運転手さんになりたいです。私は電車が好きです。」

❷ 先生の質問の意味は「あなたはしょうらい何になりたいですか」だよ。
(1)「〜になりたい」は want to be 〜で表すよ。
(2)「有名です」は be famous を使うから、「有名になりたい」は want to be famous と表すよ。

標準レベル 85 英語⑪ 中学校での生活について話してみよう

解答

❶
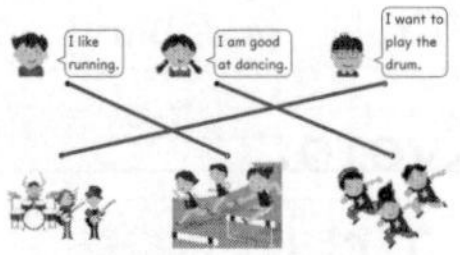

❷

❸
(1) I want to join the track and field club.
(2) I want to enjoy school trip.
(3) I want to study math hard.
(4) What club do you want to join?

解説

❶ セリフ(左から)：「ぼくは走るのが好きです」「私《わたし》はダンスが得意です」「ぼくはドラムを演奏《えんそう》したいです」

❷ セリフ(左から)：「私は一生けんめい勉強したいです」「ぼくは友だちをたくさんつくりたいです」「私はバスケットボール部に入りたいです」

❸ (1)「ぼくは速く走れます」とあり、the track and field club「陸上部」とあるから、「陸上部に入りたい」という意味の英文にすればいいね。
(2)絵から修学旅行の話だとわかるね。ならべかえる語句に want や enjoy があるから、「修学旅行を楽しみたいです」という意味の英文にすればいいね。
(3)「算数が好きです」とあり、ならべかえる語句に want や study があるから、「算数を一生けんめい勉強したいです」という意味の英文にすればいいね。
(4)絵の女の子が「バレーボール部よ」と答えていて、ならべかえる語句に club や join があるから、「何部に入りたいか」をたずねる英文にすればいいね。

上級レベル 86 英語⑫ 中学校での生活について話してみよう

解答

❶ (1)イ (2)ウ (3)ア

❷
(1) I like talking with my friends.
I want to make many friends at....
(2) I want to be a scientist in the future.
I want to study science hard at....
(3) I want to enjoy sports day at....
I can run fast.

解説

❶ (1)質問の意味は「あなたは中学校で何の行事を楽しみたいですか」。行事の名前はイの「運動会」。
(2)質問の意味は「あなたは中学校で何部に入りたいですか」。部の名前はウの「水泳部」。
(3)質問の意味は「あなたは中学校で何の教科を一生けんめい勉強したいですか」。教科の名前はアの「社会」。

❷ (1)「〜するのが好き」は I like 〜を使うよ。「たくさん友だちをつくる」は make many friends。
(2)「〜になりたい」は want to be 〜を使うよ。「理科」は science だよ。「〜を一生けんめい勉強する」は study 〜 hard で表すよ。
(3)「私《わたし》は〜を楽しみたいです」は I want to enjoy 〜を使うよ。「運動会」は sports day だよ。「〜できる」は can、「速く走る」は run fast だよ。

標準レベル 87 国語① 漢字の読み・書き

解答

❶ ①農耕　②演奏
③住居　④宇宙
⑤先祖　⑥遺産
⑦水蒸気　⑧飼育
⑨警察　⑩責任

❷ ①暖　②届
③済　④捨
⑤似　⑥豊
⑦迷　⑧難
⑨責　⑩暴

❸ ①すこ　②のぞ
③うやま　④おぎな
⑤しおかぜ　⑥ここち
⑦ちょめい　⑧かんちょう
⑨ざっこく　⑩げねつ

❹ ①ア―破　イ―敗
②ア―測(計)　イ―量
ウ―計(測)　エ―図
③ア―対象　イ―対照
④ア―関心　イ―感心

❺ ①方　②火
③気　④出
⑤学

解説

❷ ①「あたた(かな)」は「暖」と「温」がある。
「暖」は気候や気温など全身で感じるような場合に用いられ、「温」は触感《しょっかん》など体の一部で感じるような場合に用いられることが多い。

❸ ⑨「雑」には、「雑巾(ぞうきん)」「雑木林(ぞうきばやし)」など、「ぞう」という読みもある。

❹ ①「破る」は「破る」「破れる」両方の用い方があるが、「敗れる」は「～に敗れる」という用い方しかない。
②アの「測」は長さ・深さ・広さなどに、イの「量」は重さや体積をはかるときに用いられる。エの「図」は見通しを立てたり、その見通しに沿《そ》って努力したりするときに用いられる。
③アは働きかける相手という意味、イは比べたときに反対またはちがいがはっきりしている性質をもつという意味。
④アは興味という意味、イはすぐれていることに心を動かされるという意味のときに用いる。

注意 ❷ ④「捨てる」と「拾う」の漢字を混同しないように気をつける。

上級レベル 88 国語② 漢字の読み・書き

解答

1 ①優等生　②平生　③境内
④治める　⑤厳か　⑥快い
⑦あん・じょう　⑧かおく
⑨ぎょうそう　⑩ほが

2 ①イ　②ア　③ア
④イ　⑤ア

3 ①エ　②ア　③イ
④ウ　⑤イ

4 努→勤
問→門
心→真
従→縦
義→議

解説

2 ①課(す)　ア結果　イ日課
②直(す)　ア直接　イ治安(「治」を「なおす」と使うのは、病気の場合である。)
③採(る)　ア採集　イ取材
④経(て)　ア減少　イ経過
⑤就(く)　ア就任　イ到着

3 ①アこうふん　イこうぼう　ウこうぎょう　エきょうみ
②アかりゅう　イげすい　ウげひん　エげこう
③アしゅうのう　イなっとく　ウのうぜい　エのうき
④アげんど　イたいど　ウしたく　エみつど
⑤アさくしゃ　イさよう　ウさくぶん　エふさく

4 「努める」は、なにかを成しとげるために力をつくすときに使い、「勤める」は会社などで働くときに使う。これ以外にも「務める(役割《やくわり》や任務を引き受けて仕事をする)」という漢字もある。また、「縦」という字は「たて」とも読むが、「思う通りにする」「ゆるす」という意味もある。

ポイント

4 同音異義語や同訓異字、形の似ている字はよく出題されるので、使い分けに注意しておく。
〈主な同音異義語〉意外な結果／これ以外にない　質問への回答／テストの解答　工場の機械／機会をのがす　百科事典／国語辞典　人工衛星／都市の人口　旅行の用意／容易にできる　〈主な同訓異字〉熱いお茶／暑い夏／厚い本　文字を書き写す／場所を移す／水面に映す　税金を納める／国を治める／学問を修める／成果を収める　〈同音で形の似ている字〉清潔な部屋／精神をきたえる　成績が上がる／今年の積雪量　学校の規則／体重測定／箱の側面　危険な道／検査を受ける

標準レベル 89 漢字の音訓・部首 国語③

解答

❶ ①かえり・はぶ
②はじ・はつ
③うつ・は
④なご・やわ
⑤さいわ・しあわ
⑥ひ・さ
⑦おさ・なお
⑧むす・ゆ
⑨す・あやま
⑩やさ・すぐ
⑪なら・なみ
⑫も・さか
⑬と・し
⑭わ・さ
⑮おとず・たず

❷ ①かねへん
②おおがい
③うしへん
④ゆきがまえ(ぎょうがまえ)
⑤けものへん
⑥れっか(れんが)
⑦こころ(したごころ)
⑧おおざと
⑨おのづくり
⑩かねへん
⑪くち
⑫りっとう
⑬いとへん
⑭しんにょう(しんにゅう)

❸ A練習・上陸・予定・世間
B牧場・川辺・絹糸・米俵
C役場・団子・番組・肉屋
D消印・夕刊・見本・野宿〈各順不同〉

❹ ①団 ②技
③好 ④効
⑤迷

解説

❸ ③「役」は「やく」「えき」と読むが、どちらも音読みで、訓読みのない字である。
⑤「本」は「ほん」が音読みで、訓読みは「もと」となる。中国から入ってきたもので、そのときまで日本になかったものは、中国の読み方がそのまま使われている。

注意 ❸ 音読みはその字が中国から日本に入ってきたときの中国の読み方で、訓読みはその字に日本の読み方をあてたものである。読みを聞いてすぐに意味がわかるものが訓読みといわれるが、「肉《にく》」や「本《ほん》」が音読みであるように例外もある。

上級レベル 90 漢字の音訓・部首 国語④

解答

1 ①おおざと・カ
②さんずい・ア
③れっか(れんが)・オ
④かい(こがい)・イ
⑤のぎへん・ウ
⑥にんべん・エ

2 ①体・待 ②気・機
③登・統 ④像・臓
⑤認・任 ⑥演・沿

3 ①うかんむり
②りっとう
③くち
④にんべん
⑤ひへん
⑥おんなへん

4 ①イ ②エ
③ア ④ウ
⑤エ ⑥ア
⑦イ ⑧イ
⑨ウ ⑩ア
⑪ウ ⑫エ
⑬ア ⑭イ

解説

1 ①つくりとして用いられる「おおざと(阝)」は、村を意味する「邑」という字がもとになってできたものである。似た形だが、「こざとへん(阝)」は高地や階段《かいだん》を意味するので、村などに関係ない字に用いられる(例：険、限など)。

3 それぞれの部首を加えると次のようになる。
①宝・客・容・安 ②刊・判・則・創
③古・員・味・問 ④付・仲・件・位
⑤晴・時・明・暗 ⑥好・妹・姉・始

4 ①「ひとざと」と読み、どちらも訓読み。
②「えふで」と読む。「絵」は「え」も「かい」も音読みで、音読みしかない字である。
③読みは「ひょうざん」で、どちらも音読み。
⑤「台」も音読みしかない字である。
⑦「いえじ」と読む。「路」は「じ」が訓読み、音読みは「ろ」である。
⑨「あめ＋ぐ」で「あまぐ」と読み、訓＋音。
⑫「客」も音読みしかない字である。

注意 **2** ④「想像」の「像」を「象」、「内臓」の「臓」を「蔵」としないように気をつける。

標準レベル 91 対義語・類義語・熟語の構成
国語⑤

解答

❶ ①安心 ②善意
③終点 ④直接
⑤理性 ⑥増加
⑦収入 ⑧人工
⑨消費 ⑩消極
⑪集合 ⑫原因
⑬反対 ⑭単純(簡単)
⑮黒字

❷ ①自然 ②決心
③経験 ④改良
⑤志望 ⑥天候
⑦不安 ⑧手段
⑨衣服 ⑩公平

❸ ①ウ ②オ
③イ ④エ
⑤カ ⑥ウ
⑦イ ⑧オ
⑨エ ⑩ア
⑪ア ⑫ウ
⑬イ ⑭エ
⑮ウ

❹ ①イ ②ア
③ウ ④ア
⑤イ ⑥ア
⑦ウ ⑧ア
⑨イ ⑩イ

解説

❶ ③「起点」とは出発点のこと。
⑦「支出」とは支払《しはら》ったお金のこと。

❸ 組み立てにそった意味は、次のようになる。
①黒い板 ②頭が痛い
③遠い⇔近い ④書を読む
⑤特別急行 ⑥流れる水
⑦明るい⇔暗い ⑧地が震《ふる》える
⑨車に乗る ⑩寒い＝冷たい
⑪森＝林 ⑫歩く道
⑬貧しい⇔富む ⑭山に登る
⑮残った暑さ

❹ 組み立てにそった意味は、次のようになる。
①体育の祭 ②再び発見する
③衣服・食事・住居
④新しい幹線(中心となる線)
⑤裁判《さいばん》をする官(官とは役人のこと)
⑥洋の菓子《かし》(洋は西洋のこと)
⑦市・町・村
⑧分別が無い(「分別」は「ふんべつ」と読む。「ぶんべつ」と読むと、ごみなどを分ける意味になる)
⑨総力をあげた戦い ⑩日本の歴史

ポイント
❸ エ 下から上へ返って読めば意味がわかる。

上級レベル 92 対義語・類義語・熟語の構成
国語⑥

解答

1 ①無 ②未 ③非
④無 ⑤不 ⑥未
⑦無 ⑧非 ⑨不
⑩無 ⑪不 ⑫無
⑬未

2 ①的 ②性 ③化
④的 ⑤性 ⑥的
⑦化 ⑧的 ⑨的
⑩性 ⑪性 ⑫的

3 ①材料 ②敵意
③相対 ④景色
⑤内容 ⑥縮小
⑦著名 ⑧革新
⑨用意 ⑩向上
⑪成功 ⑫不満
⑬消火

4 ①イ ②カ ③エ
④ウ ⑤オ ⑥ア
⑦イ ⑧ア ⑨ウ
⑩エ ⑪オ ⑫イ

解説

4 組み立ては次のようになる。
ア連なる＝続く(同じような意味)
イ苦しい⇔楽しい(反対の意味)
ウ海の水(上の字が下の字を修飾《しゅうしょく》する)
エ年が長い(「年れいが上」ということ。上が主語で下が述語になる。)
オ会を開く(下が上の動作などの目的を表す。下から上へ返って読むとわかる。)
カ不便→便がよくない(上が下を打ち消す)
①往(いく)⇔復(もどる) (反対の意味)
②罪が無い(「無」が「罪」を打ち消す)
③県が立てる(「県」が主語、「立てる」が述語)
④高い価(「高い」が「価」を修飾する)
⑤税を納《おさ》める(下から上へ返って読む)
⑥豊か＝富む(同じような意味) ⑦損⇔得(反対の意味)
⑧競《きそ》う＝争う(同じような意味)
⑨綿の花(「綿」が「花」を修飾する)
⑩国が営む(「国」が主語、「営む」が述語)
⑪文を作る(下から上へ返って読む)
⑫勝つ⇔敗れる(反対の意味)

標準レベル 93 主語・述語・修飾語
国語⑦

解答

❶ ①主語―星が
述語―かがやく
②主語―これは
述語―本だ
③主語―やるのは
述語―仕事です
④主語―手紙ですが
述語―×
⑤主語―富士山こそ
述語―宝だ
⑥主語―母も
述語―好きです
⑦主語―話は
述語―終わらないね
⑧主語―私と妹は
述語―ぬけ出した
⑨主語―×
述語―話さない
⑩主語―夏休みが
述語―始まる

❷ ①鳴りひびいた
②向こうに　③早く
④犬が　⑤やむらしい
⑥行く　⑦小川に

❸ ①ア　②ウ　③イ
④ア　⑤ウ　⑥イ
⑦ウ　⑧ア

解説

❶ ③「やるのは」の「の」は「こと」の代わりをするため、「やるのは」が主語になる。
⑤述語「宝《たから》だ」から、何が宝なのかと考える。主語を示すのは「は」「が」「も」だけではなく「こそ」「しか」「さえ」などもある。
⑦倒置文《とうちぶん》なので、語順をもどしてから考える。
⑧主語、述語は普通《ふつう》は一文節で考えるが、「一郎《いちろう》と次郎《じろう》は」のような形になっているものは、二文節で主語となる。
⑨「話さない」のはだれなのか考えてみると、この文の中には書かれていないことがわかる。

❸ 述語の品詞《ひんし》は、ア「動詞」、イ「形容詞・形容動詞」、ウ「名詞＋断定の助動詞」となる。
⑦述語は「信じる」ではなく「ことだ」になる。

注意 ❶ ⑧「私《わたし》は妹と」という「～と」が後にくる形のものは、「私は」だけが主語となる。

上級レベル 94 主語・述語・修飾語
国語⑧

解答

1 ①ウ　②イ　③イ
④ア　⑤ウ

2 ①イ　②ウ　③ア　④ウ
⑤ア　⑥ウ　⑦イ

3 (1)①感動させたのは
④忘れないだろう
(2)②満足させてくれた
③有意義だった
(3)私は

4 ①国語です　②アメリカです
③動きました

解説

1 ①主語「あの人さえ」、述語「断った」となり、残りは修飾語《しゅうしょくご》となる。
②述語「見てごらん」となるが、主語は書かれていない。
③述語「近づいてくる」となるが、何が近づいてくるのか書かれていない。
④述語にあたる「どこへいったのか」という内容は書かれていない。
⑤主語「来るのは」、述語「なるのだろう」となる。「春が」は「来るのは」の主語にあたる。「いつに」は修飾語となる。

2 ①「森が―あり」「泉《いずみ》が―ある」と、主語―述語の関係が二つあり、並立《へいりつ》の関係になっているので重文となる。
②「私《わたし》は―食べた」が主語―述語、残りの修飾の部分に「姉の作った」という主語―述語の関係をふくむ文節があるので、複文となる。
③「建物が―学校です」と、主語―述語の関係は一つなので単文となる。
④「ことが―喜ばせた」が主語―述語、残りの修飾部分に「人工衛星が打ち上げられた」という主語―述語の関係をふくむ文節があるので、複文となる。
⑤主語―述語の関係は一つなので単文。
⑥主語は「見たのは」、述語は「ドラマだ」、残りの修飾の部分に「生物が―救われる」という主語―述語の関係をふくむ文節がある。
⑦主語―述語の関係が二つ以上あり、並立の関係になっているので重文となる。

3 (1)④「決して」は「ない」といった否定《ひてい》の言葉を修飾する。「ない」のふくまれた文節を探《さが》す。

4 文の意味を変えずに、答えることが大切である。

注意 3 (3)主語が前の文と同一の場合、省略されることがあるので、述語からよく考えてみること。

標準レベル 95 指示語・接続語 国語⑨

解答

❶ ①ク　②ア
③オ　④キ
⑤ウ　⑥エ
⑦カ　⑧イ

❷ ①机の上の本
②童話
③不眠不休でがんばったこと
④駅前にある公園

❸ ①イ・オ
②カ
③エ
④ウ
⑤ア・キ

解説

❶ ①次々と事件を解決していくのが名探偵《めいたんてい》なので、言いかえの「つまり」を使う。
②かばんに入れていくものを付け足している。
③あとに「から」があるので、理由説明になる。
④次のことに話題が変わっている。
⑤あわてて出かけるのは映画《えいが》が始まっていると思っていたためで、始まっていなかったのだから逆接になる。
⑥レモンかミルクのどちらかを選ぶ内容になる。
⑦すっぱい果物《くだもの》の具体例が「オレンジやグレープフルーツなど」になる。
⑧本気で勉強しなかったことがいい点が取れなかった原因となるので、順接を選ぶ。

❷ ①何が祖父のくれたものなのか考える。
②「私《わたし》」を空想の世界へ連れていってくれたものは何なのか考える。
③本当につらかったことは何なのか考える。指示語にあてはめてつながるように、文末にも注意する。
④どこで待っていてほしいのか考える。

ポイント

❷ 指示語の指す内容は前にあることが多いが、指示語の後がヒントになる。「何」が指示語の後のようなのかと考える。また、答え方は考えた内容をもとの指示語にあてはめてつながる形にする。

上級レベル 96 指示語・接続語 国語⑩

解答

1 ①料理の話
②少年たちがたどり着いた目的地
③自然の美しさ
④難病を治すこと
⑤A―ひらがなだけで表現すること
B―カタカナだけで表現すること

2 ①ウ　②ア
③オ　④イ
⑤エ

解説

1 ①何を題材に意見を交換《こうかん》するのか考える。
②まず、短い言葉で考えてみる。豊かな土地だったのはどこなのか。すると「目的地」だとわかる。「目的地」をくわしく説明するために語順を入れかえて「少年たちがようやくたどり着いた目的地」と考える。しかしこれは18字になるので「ようやく」を省き、指示字数にする。
③何を画家は表現するのか考える。語順を入れかえると「美しい自然」となり、5字になる。指示字数は6字なので、語順を入れかえるのではなく、指示内容の品詞《ひんし》を変えて、「それ」という代名詞に合うように、「美しい」を「美しさ」という名詞にする。またそれにあわせて「自然は」という主語を「自然の」という修飾語《しゅうしょくご》にする。
⑤「前者」は先に書かれたもの、「後者」は後に書かれたもののことを指す指示語である。並列《へいれつ》をとらえることが大切になる。

2 ア「というのは」は理由説明の文頭に用いる。
イ「にもかかわらず」は逆接を表す。
ウ「さらに」は付け足しを表す。
エ「このように」はまとめるときに用いる。
オ「それゆえに」は「したがって」などと同じように、「原因→結果」を表す順接を示す。

ポイント

〈接続語の種類〉
①前のことが原因となり、あとのことになる
だから・それで・そこで・すると
例雨が降《ふ》った。だから、試合は中止だ。
②前のこととあとのことがつながりのうえで逆
しかし・だが・けれども・ところが
例雨が降った。しかし、試合は行われた。
③二つ以上を並《なら》べる
また・および・ならびに
例五年生、ならびに六年生が集まった。
④付け足す
そのうえ・しかも・おまけに
例雨が降ってきた。そのうえ、風もふいてきた。
⑤二つ以上から一つ選ぶ
それとも・または・あるいは
例ミルクにしますか。それとも、お茶にしますか。
⑥前のことに対する説明や補《おぎな》いを表す
なぜなら・つまり・ただし
例あの人は父の兄、つまり、私《わたし》のおじだ。
⑦話題を変える
ところで・さて
例今日は暑いね。ところで、試合はどうだったの。

標準レベル 97 動詞・形容詞・形容動詞

国語⑪

解答

❶ ①おだやかだ　②住む
③広い　④暗い
⑤来る

❷ ①燃える　②起きる
③流れる　④静める
⑤進める

❸ ①ア　②ア
③イ　④ウ
⑤イ　⑥ウ
⑦イ　⑧イ
⑨ア　⑩イ

❹ ①遊べる　②読める
③話せる　④行く
⑤飛ぶ

解説

❶ それぞれの品詞《ひんし》は次のようになる。
①形容動詞　②動詞　③形容詞　④形容詞　⑤動詞

❷ 自動詞・他動詞の問題。自動詞は「～が」に続く動詞で、他動詞は「～を」に続く動詞である。
⑤「進ませる」としないように気をつける。「進ませる」は「進む＋せる(使役《しえき》の助動詞)」なので、動詞一つだけの言葉にならない。

❸ それぞれの言い切りは、次のようになる。
①なる　②降《ふ》り出す　③白い　④元気だ　⑤大きい
⑥健《すこ》やかだ　⑦こわい　⑧つらい　⑨会う　⑩ない

❹ 可能動詞についての問題である。「歌える」は「歌うことができる」という意味である。

ポイント

〈動詞〉
「どうする」「どうなる」「ある」「いる」などの、動作・作用・存在《そんざい》を表す言葉。言い切りの形は「ウ段《だん》の音」になる。
〈形容詞〉
「どんなだ」という、ものごとの性質・状態を表す言葉。言い切りの形は「～い」になる。また、活用(語の終わりの形が変わること)は、「広かった」「広ければ」「広くなる」など、カ行になる。
〈形容動詞〉
「どんなだ」という、ものごとの性質・状態を表す言葉。言い切りの形は「～だ」になる。また、活用は「おだやかな」「おだやかに」「おだやかで」などである。

上級レベル 98 動詞・形容詞・形容動詞

国語⑫

解答

1 ①行っ・広がる・見る・なる
②白い・青く・すがすがしく・いい
③静かな・きれいで

2 ①ア　②ウ　③ウ
④イ　⑤エ　⑥ア
⑦イ　⑧エ　⑨イ　⑩ウ

3 ①ウ　②ア　③イ
④ウ　⑤エ

解説

1 終止形は、それぞれ以下のとおりである。
①行く・広がる・見る・なる
②白い・青い・すがすがしい・いい
③静かだ・きれいだ

2 ①終止形は「晴れる」で動詞《どうし》。
②終止形は「簡単《かんたん》だ」で形容動詞。
③終止形は「のんきだ」で形容動詞。
④終止形は「ひどい」で形容詞。
⑤「特に」は一語の副詞である。副詞とは、「活用がなく、主に動詞、形容詞、形容動詞を修飾《しゅうしょく》する」言葉である。
⑥終止形は「しまう」で動詞。
⑦終止形は「苦しい」で形容詞。
⑧「大きな」は連体詞である。連体詞とは「活用がなく、名詞だけを修飾する」言葉である。
⑨終止形は「ない」で形容詞。
⑩終止形は「器用だ」で形容動詞。

3 それぞれ、言い切りの形から品詞を考える。
①ア「かわいい」形容詞、イ「あまい」形容詞、ウ「なげく」動詞、エ「大きい」形容詞
②ア「おかしな」連体詞、イ「おろかだ」形容動詞、ウ「あざやかだ」形容動詞、エ「正直だ」形容動詞
③ア「変だ」形容動詞、イ「少女」名詞＋「だ」助動詞
ウ「元気だ」形容動詞、エ「きらいだ」形容動詞
④すべて動詞だが、ウ「歩ける」だけ可能動詞。
⑤ア「しめやかだ」形容動詞、イ「軽《かろ》やかだ」形容動詞
ウ「細やかだ」形容動詞、エ「本当」名詞＋「に」助詞

注意 2 ⑥の「しまう」は、上の文節の補助《ほじょ》として用いられている動詞。このような動詞を補助動詞という。補助動詞には、「しまう」のほかに次のようなものがある。
「いる」…白い馬が走っている。
「くる」…もうすぐ山田さんがやってくる。
「ある」…席はもうとってある。

ポイント

「だ」が形容動詞の最後なのか、助動詞なのかは、「だ」が「な」に置きかわるかどうかで確かめる。
例えば、「あざやかだ」→「あざやかな」という言い方があるので、形容動詞である。
「本だ」→「本な」という言い方はないので、名詞「本」＋助動詞「だ」である。

標準レベル 99 助詞・助動詞 国語⑬

解答

❶ ①エ　②ア
③イ　④ウ
⑤イ

❷ ①オ　②ウ
③イ　④ア
⑤キ　⑥カ
⑦エ

❸ ①イ　②ア
③ウ

解説

❶ ①形容詞《けいようし》の「ない」を探《さが》す。ア・イ・ウは助動詞の「ない」である。
②アは尊敬《そんけい》、イ・ウは受け身、エは自発となる。
③伝聞(人から聞いたこと)の意味を表すものを探す。ア・ウ・エは様態《ようたい》(様子を示すこと)である。
④比喩《ひゆ》の意味を表すものを探す。アは例示、イ、エは不確かな断定(推定《すいてい》)となる。
⑤存続《そんぞく》の意味を表すものを探す。存続の場合は「た」を「ている」という言葉に置きかえられる。ア・エは過去、ウは完了《かんりょう》となる。

❸ ①ア・ウは次に来る名詞を修飾《しゅうしょく》する。イは「こと」や「もの」という言葉に置きかえられる。
②アは変化の結果。イ・ウは動作の相手となる。
③ア・イは原因・理由、ウは手段・材料を表す。

ポイント

❶ ①「ない」を区別する方法
「ない」を「まい」「ぬ」に置きかえてみる。つながりに不自然なところがなければ「助動詞」であり、不自然であれば形容詞である。
(例)「いかない」→「いかぬ」と言いかえられるので助動詞。
「好きではない」→「好きではぬ」と言いかえられないので形容詞。
②「れる」「られる」には「受け身」、「自発」、「可能」、「尊敬」の四種類の意味がある。

上級レベル 100 助詞・助動詞 国語⑭

解答

1 ①エ　②イ
③ア　④ウ
⑤ア

2 ①だろう
②たい　③ても
④ように
⑤たら

3 ①エ　②ウ
③ア　④オ
⑤イ

解説

1 それぞれの意味・用法は次のようになる。
①ア材料・原料を示す。イ起点を示す。ウ原因・理由を示す。エ受け身や、やり取りの相手を示す。
②ア断定の助動詞《じょどうし》「だ」が活用したもの。イ形容動詞「静かだ」の一部。ウ場所を示す。エ動詞と動詞を結びつける働きをする。
③ア副詞「すぐに」の一部。イ形容動詞「おだやかだ」の活用した形の一部。ウ動作の相手を示す。エ助詞「のに」の一部。
④ア逆接を示す。イ動作の対象を示す。ウ前置きを示す。エ主語を示す。
⑤ア助動詞。イ補助形容詞、ウ形容詞。エ形容詞「はかない」の一部。

2 「副詞の呼応《こおう》」と言われるもので、ある副詞が用いられたら、必ずセットになる助詞や助動詞があり、それを答える問題である。セットになる組み合わせは次のようになる。
①おそらく～だろう
②ぜひ～たい
③たとえ～ても
④まるで～ように
⑤もし～たら

3 ①「食べることができる」と言いかえられる。
②「できないだろう」と言いかえられる。
③「来るだろう」と言いかえられる。
④「例示」とも言い、この文では、強い人の例として「彼《かれ》」をあげていることを示している。
⑤「伝聞」とも言う。

ポイント

〈助動詞の意味〉
「れる」「られる」
他に何かをされる。　例母に注意される。
～することができる。　例十分で行かれる。
目上の人を敬《うやま》う。　例お客様が来られる。
自然とそうなる。　例昔のこと思い出される。
「そうだ」
そういう様子である。例今にも雨が降《ふ》りそうだ。
人から聞いたことだ。例明日は雨が降るそうだ。
「う」「よう」
おしはかる。例冬はもうすぐ終わるだろう。
話し手の意志。例すぐに練習を始めよう。
さそいかけ。例いっしょに公園へ行こう。

標準レベル 101 ことわざ・慣用句・故事成語・敬語
国語⑮

解答

❶ ①言葉―オ　意味―E
②言葉―イ　意味―A
③言葉―ア　意味―C
④言葉―ウ　意味―B
⑤言葉―エ　意味―D

❷ ①オ　②イ　③エ　④ア　⑤ウ

❸ ①手　②腹　③足　④目　⑤鼻

❹ ①ウ　②ウ　③ウ　④イ　⑤ア

解説

❹ ①ア丁寧語《ていねいご》、イ謙譲語《けんじょうご》(自分や身内のことをへりくだる言い方)、ウ尊敬語《そんけいご》(相手を敬《うやま》う言い方)となる。主語は「先生」なので、尊敬語を用いる。

②ア謙譲語、イ敬語ではない、ウ尊敬語となる。主語は「社長」なので尊敬語を用いる。

③ア敬語ではない、イ謙譲語、ウ尊敬語となる。主語は直接書かれていないが、「どうぞ　～ください」という表現から、相手の動作であることがわかるので、尊敬語を用いる。

④ア尊敬語、イ謙譲語、ウ尊敬語となる。主語は直接書かれていないが、「よろしいでしょうか」という表現から、自分の動作に許可を求めているのがわかる。したがって、謙譲語を用いる。

⑤ア謙譲の表現、イ尊敬語、ウ丁寧語となる。これも主語は直接書かれていないが、「ご存《ぞん》じなのですか」という表現から、相手が自分より目上であることがわかるので、自分の家族に対しては謙譲の表現を用いる。

注意 ❹ 敬語はまず主語をおさえる。主語がわからない場合は、文の内容からだれの動作なのかを判断したうえで、ふさわしい敬語表現にする。

上級レベル 102 ことわざ・慣用句・故事成語・敬語
国語⑯

解答

1 ①エ　②オ　③キ　④ア　⑤ウ

2 ①イ　②エ　③ウ　④エ　⑤ア

3 ①おっしゃっ　②めし上がっ　③拝見し
④お目にかかり　⑤くださっ

解説

1 ①その道の専門家《せんもんか》であるのに、他人のためにばかり忙《いそが》しく、自分のためにはその技術を使うひまがないこと。
②予想もしなかった幸運がまいこんでくること。
③その道のことは同類の者がよく知っていること。
④何の役にも立たず、手ごたえのないこと。
⑤方法が適切ではないので、思うような効果が得られず、もどかしい思いをすること。

2 ①優秀《ゆうしゅう》な者に対して用いる表現なので、「相手が自分よりも上だと認《みと》めて、敬意《けいい》をはらう」という意味の「一目置く」を選ぶ。
②仲がよいという状況《じょうきょう》なので、「気をつかわなくてもよい」という意味の「気が置けない」を選ぶ。
③「つるの一声」とは、大勢の人のなかなか決まらない意見や議論《ぎろん》などをおさえつけて決めてしまう、有力者の言葉を指す。
④難《むずか》しすぎたのだから、「ものごとがよくなる見こみがないので、あきらめること」という意味の「さじを投げる」だと考える。
⑤差が大きすぎてどうしようもなかった状況なので、「助けなどがわずかでまるで効き目がない」という意味の「焼け石に水」を選ぶ。

注意 3 敬語の問題で字数制限があるときは、字数がヒントになることもあるので注意する。

標準レベル 103 詩
国語⑰

解答

❶ (1)ウ
(2)ウ
待ちぼうけ、待ちぼうけ。
木のねっこ。
(3)今日
(4)①エ　②イ
③オ　④ウ
⑤ア

解説

❶ (1)今の言葉＝口語、音数は定型なので、口語定型詩。
(2)この詩はすべての連が「待ちぼうけ、待ちぼうけ。」で始まり、「木のねっこ。」で終わる。同じ言葉をくり返す「反復法」が使われている。
(3)「今日は今日はで…」と「明日は明日はで…」という、ペア(対《つい》)のよく似た語句が並《なら》んだ対句法《ついくほう》。
(4)この詩は「株(くいぜ)を守る」という故事(いわれ)がもとになっていて、物語の形になっているのが特徴《とくちょう》。連の数は空白の行を数えればすぐにわかる。「待つ」は動作を表す言葉だが、「待ちぼうけ」は体言(ものの名前・名詞《めいし》)になるので注意しよう。

ポイント

❶ (2)(3)詩の技法には、ほかに次のものがある。
●比喩《ひゆ》法(たとえを用いる)
「～ようだ」を用いるたとえを「直喩《ちょくゆ》」、「～ようだ」を用いないたとえを「隠喩《いんゆ》」という。
●体言止め(文末を体言で止める)
詩の技法の問題は出題されることが多いので、よく理解して覚えておこう。

上級レベル 104 詩

国語⑱

解答

1 (1)エ

(2)(あ)ア　(い)ウ

(う)オ　(え)エ

(お)イ

①山はみじろぎもしない

②ととつ、とつ、ととつ、とつ

③まっぱだかの山脈

④ほほえむ自然

解説

1 (1)今の言葉＝口語、音数は自由なので、口語自由詩。

(2)この詩は山と向かい合う人間＝私《わたし》の心情をうたっているので、「山はみじろぎもしない」や「まっぱだかの山脈」、「ほほえむ自然」など、山や自然をまるで人のように表現した擬人法《ぎじんほう》がいくつも使われている。注意したいのは、「ととつ、とつ、ととつ、とつ」と高まっている脈を表現していて、音が聞こえているわけではないので擬声語《ぎせいご》ではなく、擬態語《ぎたいご》。

> **注意**　〈詩と鑑賞文《かんしょうぶん》〉
>
> 詩の問題は、鑑賞文とセットで出題されることも多い。次のことに注意しよう。
>
> ●詩の形式や技法に関する問題
>
> 鑑賞文の一部を穴《あな》うめにして詩の形式や技法を問う形式の問題は、詩に関する一般的な知識があれば解くことができる。
>
> ●詩の内容に関する問題
>
> 鑑賞文で述べられていることに関連づけた詩の内容を問う問題では、詩の鑑賞力と鑑賞文の読み取りの力が求められる。詩と鑑賞文の両方をよく読んで答えるようにしよう。

標準レベル 105 短歌・俳句

国語⑲

解答

1 ①エ　②イ　③カ　④オ　⑤コ　⑥ク　⑦ス　⑧シ　⑨チ　⑩ツ

2 ①冬　②エ・四(句切れ)　③ア　④イ　⑤ウ・三(句切れ)　⑥イ

3 ①雪だるま・冬　②夜　③ウ　④柿・秋　⑤イ

解説

1 短歌は五・七・五・七・七の三十一音、俳句《はいく》は五・七・五の十七音で作られる定型詩である。

2 ①「霜《しも》やけ」「みかん」から判断できる。ちなみに、短歌にも季節感のあるものは多いが、季節を表す語(季語)を必ず入れなければならないのは俳句だけで、短歌は、必ずしも入れなければならないものではない。

②「四句切れ」は「しくぎれ」と読む。上から数えて四つめの句までで切ることができる。

③短歌や俳句(特に短歌)で使われる表現技法は、詩の表現技法とほぼ同じである。

⑤「けり」という言葉は、「～だなぁ」と感動を強めるときに使われる言葉で、句切れの合図にもなる。

3 ①「雪だるま」で一語なので、季語は「雪」ではなく「雪だるま」。

②星がチカチカとまたたいている様子を、「おしゃべり」にたとえている。星がきれいに見える時なので、夜である。

③たとえの中でも、特に人でないものを人に見立てて、何か動作をしているように書き表す方法を「擬人法《ぎじんほう》」という。

⑤詩であれば文末、短歌・俳句であればその最後を、物の名前で終わらせる技法を、「体言止め」という。

上級レベル 106 短歌・俳句

国語⑳

解答

1 ①○　②×　③イ　④ア　⑤イ　⑥ア　⑦ア

2 ①B・D・E　②A・B　③A・C　④B

3 ①A・D　②C・D・E　③A・D　④A・B・D

4 ①イ　②ウ　③ア　④エ

解説

1 ①②詩には「定型詩」「自由詩」「散文詩」と三種類あるが、短歌・俳句《はいく》は定型詩である。俳句の中には、五・七・五の形をとらない「自由律《じゆうりつ》俳句」もあるがごく一部のことなので、基本は「定型詩」と覚えておくとよい。

④短歌は、古く奈良《なら》時代から作られているので、約1400年前からということになる。俳句は、そのもととなる形が生まれたのが室町《むろまち》時代のことで、歴史としては500年足らずである。

⑥俳句は「一句・二句」と数える。

⑦ともに、平安《へいあん》時代に活躍《かつやく》した歌人。

2 ①Cは、薬を飲むことを忘れて、母にしかられている。大人になって、めったにしかられることのなくなった作者が、こうしてしかられることを逆にうれしく思っている短歌なので、子どもは出てこない。

③A「月のちひささよ」C「ひさしぶりに」「母にしかられしを」の部分が字余り。

3 ①D「雪」は冬の季語だが、「残雪」は消え残った雪なので、春の季語になる。

4 鑑賞文《かんしょうぶん》には、自分では理解できなかった部分の意味が説明されていたり、使われている表現技法が書かれていたりするので、短歌・俳句を理解するヒントになる。十七音・三十一音だけでは意味のわかりづらい短歌・俳句を、うまく読みとくために利用しよう。

標準レベル 107 物語(1)
国語㉑

☑解答

❶ (1)墓地下の舗道・暗室・居間

(2)胸・無愛想・現像

(3)例(ペンタックスが写っていて)ライカが真黒だったら、祖父がガッカリする(から。)

(4)ウ

(5)祖父(おじいちゃん)

解説

❶ (1)物語で注意したいのは、いつ・どこで(場面)・だれが・どうしたの四つのポイント。登場人物が移動すれば場面も移るので注意する。「墓地下の舗道《ほどう》を、さっさと歩き出した」という言葉から、それまで墓地下の舗道にいたことがわかり、あとの二つは「暗室から転げ出て居間に行くと」という言葉から、暗室、居間とわかる。

(3)「え、どうして?」という「僕《ぼく》」の質問に、父は「ライカが真黒だったら、おじいちゃんガッカリするだろう」とその理由を答えている。

(4)「まるで当然の結果だと言わんばかりに」という言葉に、祖父の強い自信が表れている。

(5)写真師は、写真家やカメラマンという意味。暗室の場面で父も「僕」も、祖父の写真が見事であることに気づいている様子が書かれている。

注意 ❶ (1)物語では、場面に関する問題がよく出題される。場面の変化についての問題では、まず、登場人物が今、どんな場所にいるかを正しく読み取る。登場人物が場所を移動したら、場面が変わった可能性が高い。また、新たな人物の登場や、人物の気持ちの変化にも注目したい。
会話文や自然描写《びょうしゃ》など、文章の細かいところに注意して、場面の変化を正しく読み取ろう。

上級レベル 108 物語(1)
国語㉒

☑解答

❶ (1)例自分もばあちゃんと一緒に海にもぐっているように錯覚したから。

(2)イ

(3)例陸の上にいるときからは想像もつかないくらいのびやかで、自由な様子。

(4)例アワビに気づかれないうちにつかまえようと、緊張している様子。(30字)

(5)例大きなアワビをつかまえたことを得意に思う気持ち。

解説

❶ (1)「わたし」は、ばあちゃんが海にもぐっている画面を見ながら、自分も「一緒《いっしょ》に青い海の底深くもぐっていくような錯覚《さっかく》」を覚えて息が苦しくなっているのである。

(2)“胸《むね》がおどる”は、“期待や興奮《こうふん》で落ち着かなくなる”という意味。

(3)「人魚」は、海の中のばあちゃんの様子を表した言葉。陸の上のばあちゃんからは想像がつかないほど「ばあちゃんはずっとのびやかで、ずっと自由に見えた」とある。

(4)ばあちゃんの胸の鼓動《こどう》が聞こえてくるようだと「わたし」が感じているのは、身の危険《きけん》を感じるとはりついてとれなくなってしまうアワビに気づかれないように、緊《きん》張《ちょう》しながら近づいていることがわかったからである。

(5)孫の「わたし」に「すっごーい。」と感心され、ばあちゃんは得意になっているのである。

標準レベル 109 物語(2)
国語㉓

☑解答

❶ (1)①テエブル掛

②模様の花

③鼻の先

④重苦しい

(2)例ミスラ君がつまみ上げた模様の花。

(3)何度も感嘆の声を洩します

(4)例(魔術は)進歩した催眠術に過ぎない(から。)

(5)表情—微笑　態度—無造作

解説

❶ (1)ミスラ君の魔術《まじゅつ》の手順を押《お》さえれば、答えは自然に出てくる。

(2)「その・それ・あれ・この」などの「指示語」が指している言葉は、①すぐ前の行　②すぐ後の行　③さかのぼって前の行の順で探《さが》せば見つけやすいので覚えておこう。「模様《もよう》の花」という言葉を見つけたら、「ミスラ君が」という言葉に続くように、ミスラ君の動作に注目する。

(3)「私《わたし》はびっくりして、思わず椅子《いす》をずりよせながら…」という文からも、「私」のおどろいている様子がわかる。しかし、これはまだ魔術の途中《とちゅう》で、問題文にある「魔術を目《ま》の当たりにした後」ではないので選ぶことはできない。

(4)ミスラ君の言葉は、倒置法《とうちほう》(言葉の前後を逆にする)になっている。普通《ふつう》の順になおすと「たかが進歩した催眠《さいみん》術《じゅつ》に過ぎないのですから、あなたでも使おうと思えば使えますよ。」ということになる。

(5)不思議な魔術をおこなっているのにもかかわらず、ミスラ君の表情は「やはり微笑《びしょう》したまま」である。「無造作に」とは「手軽に」とか「簡単《かんたん》に」という意味なので、魔術がむずかしいことではないことがわかる。

上級レベル 110 物語(2) 国語㉔

解答

1 (1)火事

(2)おどろき—胆をつぶして(呆気にとられて)

心配—ひやひや

(3)静かに紅茶を飲みながら、一向騒がない(様子。)

心を表す言葉—すっかり度胸が据って

様子を表す言葉—ランプの運動を、眼も離さず眺めていました

(4)たとえ—まるで独楽のように(心棒のようにして)

擬態語—ぐるぐる

解説

1 (1)「万一火事にでもなっては大変だと」という言葉から「私《わたし》」の心配がわかる。

(2)「胆《きも》をつぶす」という表現は、おどろきを表す言い回し。「ひやひや」は、心配している様子を表す擬態語《ぎたいご》。

(3)「度胸《どきょう》が据《すわ》る」とは、物事に動じないこと。「胆がすわる」ともいう。心境が変わると、ものの見方も変わってくることに注意。

(4)「まるで〜のように」は、よく使われるたとえ(直喩《ちょくゆ》)の表現。

ポイント

芥川龍之介《あくたがわりゅうのすけ》(1892年〜1927年)は小説家。主な作品に「蜘蛛《くも》の糸《いと》」「杜子春《とししゅん》」「鼻」「芋粥《いもがゆ》」などがある。小学生にはやや難《むずか》しいかもしれないが、児童向けに編集された本もあるので、機会があったら図書館などで探《さが》して読んでみてほしい。読解力を高めることに役立つだけでなく、読書の楽しさを知ることにもなるだろう。

標準レベル 111 随筆(1) 国語㉕

解答

1 (1)友人の男性・百人一首

赤染衛門・歌〈順に〉

(男性が)五十年、赤染衛門を男と思ってお正月を迎えてきた(こと。)

(2)という歌を男が詠むわけはないでしょ

(3)ウ

(4)百人一首のうち、女性が作った歌が二十一首ある(という意味。)

(5)藤原道信朝臣・大江千里

解説

1 (1)なにげない、ふつうのことに、筆者ならではの見方や考え方を持ち、それを文章にしたのが随筆文《ずいひつぶん》である。

(2)語尾《ごび》(言葉の最後)が「……でしょ」と、しゃべり言葉になっていることに気づこう。

(3)前の文章を受けて続いている「そういわれて見ると…」へ展開《てんかい》しているところに注目しよう。

(4)百人の歌を一首ずつ集めたから「百人一首」。その中に二十一人の女性の歌が入っている。

(5)「殿方《とのがた》」は、女性が男性のことを指して丁寧《ていねい》にいうときの言葉。

注意 **1** (3)随筆《ずいひつ》でも、説明文と同様につなぎの言葉の問題がよく出題されるので注意しよう。選んだら実際にあてはめてみて、うまくつながるか確かめてみるとよい。

ポイント

1 (5)随筆では、一つの言葉に筆者の心情がこめられていることがある。「殿方」にも、女性である筆者の心情がこめられていると考えられる。

上級レベル 112 随筆(1) 国語㉖

解答

1 (1)【リュックの形は…】

今の小学生が持っているのは

色は—赤や黄色やブルー

素材は—ナイロンやしなやかなズック地が多い。

筆者が子供《こども》時代に持っていたものは

色は—寝呆けたような桃色

素材は—ゴワゴワしたゴム引きのようなズック製

そのほかの特徴は—背中にアルマイトのコップを下げる環がついていた。

【お弁当は…】

今の小学生は—サンドイッチとサラダ

筆者の子供時代は—おにぎりか海苔巻と茹で卵

(2)②例色がぼやけていて気に入っていなかった。

③例目立つので、はずかしかった。

④例雨が降ると遠足に行けないので心配だった。

解説

1 (1)三段落《だんらく》めの「今の…」という部分と、「戦前の…」という部分を比べる。あとは一段落めの小学生の言葉、三段落めの筆者の子供時代の思い出から、読み取ろう。

(2)「寝呆《ねぼ》けたような」という表現から、決して気に入ってはいなかったことがわかる。「晴れがましい」には、目だって華《はな》やかであるという意味と、目だち過ぎて気恥《きは》ずかしいという二つの意味がある。

標準レベル 113 随　筆(2)

国語㉗

解答

❶ (1)昼か夜か

(2)点

(3)イ

(4)都市の内臓・都市の血液〈順不同〉

(5)エ

解説

❶ (1)第二段落《だんらく》に「不思議な感覚」の説明がある。

(2)第二段落の最後に、「闇《やみ》の底で点になってしまったような感覚である」とある。点であれば、自由に動くことができ、渋滞《じゅうたい》に巻《ま》き込《こ》まれることがない。

(3)「都市が大きく息をしはじめたのだ」という文が続いているので、イの「目覚めてしまうということ」が適切だとわかる。

(4)第六段落に、都市が人間の身体に似ていると書かれており、「地下鉄は都市の内臓《ないぞう》なのだ」、「地下鉄は都市の血液だといういい方もできる」と表現されている。

(5)渋滞に巻き込まれないですむなど、地下鉄の便利な面にもふれているが、第三段落では、不便さも書かれているから、アは不適切といえる。地下鉄の駅のことが述べられているのではないので、イは不適切。また、交通渋滞の原因を述べているわけではないので、ウも不適切。

ポイント

穴《あな》うめ問題では、文字数が大きなヒントとなる。

注意 ❶ (5)文章のタイトル(題名)を考える問題では、筆者がいちばん述べたかったことは何かを考えることが大切である。文章中にたくさん出てくる言葉が、そのままタイトル(題名)に使われるというわけではないので、注意しよう。

上級レベル 114 随　筆(2)

国語㉘

解答

1 (1)例一人前にあつかわれるように型どおりにふるまうため。(25字)

(2)ⓐエ　ⓑイ　(3)エ

(4)例「型やぶり」は、観客が「型」を知らなければ成立しないものだから。(32字)

解説

1 (1)「教えられた」のは口上《こうじょう》なので、何のためにその口上を教えられたのかを考える。三段落《だんらく》目に、「『型どおり』にふるまったときには、子どもも一人前としてあつかわれたのである」とある。

(2)ⓐあとの内容は、具体例をあげてくわしく説明している。ⓑ前に「滑稽《こっけい》であったにちがいない」、そのあとに「笑いもせずに」とあり、逆の内容がつながっている。

(3)「これは、これは」からアの「大げさに」と迷いそうだが、「大人に対するのとおなじよう」「一人前として」から、エの「真面目《まじめ》に」とわかる。

(4)「型やぶり」というのは、「伝承《でんしょう》された型をさらに洗《せん》練《れん》させ、あたらしい型を創出《そうしゅつ》する」こととある。そして、「型は『型やぶり』をするために存在《そんざい》するのかもしれない」と続いている。つまり、「型やぶり」は、「型」を知っていることが前提のことだと述べているのである。

ポイント

1 (1)(4)記述式の問題には、字数指定のない場合と、「～字で答えなさい。」「～字以内で答えなさい」「～字以上～字以内で答えなさい。」「～字程度で答えなさい。」などの、字数指定のある場合がある。(1)(4)はともに「～字程度で答えなさい。」という字数指定がある。この場合、プラスマイナス五字程度を基準に考えることが多い。

標準レベル 115 論説文(1)

国語㉙

解答

❶ (1)ハエ

(2)トイレの便器

(3)常にぴかぴかに磨きあげてある場所(だから。)

(4)例筆者が勝手に考えた法則(だから。)

(5)①オ　②ウ　③イ　④カ　⑤エ　⑥ア

解説

❶ (1)清潔ではないものが、極《きわ》めて清潔なトイレの記号であるという文章の流れから、ハエと理解しよう。

(2)「こんなところ」は場所を指す。トイレも場所だが、前の段落《だんらく》で「トイレの…」という言葉がなくても、「便器」という言葉は使われていることに注目。

(3)「ぴかぴか」という言葉が、自信を表している。

(4)「僕《ぼく》が勝手に考えた法則だから」は、理由を述べる文であることに気づこう。

(5)「エレガントの法則」については、第四段落で説明されている。

ポイント

❶ (5)「エレガントの法則」は、筆者が勝手に考えたもので、筆者の考えについてまとめる問題。ア～カが文章中でどのように使われているか確かめる。第四段落の4～5行目に「懸命《けんめい》に努力して最高に良い状態を目指しても……」とあるので、①にはオ、②にはウがあてはまる。またその少しあとに「むしろ美点や長所を知りぬいた上で誇示《こじ》せず」とあるので、③にはイ、④にはカがあてはまる。続けて「上手にそれを隠《かく》す」とあり、第四段落最後の文に「エレガントはふっと発生する」とあるので、⑤にはエ、⑥にはアがあてはまる。

上級レベル 116 論説文(1)

国語㉚

解答

1 (1)マカロニ

(2)①例ゆでやすい

②ソースが十分にからまる

③作りやすい

(3)オ

(4)マカロニ(の)デザイン

(5)テーブルの上で支持(される)

(6)(イタリアが)美味しいものを追求する明るい情熱(でマカロニを)進化させた(こと。)

解説

1 (1)第一段落《だんらく》と第二段落で「マカロニ」の話が書かれている。第三段落もその話が続いているので「マカロニ」を選ぶ。

(2)マカロニに穴《あな》があいている理由が三つ書かれている。①は「ゆでにくい」という言葉の反対関係にある語(対義語)なので、「ゆでやすい」。②、③は本文中からそのまま書きぬける。

(3)三つの理由のなかには入っていないが、美味《おい》しそうに見えること、飽《あ》きないシンプルさは、わざわざ言わなくても大事な理由である。

(4)マカロニの形のこと。しかし、本文中に「形」という言葉はないので、同じような意味をもっている「デザイン」を探《さが》しだそう。

(5)「賞味される」とは「味わって食べられる」という意味。「テーブルの上で支持される」も、「食べる人が味わっている、美味しいと思っている」を意味する。

(6)「これ」は指示語なので、まず直前の文に注目しよう。

標準レベル 117 論説文(2)

国語㉛

解答

1 (1)①見る

②五秒

③たいへんな間違い

④読まなければならない

⑤時間

(2)エ　(3)イ

(4)①クロード・モネ

②サイン

③読み違いだった

解説

1 (1)「一つの椅子《いす》がいります」としか書かれていないが、「五秒で見るなんていうのはたいへんな間違《まちが》いです」という直前の文で、筆者が絵を短い時間で見ることに反対の意見を述べていることに注目しよう。

(2)Aに続く文章は、筆者の考えが間違っていたことを述べているので、Aには逆接の接続詞《せつぞくし》が入る。

(3)「サインの…」のあとに言葉が省略されている。

(4)第一・二段落《だんらく》で「読まなければならない」と述べ、第三段落で筆者自身の経験を紹介《しょうかい》しながら、「読む」という言葉を説明している。

ポイント

1 (4)文章をよく読んであてはまる言葉を考える。第三段落の最初の文に「クロード・モネという印象派《いんしょうは》の絵描《えか》きの……」とあり、①には「クロード・モネ」があてはまる。そのあとの文で「サイン」の話が出てくる。②にあてはまるのは「サイン」である。そのサインについて、最後の段落に「私《わたし》の読み違《ちが》いだったわけです」とあるので、③には「読み違いだった」があてはまる。

上級レベル 118 論説文(2)

国語㉜

解答

1 (1)例百聞と一見では、どちらのほうがすぐれているかということ。

(2)ウ

(3)①ことわざ

②意味

③視覚情報

④聴覚情報〈③と④は順不同〉

(4)ⓐ百聞　ⓑ一見

(5)例なるべく昔のままに守って変えないほうが、美しい日本語を守ることができる。

解説

1 (1) ——①の中の「その」とは、少し前にある「文の甲子園《こうしえん》」の課題である「百聞と一見」のことを指している。

(2)高校生たちのディベートが、予測した方向性と異《こと》なっていたので筆者は驚《おどろ》いている。予測に反した内容が後に続いているので、「ところが」が適切。

(3)ことわざの本来の意味では、「百聞」は耳に入る情報ではなく、ひとに聞くこと、「一見」は目に入る情報ではなく、実体験のことであるのに、高校生はそれを文字どおりの意味でしか理解していないことを、筆者は「違《ちが》う」と言っているのである。

(4)「テレビで戦争の様子を見る」ことは「伝聞」であるから「百聞」、「戦地へ実際に行ってみる」ことは実体験であるので「一見」である。

(5)筆者が「美しい日本語を守る」ことについてどのように考えているのかは、最後の段落に書かれている。

119 最上級レベル ①

国語㉝

解答

1 ①大半　②要領　③去来　④処置
⑤潮流　⑥静観　⑦愛護

2 ①オ　②ア　③イ　④エ　⑤ウ

3 ①ア　②ウ　③エ　④イ

4 ①イ　②ウ

解説

3 主語―述語の関係から考えていく。

①「主語：私《わたし》は」―「述語：見た」だが、修飾《しゅうしょく》する部分に「主語：彼《かれ》が」―「述語：歩いてくる」という主語―述語の関係がある。アも「主語：彼は」―「述語：しない」となり、修飾する部分に「主語：雨が」―「述語：降《ふ》っている」という関係がある。

②「主語：子犬が」―「述語：ふるえていた」となり、それ以外には主語―述語の関係はない。ウも「主語：ぼくは」―「述語：崩《くず》していた」となり、他には主語―述語の関係はない。

③「主語：台風は」―「述語：近づき」、「主語：雨や風が」―「述語：なり始めた」という形で主語―述語の関係が二組あり、前半と後半に内容を分けることができる。エも「主語：ぼくは」―「述語：行ったが」、「主語：彼は」―「述語：いなかった」となり、内容を前半、後半に分けることができる。

④主語の「先生は」に対し、述語が「止め」と「聞きました」の二つになっている。イも主語の「ぼくは」に対し、述語が「寝《ね》て」と「備えた」の二つになっている。

4 ①イは形容詞《けいようし》「新しい」の活用した形、ア、ウ、エは副詞である。

②ウは名詞、ア、イ、エはそれぞれ動詞「聞く」「悲しむ」「散歩する」の活用した形である。

120 最上級レベル ②

国語㉞

解答

1 (1)だれが―殿様(が)
どんなことを言った―あの黒船を伊予宇和島藩でつくろうではないか
(2)黒船をつくる(ことができる人)
(3)ウ
(4)異人が作るものを、宇和島の提灯屋がつくれぬはずがあるまい
(5)例まっさおになった
(旦那は)顔がつぶれ
(桑折さまは)面目をうしなう(から。)

解説

1 (1)物語の中で実際に話しているのは、嘉蔵《よしぞう》と大旦那《おおだんな》。会話の中に殿様《とのさま》、桑折《こおり》さまが登場している。会話文をしっかり整理して考えよう。

(2)この問題も、会話文から読み解こう。

(3)「えっ」という言葉を出したあと、嘉蔵の顔がまっさおになっていることに注目する。

(4)そのころ、黒船を見たことのある人も少なく、ましてつくった人は一人もいなかった。殿様の思いつきを押《お》し付けられたのが嘉蔵である。

(5)「顔がつぶれる」「面目をうしなう」はよく使われる、慣用句である。

注意 1 (3)言葉に表れた人物の気持ちを読み取る問題では、――③の「えっ」という言葉のように、言葉そのものからだけではなく、その言葉を言ったときの人物の表情や場面の様子などから読み取れる場合もあるので、注意しよう。

メモ

装丁デザイン　ブックデザイン研究所
本文デザイン　京田クリエーション
図版・イラスト　京都地図研究所　デザインスタジオエキス.
ユニックス　J-BOX
写真提供
アメリカ議会図書館　岩宿博物館　川崎市市民ミュージアム
皇居三の丸尚蔵館　国立国会図書館　正倉院正倉　田原市博物館
東京大学法学部附属明治新聞雑誌文庫　ピクスタ
文化庁(写真提供：埼玉県立さきたま史跡の博物館)
ColBase(https://colbase.nich.go.jp/)　〈敬称略〉